演讲是个技术活

YANJIANG SHI GE JISHUHUO

这8招“狠”管用

陈 权◎著

SPM
南方出版传媒
广东经济出版社
—广州—

图书在版编目（CIP）数据

演讲是个技术活：这8招“狠”管用/陈权著. —广州：广东经济出版社，2018.11
ISBN 978-7-5454-6433-7

Ⅰ. ①演… Ⅱ. ①陈… Ⅲ. ①演讲-语言艺术 Ⅳ. ①H019

中国版本图书馆CIP数据核字（2018）第224620号

出 版 人：李　鹏
责任编辑：蒋先润
责任技编：许伟斌
封面设计：汪要军

演讲是个技术活：这8招“狠”管用
Yanjiang Shi Ge Jishuhuo：Zhe 8 Zhao “Hen” Guanyong

出版发行	广东经济出版社（广州市环市东路水荫路11号11～12楼）
经销	全国新华书店
印刷	广东新华印刷有限公司 （广东省佛山市南海区盐步河东中心路）
开本	730毫米×1020毫米　1/16
印张	15.75
字数	245 000字
版次	2018年11月第1版
印次	2018年11月第1次
印数	1～5 000册
书号	ISBN 978-7-5454-6433-7
定价	48.00元

如发现印装质量问题，影响阅读，请与承印厂联系调换。
发行部地址：广州市环市东路水荫路11号11楼
电话：（020）37601950　邮政编码：510075
邮购地址：广州市环市东路水荫路11号11楼
电话：（020）37601980　营销网址：http://www.gebook.com
广东经济出版社新浪官方微博：http://e.weibo.com/gebook
广东经济出版社常年法律顾问：何剑桥律师

导言

口才是练出来的

亲爱的朋友，当你打开这本书的时候，希望你换一种阅读观念：这本书不是拿来“看”的，是拿来“练”的。如果你以“看”的观念来对待这本书，并且期待着看完这本书后，你第二天就能口若悬河、滔滔不绝，那我只能遗憾地告诉你，这只是传说。

但如果你以“练”的观念来对待这本书，坚持阅读这本书 10 遍以上，并且按照书中的训练要求去实践，那我能很肯定地告诉你，你完全可以把传说改写为传奇！

因为学习演讲的秘诀是：需要一个演练的舞台，需要一本实在的训练指导手册，需要一个有丰富经验的导师，而不需要权威的理论，更不需要严谨的考证，难道你看过在陆地上就学会了游泳的例子？

本书的阅读对象主要为职场人士。它是一本百分之百还原的课堂实录加行之有效的训练手册，只要按照书中的要求去做，无论是管理者、培训师还是销售精英，你都会发现，自己的沟通能力、说服能力都能得到很好的提升，从此财运亨通、官运当头，在职场中步步高升。

比起市面上其他同类书籍，本书有如下独特之处：

首先，应用性强。本书是笔者指导过上万职场人士进行当众演讲后才开始动笔编写的，经多次修改，才最终定稿。

其次，系统性强。本书在教学内容的安排上，按照先易后难的顺序来编写。它将当众演讲这一技能分解为十五堂课，当你掌握了第一堂课的内容后，就想继续学习第二堂课、第三堂课……

再次，实战性强。由于演讲是“讲”出来的，不是听课“听”出来的，也不是看书“看”出来的，所以，本书中每堂课的学习内容，除了必不可少的基本理论知识之外，全是详尽的训练指导，并且每堂课都配有相应的训练达标要求。

最后，操作性强。本书相关课程都配上了训练要领的示范图片，为阅读中想体验一下训练内容的读者提供参照。

温馨提醒一下各位朋友：如果当你看到本书并想从中获益的话，必须找来几位“臭味相投”的朋友，必须找到一块适合演讲的场地，必须按照书中的要求去训练。同时，我希望大家永远记住：

光听不练，没有改变；光看不说，变化不多；
一次体验，效果可见；经常上台，张口就来；
现在开始，永远不晚；只要用心，就有可能。

目录

演讲能力胜过一张“MBA”文凭

对职场人士来说，当众演讲真的那么重要吗？

也许你会说：我压根不打算去参加竞选，何时会轮到我站在台上发表正式的演讲呢？

是的，你不一定现在就马上去发表这一类演讲。但是，在工作之中，大约有 70% 的时间里，你会卷入到各种各样的交往场合，其中大部分的时间是用于非正式的讲话。比如，汇报工作、接见客户、向管理人员说明情况、与下属沟通思想，等等。而这些情形则要求你讲话既要明确又有条理，同时还要时刻关注听众的反应。否则，你的讲话可能会以失败告终。

一、不学当众演讲，没法混职场

名牌大学毕业的工程师李华就属于这种情况。李华出身于书香门第，从小恪守父母的教导：君子讷于言敏于行，低调做人、高调做事。当他进入职场，有了一次特殊的经历之后，李华这才意识到：君子不但要敏于行，更要敏于言。那是在一次本部门的新产品开发研讨会上，当主持人周经理要李华站起来说说自己的看法时，李华突然大脑一片空白，原本精心准备的方案不但没有明确地表达出来，反而磕磕巴巴地说了一些连自己都听不明白的话。直到现在，李华还依稀记得当时周经理那紧皱眉头、认真细听的样子，还有对自己非常失望的眼神。

而在这场所谓的“头脑风暴”研讨会上，跟李华同一天进公司，毕业于普通二本大学的陈峰，尽管准备的方案差强人意，但由于能说会道，敢于大胆表达自己的见解，结果在三个月后，他竟然成了这个部门的主管，也就是周经理的得力助手、李华的直属上司。这正好印证了那句话：技术差、口才好，当领导；技术好、口才差，还挨骂。

另外，你现在不去参加竞选，并不代表你未来也不去参加竞选。如果你的演讲水平不行，会失去很多升迁的机会。陈婷就深深体会到了这一点。

陈婷刚进公司不久，就碰到人力资源部组织新员工参加演讲比赛，演讲题目是《如何成为一个合格的企业人》，但她没有勇气去参赛。后来陈婷发现，这次演讲比赛的获奖者基本上都成了公司的重点培养对象，在后面的日子里，个个都得到了升职加薪的机会。

几年后，由于陈婷的工作表现得到了部门领导的欣赏和肯定，当人力资源部有新岗位首先考虑内部招聘时，上司就推荐了陈婷。竞聘中，笔试这一关，陈婷的成绩很优异，但在竞选演讲这一关，陈婷却表现得很差劲，不仅现场拿着一篇演讲稿在读，还读得面红耳赤，结果可想而知了。

从上面的两个典型例子可以看出，职场人士必须学好演讲这门功课，因为当众演讲这一技能是职场人士晋升的必杀技。

二、要学好当众演讲，必须从三大方面入手

既然对于职场人士来说当众演讲这么重要，那我们能不能在短时间内快速提升这一技能呢？也就是说针对自己的实际情况，应该如何训练，才更科学和高效？

不过，在探讨如何快速提升当众演讲技能之前，我们先来了解一下关于当众演讲失败的原因。经笔者归纳总结，主要原因有如下几种情况，这几种情况被笔者总结为当众演讲三圈模型（见图 0–1）。

1. 心理方面

心理方面包括两种情况：

一种情况是演讲者自己心理素质太差，一站起来说话就两腿哆嗦，紧

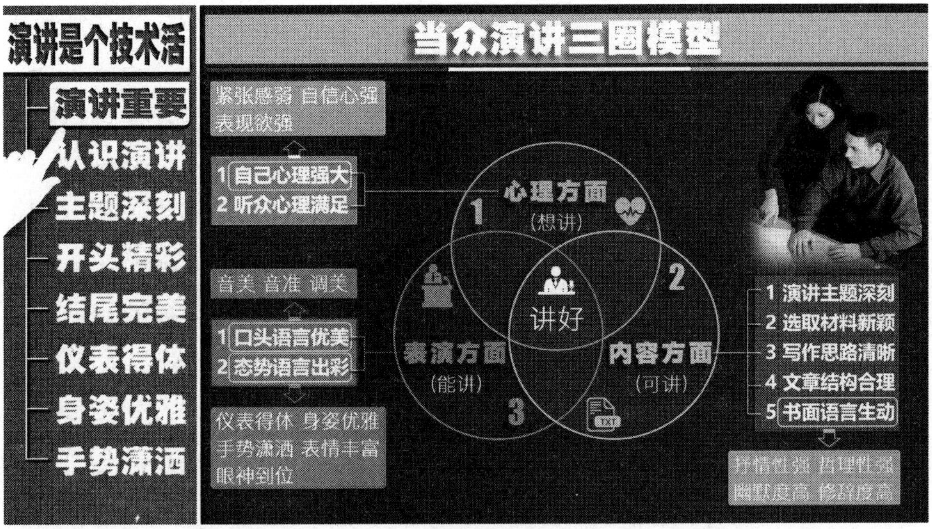

图 0–1

张得不得了，不但丑态百出，甚至言不由衷。曾经有某位领导，在公众面前即兴讲话时，也是由于太怯场，大脑一时短路，竟然如此"谦虚"地说："大家好！本人文化水平不高，口才不好，说话有时像羊拉屎，可能不符合大家的口味，希望大家多多原谅。"

另一种情况是演讲者没有把握好听众的心理，他不是说听众想听的话，而是说自己想说的话。比如过分吹嘘自己，说想当年他是如何如何的厉害，"雄赳赳、气昂昂，跨过鸭绿江、解放海南岛"等等；或者自以为是，以命令和指责的口气说话："你们应该怎么样怎么样"。在整场演讲中，他对听众的呼声充耳不闻，对听众的反应视而不见，只管讲他自己的。结果，台上的人"喜气洋洋"，台下的人"怒气冲冲"，整个场面"死气沉沉"。

2. 表演方面

表演方面还分为两部分：

一部分为口头语言。口头语言包括音准、音美和调美等。在这部分常见的问题：语调过于平直，没有抑扬顿挫，吊不了听众的胃口；语速没有快慢，听众也不会怦然心跳；声音偏小，演讲缺少震撼力和穿透力，这也难怪有名家说，演讲缺少了激情和抒情，再好的内容都是花瓶；更有甚者，在演讲中还带大量的口头禅，例如"这个嘛""哪个啊"，让听众非常厌烦。

另外，也有演讲者由于紧张，说话老是卡壳，让听众替他难受；还有演讲者把普通话说成“不通话”，让听众练听力，等等。

另一部分为态势语言。态势语言包括仪表、身姿、手势、表情、眼神等。曾有演讲者说过，个人形象很重要，“头可断，发型不能乱；血可流，皮鞋要擦油”。诚然，穿着打扮固然重要，但是，手势和表情更加重要。一个演讲者在台上，如果面无表情、动作呆板、手臂僵硬的话，那就失去“演”的意义了。所以台上振臂一呼，台下云集响应的效果，优雅的态势语言从中起了不少的作用。

3. 内容方面

内容方面共有五点：

一为主题。主题就是你在演讲中所表达的中心思想，这一点非常重要，如果你演讲的主题不是很深刻，不是很新颖，那你的演讲就很难引起台下听众的共鸣。曾经有演讲大师说过：一流演说家传播信仰；二流演说家传播思想；三流演说家传播情感。

二为材料。如果准备讲的内容是演讲者亲身经历的，或者是演讲者的专长，那么，演讲起来肯定是得心应手。但演讲者倘若去讲刚看到的东西、刚学到的知识，甚至是不熟悉的话题，那演讲效果就会大打折扣了。所以说，初学演讲的人，要先从熟悉的话题开始。当然，顶级演讲家，会读万卷书，行千里路，不断拓展自己的视野，不断学习新知识，以充实自己的“演讲材料库”。

三为思路。为什么有些人在台下说得头头是道，在台上却刚说几句就说不下去了呢？归根到底这是思路的原因。因为台下是“合唱”，你一句我一句抢着说，无须过多思索。而台上是“独唱”，需要引言来打开话题，需要纵深思维来分析话题，还需要联想思维来升华话题，更需要综合思维来总结话题。于是没有经常上台讲话的人，就容易出现说不下去，或老是重复几句话，或条理性很差，或讲得没头没尾等情况。但如果是演讲高手的话，思维就会非常活跃，越讲越起劲，可谓是“条条大路通罗马”。

四为结构。演讲结构的好坏，直接影响到演讲的效果。好的结构，会使主题鲜明突出，内容层次清楚，过渡自然，前后呼应，从而增加演讲的感染力和表现力；反之，如果不讲究结构，信口雌黄，想到哪儿说到哪儿，即使主题再好，材料再新颖生动，也会越讲越糊涂，倒不如不讲的好。

五为语言。如果演讲者在利用材料的时候，能够准确、简练地阐述出来，同时还能做到幽默风趣，富有哲理性和说服力，那他的演讲就非常精彩了。否则，就等于在折磨听众。曾经有观众“夸”某位演讲者说：“你的演讲太‘感’人了，不过，不是感动了别人，而是‘赶’跑了别人。”这就是一个典型的例子。

三、要学好当众演讲，必须遵循这些学习策略

分析了当众演讲失败的种种原因之后，笔者认为，要想快速提高当众演讲这一技能，必须遵守当众演讲的学习策略，那就是：一个原则，两大模块，三个步骤，四种方法（见图 0–2）。

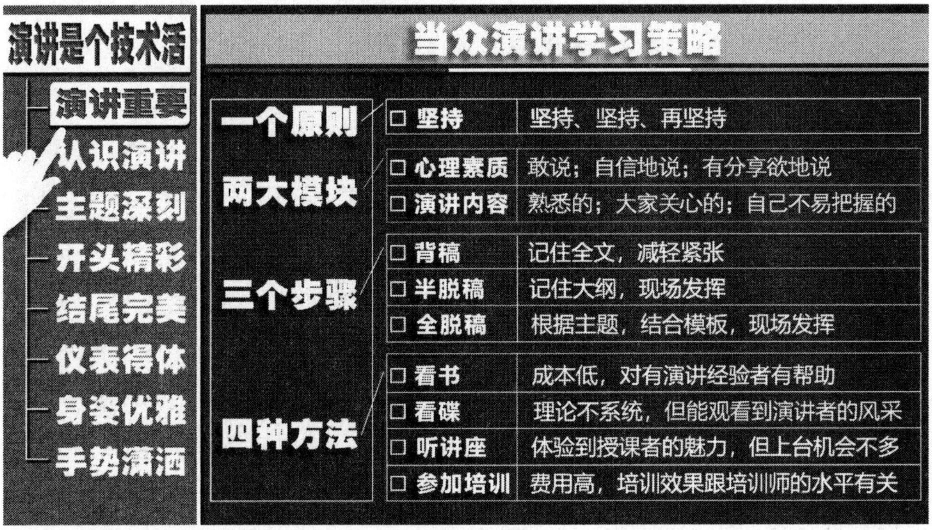

图 0–2

1. 一个原则：坚持

这个道理我相信大家都懂，因为做任何事情都是如此，成功的起点叫相信，成功的终点叫坚持。俗话不是经常说“台上三分钟，台下十年功”吗？这句俗话就是“坚持原则”的最好证明。

2. 两大模块：心理素质、演讲内容

心理素质训练要经过三关：

第一关是敢说。也就是说，当众演讲的时候，你必须落落大方地站在公众的面前，在大家火辣辣的眼神的“关怀”下，鼓起勇气，说出你心中想说的话。为什么有些人在台下的时候，可以心平气和地跟别人聊天，甚至眉飞色舞地跟别人交谈，而在台上却变得“胆小如鼠”了呢？归根到底，这都是心理素质的问题。其实，想突破恐惧关，不是很难。只要深刻理解了恐惧的形成原因，并为此付之行动，经过十来次上台演练后，你就会敢说了。

在这一关，你必须不断鼓励自己，因为如果连站出来说话都不敢，那这个演讲肯定失败了。

第二关是自信地说。也就说，这个时候，你站在大家的面前，已经不再那么紧张了。但这时的你，也许还有某些顾虑，只能说几句话，不能说很多。并且说起来，有卡壳、啰唆、逻辑很混乱的现象。不过，这些你先不要管，你要“目中无人”地说出你的观点，不管怎样，也要把心中想说的话，毫无保留地说出来。

在这一关，你必须不断表现自己，培养自己的表现欲。因为当众演讲不但是培养当众表达的能力，更重要的是培养你的自信心，挖掘你的潜能。

第三关是有分享欲地说。也就是说，你必须拿出自己最好的东西来跟大家分享。例如：有一位摩托罗拉的中国大区经理，在给新业务员做演讲时，他的开场白是这样的：“各位伙伴：大家下午好！八年前，我跟在座的各位一样，也是从一名普通的业务员开始我的职业生涯的，经过几年的锻炼后，现在我已经是一名年薪 100 万元的大区经理。今天，我跟大家分享的话题就是：‘如何从一名新业务员成为一名成功的大区经理’。希望我今天的演讲能起到抛砖引玉的作用，也相信在座的各位，八年后会比我更加优秀。”

在这一关，你必须懂得：一场成功的演讲，除了自己的心理素质特别好、有超常的表现欲之外，你还必须懂得听众的心理。听众究竟想听什么很重要，你自己想说什么并不重要。就像前文所提到那位摩托罗拉的市场部大区经理，从他的开场白就可以看出，这个中国大区经理已经很懂得听众的心理了，就算你是现场的听众，也不会反感他“炫耀”自己的辉煌经历，因为他是

以听众为中心的，他最精彩的一句话是祝福在座的听众八年后比他更加优秀，大家都知道没有听众会拒绝祝福的话的。

另外，在这一关，你还必须明白，演讲的最高境界是“点燃自己，引爆别人”。在演讲过程中，听众是冷却的冰，演讲者是烧红的铁，不是铁让冰沸腾，就是冰让铁冷却。所以，演讲者不但要给予听众感兴趣的内容，更重要的是感染听众情绪。

演讲内容训练也要经过三关：

首先，从熟悉的事物开始。比如：自己的专业知识，自己的生活体会或者工作经验等。

为什么要从这点开始呢？因为对于自己熟悉的东西，不需要太多思考，一开口就能讲，并且演讲素材多了去了，可谓是随手拈来，永远不会出现搜肠刮肚、抓耳挠腮也憋不出几个字的情况。另外，从自己熟悉的事物开始，还是快速树立自信的一种特效方法。大家想想，既然是自己熟悉的东西了，还用那么害怕吗？就算刚上台时有点紧张，但是随着话题的展开，自己的演讲肯定会越来越得心应手。

其次，再到大家关心、喜欢讨论的话题。比如：社会焦点、热点话题等。

在公众面前演讲，你不可能仅仅讲自己最熟悉的专业知识，有时候，由于工作或者生活的需要，你还可能会就某一社会热点话题发表自己的见解。另外，如果你的专业很偏的话，可能感兴趣的人并不多，而社会焦点、热点话题才是大家最关心的。所以，在讲好自己熟悉话题的基础上，你还需要把演讲主题转移到大家都关心的话题上来。当然，如果连自己熟悉的东西都还没讲好的话，就别碰社会焦点、热点这类的话题了，否则，你这么做无异于打手电筒捡粪——找屎（死）。

最后，是自己不易把握的领域，也就是需要备课才能胜任的话题。比如：价值观、信仰、自由、民主、科学、革命等话题。

因为这类话题非常不好讲，所以就把它放在最后。不过，话说回来，要是把这类话题讲好了，那就是真正的演讲大师了。比如，马丁·路德·金于 1963 年 8 月 28 日在华盛顿林肯纪念堂发表的《我有一个梦想》，就是一场对后世产生深远影响的演讲。

3. 三个步骤：背稿、半脱稿、全脱稿

学习演讲最好是从背稿开始，特别是初学者尤甚。因为先将一篇演讲稿背得滚瓜烂熟后，再上台去“复述”，这样就会减轻演讲者的紧张感。笔者曾经看到很多演讲者上台后，由于演讲内容还没有背熟，加上心理紧张，导致了演讲失败，最终草草收场。

所以说，演讲前，在内容上要做充分的准备。假如没有经过精心酝酿，到了临场才现编词，效果就可想而知了。曾经有这么一个小故事：古时候，曾经有位秀才三次到省城赶考，都没考中举人。他的老婆对此非常不解，责怪他说：“难道你们男人写文章有我们女人生孩子那么难吗？真是的。”这位秀才叹了口气回答：“老婆啊，你根本不知道，你们女人能够生孩子，是因为你们肚子里有货！现在我呢？肚子里没货。所以，还没考上。”这个故事间接地告诉我们，演讲内容对演讲者来说，太重要了。

背稿子这种方法尽管可靠，但是不可能运用于所有的演讲中，有时候，我们还会碰到即兴演讲。所以，我们的演讲学习又进入第二个环节——半脱稿。

所谓的“半脱稿”，就是演讲稿已经事先写好了，但这次不用再死记硬背，只要记住其中重要的内容、大纲的顺序、具体的数字就行了。上台后，凭着自己的记忆，现场发挥。

值得一提的是：在这个阶段，尽管自己肚子里已经有“货”了，但有时还会出现茶壶里煮水饺——倒不出来的现象，比如，思维短路、卡壳、暂时大脑一片空白，等等。不过，训练一段时间后，这种情况就会逐渐变少了。

演讲学习的最后一个环节是全脱稿。所谓的“全脱稿”就是在演讲前，演讲者根本不做任何准备或者没有做充分的准备，只是根据自己对演讲主题的理解，结合自己的演讲经验（演讲经验是可以总结出很多种演讲模板的，比如：如何展开话题、纵深探讨、联系实际，最后进行主题总结和升华等），就上台演讲了。

全脱稿是演讲的最高境界。曾经有位演讲大师这么说过：演讲还需要写稿，那还不算好。可见全脱稿演讲，在演讲家心目中的分量。当然，全脱稿演讲，是多年训练的结果。曾经有初学演讲者向某演讲大师请教：您在演讲中，思路很清晰、活跃，可以说是“条条大路通罗马”，您是怎么做到的呢？大师回答：因为“罗马不是一天建成的”。

4. 四种方法：看书、看碟、听讲座、参加特训

不可否认，看书是最常用的方法。它的优点非常显著，比如知识点系统、费用低、不受时间的限制，等等。但是它的缺点也非常突出，就像语音语调、态势语言，很难通过文字这种方式描述得出来。并且这种方法对于都不敢上台的初学者来说，效果很不理想。为什么这么说呢？因为演讲本身就是一种能力，一种经过长期的实践才能获得的能力。而看书，所获得的仅仅是知识，知识还需要实践才能转化为能力的。这个道理跟学习游泳一样，对于一个从没下过水的人来说，你给他讲太多的理论，像什么浮力、体重、体积，等等，基本上都是废话，只要让他亲自跳进水里，扑腾几下，呛几口水，自然而然就会游泳了。所以，对于初学者来说，提高演讲技能的手段，第一是实践，第二是实践，第三还是实践。当然，对于已经有一定基础的演讲者来说，看书这种方法还是最佳的选择。

第二种方法是看碟。这种方法的优点是：非常直观，能观看到演讲者的风采，能感受到演讲者的感染力，成本也比较低。但是，它也有一些不足之处：比如观看者很难体会到现场互动的那种气氛，学习情绪不高；相比起书本，它的知识结构系统性不强；另外，观看者是被动接受，没有思想上的碰撞，吸收不全面。当然，对于有一定演讲基础的学习者来说，这是一种非常好的学习方法。

第三种方法是听讲座。这种方法的优点是更加直观，能现场体验到授课者的舞台魅力，有时候，优秀的讲师还会非常煽情，通过调动整个授课气氛，让现场听众兴奋不已，有股异样的冲动。但是，这类讲座多半还是靠气氛取胜的，听众听得激动，当场冲动，回家大多就不动了。所以，作为现场几百位听众之一的你，上台机会不多。没有足够的时间去实战，学习效果自然还是欠佳。当然，相比起前面两种学习方法，它还是较好的选择，尽管学习费用相对也较高。

最后一种方法是参加演讲特训班。对于初学演讲的人来说，这是最佳的方法了。首先，它的训练是最系统的，效果也是最明显的。它分为三部分：课前预热训练，让学员有上台的冲动；课中导师以示范为主，学生认真观摩，然后再模仿，如果学员有不足之处，导师现场纠正；课后学员还有训练任务，以便巩固当天的学习效果。其次，这种特训班是小班制，总人数在 12~15

人之间，可以保证每个人都有足够的上台锻炼时间。

学习演讲的各种方法及其特点对比表

特点 方法	经济性	系统性	直观性	有效性
看书	√√√	√√	×	√
看碟	√√	×	√	√
听讲座	×	√	√√	√
参加特训	×××	√√√	√√√	√√√

尽管说参加演讲特训班这种方法的效果相当显著，但笔者在这里有必要提醒一下想参加特训班的各位朋友，你们必须注意如下两点：

第一，哪类人很适合参加当众演讲特训班？

根据办学经验，笔者发现学员主要由三类职场人士组成：第一类是管理者，特别是刚刚当上经理的新人，当他突然发现当众演讲能力会成为自己领导能力提升的瓶颈时，就果断地报读了当众演讲特训班。让笔者惊讶的是，这类学员中有些还是私企的老板；第二类是讲师，职场中有些资深人士的某方面技能完全可以胜任指导讲师的工作了，但是，表达能力有待提高，于是准备当讲师的人也热衷于参加演讲特训班学习；还有一类是销售人员，对于销售人员来说，口才相当重要，曾经有销售高手说过“销售就是把话说出去、把钱收回来”的活。所以，销售人员和准备从事销售的人也会来参加学习。

第二，哪类人学习当众演讲进步最快？

根据笔者的经验，如果是性格非常外向，在台下特别健谈，在台上才不敢说的人，突破最快，用不了几节课，这类人就会变成演说高手了。

其次是在台下不是很健谈，上台后说话没有激情，有时候还慢吞吞的，甚至有时候还出现思维混乱等情况的人。这类学员需要学习一段时间，一个月甚至半年，才能取得很大的改变。

最后是平时不爱说话、性格内向，并且学历水平也不是很高的人。这类学员的学习周期更长，笔者曾经遇到这样的一位学员，当其他学员问他：“你为什么不喜欢说话呀？”他的回答非常经典：“我不想说废话。”所以说，在思想上不认同口才的重要性的人，是不可能来参加学习的。当然，笔者也认为，不是所有的人都适合参加演讲特训班培训，就像技术人员和财务人员，除非他们想转型当领导。

另外，这种方法也有一些缺点。比如，费用高，还受到时间和空间的限制，对于职场人士来说，不一定都能抽出这么多的时间来训练。

那怎么办呢？基于以上原因，笔者决定用文字和图片的方式，把课堂上导师的教学内容、学员的训练情况以及导师的教学心得全部记录下来，编成一部作品（就是本作品）。这样，既为拥有本作品的朋友节省了一笔参加演讲特训班的高昂费用，同时也使其达到提升自己演讲水平的目的。

四、怎样才能学好当众演讲，说白了就是要掌握 15 招*

下面介绍的当众演讲课程体系就是笔者自己所开设的演讲特训班的学习内容（见图 0–3）。

当众演讲课程体系

顺序	课程主题	训练内容	所属模块
公开课	演讲能力胜过一张“MBA”文凭	没有练习	三大方面
第一课	一招让你马上控制紧张	对视练习	心理方面
第二课	一招让你快速建立好感	赞美式沟通练习	
第三课	一招让你激情万丈	陈氏深度呼吸练习	表演方面
第四课	一招让你声音响亮	陈氏演讲发声法	
第五课	一招让你嘴皮利索	陈氏三步嘴唇操	
第六课	一招让你语调抑扬顿挫	句段朗诵练习	
第七课	一招让你表情丰富	陈氏表情操	
第十二课	一招让你仪表得体	男士三件套搭配法	
第十三课	一招让你身姿优雅	登台亮相练习	
第十四课	一招让你手势潇洒大方	陈氏手势操	
第八课	一招让你正确认识演讲	精彩演讲稿撰写练习	内容方面
第九课	一招让你主题深刻	演讲题目提炼法	
第十课	一招让你开头精彩	提问式开场白	
第十一课	一招让你结尾完美	名言式结束语	

图 0–3

* 微信扫描封三或本书最后一页二维码，获取名家演讲训练方法与材料。

公开课（演讲能力胜过一张“MBA”文凭）：主要授课内容为当众演讲三圈模型、当众演讲的学习策略以及介绍当众演讲的学习内容。

第一课（一招让你马上控制紧张）：主要授课内容为演讲时心理紧张产生的原因以及控制紧张的最有效方法。

第二课（一招让你快速建立好感）：主要授课内容为说话的基本原则及其快速获得他人好感的最有效表达技巧。

第三课（一招让你激情万丈）：主要授课内容为语音发声动力原理以及让声音有气势、有穿透力的最有效训练方法。

第四课（一招让你声音响亮）：主要授课内容为语音发声的构音和扩音原理以及如何让声音高亮、响亮、洪亮的相应训练方法。

第五课（一招让你嘴皮利索）：主要授课内容为语音发声的成字理论以及如何让表达更加流畅的相应训练方法。

第六课（一招让你语调抑扬顿挫）：主要授课内容为基本语调和常见特殊语调有哪些以及掌握这些语调的最佳训练方法。

第七课（一招让你表情丰富）：主要授课内容为在演讲中常用的表情有哪些以及快速掌握这些表情的训练要领。

第八课（一招让你正确认识演讲）：主要授课内容为演讲的四大要素、演讲的三大作用、演讲的五步流程，以及如何撰写一篇精彩的演讲稿。

第九课（一招让你主题深刻）：主要授课内容为听众最爱听的演讲话题有哪些，如何确定演讲主题，以及演讲题目提炼的方法。

第十课（一招让你开头精彩）：主要授课内容为常见的演讲开头方式有哪些，最有效的开场白方式是哪一种。

第十一课（一招让你结尾完美）：主要授课内容为常见的演讲结尾方式有哪些，最有效的结束语方式是哪一种。

第十二课（一招让你仪表得体）：主要授课内容为男、女演说家的穿着指南和妆容指南以及相应的购衣技巧。

第十三课（一招让你身姿优雅）：主要授课内容为常见的坐姿、站姿和走姿有哪些以及这些身姿的训练要领。

第十四课（一招让你手势潇洒大方）：主要授课内容为常用的手势有哪些以及掌握这些手势要领的最佳训练方法。

（注：从公开课到第七课的学习内容已经出版面世，详见《演讲是个技术活：15招搞定当众演讲》，而本书下面内容从第八课的内容开始。）

一招让你正确认识演讲

在探讨做演讲时应该如何开头、如何结尾、如何进行主题深度挖掘之前，我们首先要弄清楚演讲的基本概念、演讲的四个要素、演讲的三大作用、演讲的两种类型、演讲的五步流程、撰稿（撰写演讲稿）的五步流程，等等问题。因为只有搞清楚了这些问题之后，我们才能做到有的放矢，才能更好地谋篇布局。

下面对以上所提及的诸多问题进行一一讲解。

一、演讲的四大要素

什么是演讲呢？业界比较认同的概念是这样的：演讲又叫演说、讲演等，它是演讲者就某一问题或某一事件，在特定的语境下，借助已经写好的书面语言（有时候可能不需要），通过有声语言和态势语言，面对广大听众发表个人观点，说明其中事理，抒发内心感情，从而达到感召听众并促使其行动的一种务实的信息交流活动。

从演讲的概念可以看出，演讲是一种社会实践活动，在舞台上，它的表演性虽然不及其他舞台表演艺术，但它的互动性则远远大于其他舞台表演艺术。所以，作为一个完整的演讲活动，它必须具备有四大要素（见图1-1）：演讲者、信息、听众、语境。这四者缺一不可。也就是说，离开这其中任何一个条件，演讲活动就可能不能顺利地进行。

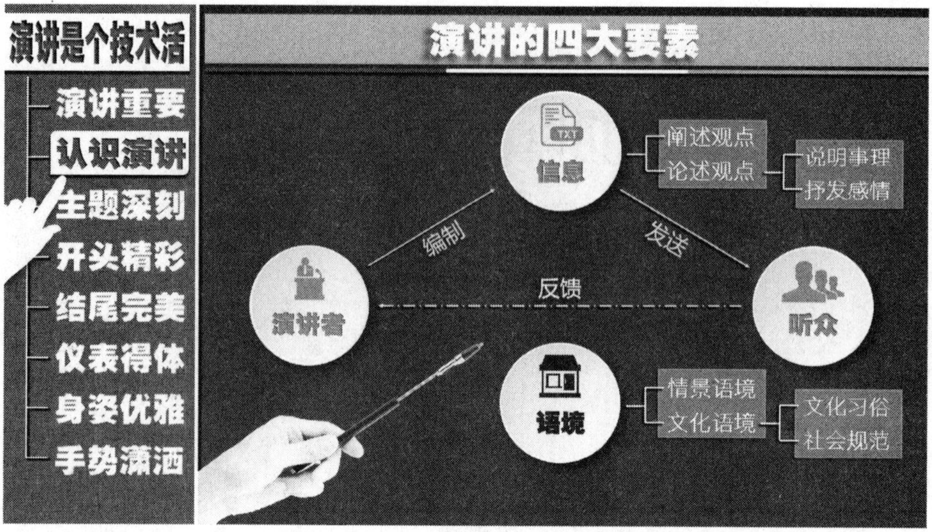

图 1–1

1. 演讲者

演讲者也就是信息的发送者。作为当众演讲的主要交流者，演讲者在交流的过程中主要传递的信息是个人观点和社会身份。

2. 信息

信息是由演讲者对个人观点的阐述以及演讲者对个人观点的论述等组成。一般而言，演讲者在演讲之前会对自己的观点和对观点进行阐述的语言进行精心筛选，并通过特定的方式重组这些内容。

3. 听众

听众即信息的接收者，它是演讲交流中不可或缺的重要参与者。有些人认为，演讲中的听众跟演戏中的听众都是一样的，其实不然。演戏中的听众，他们是欣赏者，他们一般不会现场给演员反馈自己的看戏体会；而演讲中的听众，他们却是参与者。因为他们有一定的知识背景、个人的兴趣爱好，所以，他们会以有声语言或者态势语言来反馈自己的感受。比如皱眉、发笑、打哈欠，或者对演讲者直接举手提问，甚至当场质疑演讲者的观点，等等。

4. 语境

语境即演讲的言语环境。它还继续分为两类语境，一是“情景语境”，也就是演讲时的真实空间，比如，这场演讲是在礼堂里进行的。另一是“文化语境”，也就是听众所处的社会文化，包括文化习俗和社会规范等，比如，一场演讲中演讲者是东方人，而听众却是西方人，那么这场演讲就需要注意西方国家的社会文化这一语境。

二、演讲的三大作用

演讲，作为一种社会活动，从古到今，从未间断，而且越来越受到人们的重视和欢迎。究其原因，就是因为它具有强大的社会推动作用，无论是演讲者本人还是台下的听众，在演讲活动中均能得到教导、受到启发。而演讲的作用是多方面的，笔者总结，大约有如下三大方面：

1. 对本人的作用

演讲者经常在公众面前演讲，随着演讲次数的增多，这项社会活动对演讲者本人的帮助是非常大的。

（1）促进成长

我们都知道，演讲家不是天生的，而是后天造就的。当我们看到那些演讲家在台上慷慨陈词的时候，自然会被他们的风采所折服。但是，我们别忘了“台上三分钟，台下十年功”这句话。经常做演讲的人，为了让自己的演讲更有说服力和鼓动力，演讲者本人不但要积累丰富的人生经验，还必须不间断地学习文化知识和进行长期艰苦的练习。所以说，演讲是促进成长的一块磨刀石，它不仅能让演讲者增强自信心，还能让演讲者不断学习文化知识和提高表达能力。

（2）拓展交际

社会生活中的人们，彼此之间是需要联络感情、交换意见和交流思想的，而演讲恰好是一种高级的社交形式，通过公众演讲，能够增进人与人之间的了解，加深友谊，并且能提高生活质量，促进工作开展。所以，一位出色的演讲者，他会常常通过演讲活动，广泛地与他人建立起亲密的朋友关系。

（3）展现才华

现代社会中，“酒香也怕巷子深”。所以，每个人都必须懂得去“推销”自己。而善于“推销”自己的人，会赢得更好的职位，甚至收获理想的爱情。那应该如何“推销”自己呢？演讲就是一种非常“高大上”的自我推销方式。通过这种方式，就可以向听众充分展现自己的思想、情感、价值观念、人品、能力等，使自己的才华得到他人和社会的认可，并为自己取得更大的成就奠定基础。

（4）竞聘成功

现在很多国家的政府部门或者企业单位，都经常采用通过演讲的方式来竞聘上岗。如果应聘者本人拥有丰富的工作经验和杰出的当众演讲技能，那就有获得理想职位的机会。比如，美国的前总统奥巴马先生就是通过激情澎湃的演讲来获得万人向往的总统这个职位的。

（5）增加贡献

美国教育学家戴尔·卡耐基曾经说过：“一个人的成功，百分之十五靠他的专业知识，而另外的百分之八十五，则靠社交能力，特别是公众演讲能力。”这句话说得不错，如果一个人思想深邃、学识渊博、才华出众，但在公众面前发言的时候，却说不清、道不明、讲不通，好似茶壶里煮水饺——倒不出来，那也未免太遗憾了。比如，作家茅盾，数学家陈景润，他们在自己的领域都取得了卓越的成就，但是由于口头表达能力较差，在一定程度上影响了他们的贡献。而我们所熟悉的现代作家胡适、闻一多等，他们不但能写，而且能说，因而多渠道地、充分地表达了自己的思想，360度地展现了自己的才华。所以，在思想、学识、能力相差无几的情况下，能说会写的人，比起那些只会写的人，对社会的贡献要大得多。

2. 对听众的作用

演讲者发表演讲的对象是听众，所以说相对而言，演讲对听众的作用是主要的，也是相当大的。

（1）学到知识

演讲是一种比较高级的语言表达形式，这种形式能够最大限度地发挥语言在传播知识、交流经验上的作用。随着知识经济时代的来临，人们对知识的渴望越来越迫切。作为直接运用口头语言进行交流的演讲，由于其经济、方便、实用的特点，更加备受人们的青睐。值得大书特书的是，演讲对人的感官刺激是多方面的，视觉和听觉都能同时体会，它高度调动了听众的注意力，充分促进了听众的思维活动，并且使听众在认知、情绪、意志等方面均受到了影响，从而加深了听众对演讲所传播的知识的理解，增强了其学习的效果，因此，演讲始终是传播科学知识、提高文化素养的一种重要形式。

（2）获得真理

一次成功的演讲，不但可以传递大量的文化知识，更重要的是它还告诉听众，什么是对的、什么是错的，什么是值得去做的、什么是红线千万别去碰的。所以，听众从演讲中可以辨别是非，获得真理，受到熏陶感染和启发，并内化为自己的人生信条，指导自己的实际行动。对广大听众，特别是价值观、人生观、世界观还没有定型的青少年一代，演讲是一种很好的教育形式。

（3）激发行动

演讲的最终目的不但要传播真理、启迪心灵，更要促进行动。也就是演讲必须唤起听众对生活、学习、工作的高度责任感，激发他们的主动性、积极性和创造性，使之投身于改造主、客观世界的社会活动中去。例如，我国伟大的民主主义革命先行者孙中山先生在致力于民主革命的40年间，始终以演讲为武器启迪和呼唤民众投身于民主革命。以致后来许多参加过辛亥革命的老人回忆道，他们之所以参加辛亥革命，就是因为听了孙中山先生那激动人心的演讲所致。

（4）愉悦身心

由于演讲是口头语言和态势语言的完美结合，演讲家为了达到更好的演出效果，他们在登台演讲之前，也需要反复演练或者试讲。比如，这个手势动作不太雅观，必须去掉；那句话需要进行高升语调处理，否则就达不到震撼人心的效果。所以，优秀的演讲跟其他舞台艺术一样，它不但能传播真理、给人以理性的启发，而且还能使人精神愉悦，给人以美感的享受。

3. 对社会的作用

社会是由人组成的群体组织，演讲的听众刚好是社会中的人们。这样一来，通过演讲分析社会问题，克服社会弊端，确定社会价值取向，就能够达到促进社会协调发展的作用。

（1）弘扬正气

人类社会的文明史，其实就是一部真善美与假恶丑的斗争史。而演讲历来都是这种斗争的主要工具之一。古今中外一切正义的演讲家，都是拿着演讲这个武器，宣传真理，唤醒民众，去推动社会进步的。比如，我国商代的盘庚为了迁都而做了一场演讲，他将旧都比做被砍倒的树木，把新都比做是刚生出的新芽，使民众深刻地认识到了迁都的意义而欣然接受了他的政治主张，于是实现了迁都的伟大壮举。由此可见，导向正确的演讲可以启迪人心，宣传真理，弘扬正气，促进社会文明的发展。

（2）培养情感

演讲家在演讲的时候，一般是用正面的道德情感来感染和影响听众，从而也培养了听众的高尚情感，诸如追求真善美情感、集体主义情感、爱国主义情感、革命英雄主义情感，等等。比如，共和国四大演说家之一的李燕杰教授，他在每一场演讲中，都反复地强调热爱自己国家的重要性，追求真善美的重要性。他经常说的一句话是："能干大事干大事，干不了大事干小事，干不了小事不干事，千万不能干坏事。"由于李燕杰教授的演讲通俗易懂，经典语录不断，因而他的每一场演讲都获得了听众的热烈掌声。

三、演讲的两种类型

讲完演讲的基本概念、演讲的四个要素、演讲的三大作用之后，接下来我们必须给演讲进行分类了。

演讲分类的方法有很多。有人根据演讲的场合，把它分为广播演讲、电视演讲、集会演讲、课堂演讲、法庭演讲、街头演讲、战地演讲等；也有人根据演讲的风格，把它分为激昂型演讲、深沉型演讲、活泼型演讲、严谨型演讲等；还有人根据演讲的功能，把它划分为信息式演讲、漫谈式演讲、论证式演讲、感召式演讲、鼓动式演讲……但我们的划分依据只有两个：一个是根据演讲的准备程度来划分，一个是根据演讲的应用范围来划分，目的是为了更好地进行训练，现在将它们一一介绍如下：

1. 根据演讲的准备程度来划分

根据演讲前演讲者有没有进行过精心的准备，我们将演讲划分为有备式和无备式两大类。

（1）有备式

有备式演讲即在演讲前，演讲者已经根据演讲主题做了准备，但至于准备到了什么程度，采取了何种方式进行了准备呢，我们再将有备式演讲继续划分为备稿式、提纲式和腹稿式等三种。

① 备稿式。这种演讲是事先已经写好了讲稿，并且也把讲稿背熟了，在进行演讲的时候，凭借着自己的记忆再把讲稿的内容完整地复述出来。由于讲稿可以事先写好，那当然有充足的时间去提前做准备了，完全可以反复仔细推敲、斟词酌句，只要牢牢记住了所写的内容，做演讲的时候就可以防止出现偏离话题、用词不当的情况。所以，这种方式经常被初学演讲的演讲者所采用。但是，这种方式也有不足之处。因为它是提前写好，凭借记忆把讲稿背诵出来，所以就难免在演讲的时候带出来几个拗口的书面词语而影响到了演讲的通俗性和流畅性；有时候也因为演讲稿过长或者演讲者过度紧张而出现突然忘词，以致停下来回忆讲稿内容的现象；有时候也因为担心卡壳只专注自己所背的语句，而显得两眼呆滞、面无表情，以致无法跟听众进行互动。所以，当我们采用备稿式进行演讲的时候，不一定非死背讲稿不可，而是要吃透讲稿的内容，事先用流畅的口头语言试讲几遍，同时剔除一些不必要的口头禅，比如，“这个嘛”“那个啊”“嗯”等。上台后，持稿看稿但不念稿，讲述但不背诵，并且时刻注意听众的反馈而适时与听众进行交流。

② 提纲式。这种演讲不需要提前完全写好讲稿，它只需要对演讲内容进行比较充分的准备之后，把要讲的要点按照先后顺序编写成提纲，上台后，依据写好的提纲进行演说就可以了。由于这种演讲不是逐字逐句写出来再去讲的，演讲者无稿可搬，所以，这种方式很适合演讲者临场发挥，如果发挥得好的话，演讲者的表达会更出彩、更流畅、更富有情感。所以，这种方式也常常为擅长演讲的人士所喜爱。但是，这种方式也有不足之处。就是因为只有提纲，如果演讲者刚开始演讲的时候很嗨，跟听众互动过度了，尽管是依据提纲去演讲，但难免也会做不到中心突出、详略得当。所以，当我们采用提纲式进行演讲的时候，最好在提纲里每条要点的下面备注上时间，这样，就可以掌握演讲的节奏，做到主题鲜明、层次分明了。

③ 腹稿式。这种演讲不但不需要事先写好讲稿，甚至连提纲都不需要提前拟定，它只是在脑海里酝酿好演讲内容之后，凭借着记忆就去做演讲了。由于这种演讲既没有讲稿也没有提纲，它的准备只是粗线条的、未成文的，落实不到具体的字句，仅仅停留于思想的状态。所以，这种演讲方式更加灵活，更加易于临场应变处理，更加适合演讲大家使用。但是，尽管是历经百战的演讲大家，笔者还是建议在酝酿腹稿的时候，准备要尽量详尽一些，必须做到思路清晰、结构合理、层次分明。也只有这样，才能让自己的演讲不会因为没有写稿而导致质量下降，反而是由于没有讲稿的约束而发挥得更加洒脱、更加淋漓尽致。

（2）无备式

无备式演讲，就是我们平常所说的即兴演讲。它一般是演讲者在事先毫不知情、一点准备都没有的情况下而临时决定所进行的演讲。根据发表演讲的动机，我们再把无备式演讲继续分为主动式和被动式等两种。

① 主动式。本来演讲者是没有演讲欲望的，但是被特定的场合或者有争议的主题所诱发、有了感想，形成不吐不快的欲望，因而主动站出来，发表即兴演讲。比如，在 ×× 协会成立之后的第一次会议上，大家都踊跃发言，畅谈怎么做才能让本协会办得更好。再如，在公司新产品开发的头脑风暴会议上，大家都抢着发言，就新产品应该具有哪些功能才卖得更多发表各自的看法。上述这些情况，都属于主动式的即兴演讲。

② 被动式。这种情况是演讲者压根没有发表演讲的欲望和冲动，纯粹

是由于客观原因或者场合的需要，演讲者本人又不好推辞或者推辞不了，只好硬着头皮去进行的即兴演讲。比如，在某场聚会上，主持人要求每位嘉宾都进行自我介绍。再如，在同学会上，班长要求每位同学都要讲几句话。等等这些场合，都属于被动式即兴演讲。

无论是主动发表的还是被动进行的无备式演讲，它们都具有无法准备且不可回避、只好临时决定的特点。不过，值得庆幸的是，这类演讲一般都是篇幅短小的。所以，笔者的建议是每当遇到这些场合，借助固定的十多个套路（也就是常用的即兴演讲模板），提前背好十来句话，就完全可以应付这类演讲了。至于常用的即兴演讲模板，在本书后面的章节，我们会做详细介绍。

2. 根据演讲的应用范围来划分

根据演讲者所做演讲究竟是“应用在哪个方面”的不同，我们再将演讲划分为工作演讲、社交演讲和比赛演讲等三大类。

（1）工作演讲

工作演讲就是由于工作的需要，演讲者必须发表的演讲。需要发表演讲的工作场合比较多，经笔者整理，大约有如下这些：

工作前：竞聘演讲。

工作中：就职演讲、述职演讲；公司或者部门制度的讲解、公司或者部门政策的讲解、活动动员会上的讲话、员工座谈会上的讲话、工作总结会上的发言、运动会上的讲话、文艺晚会上的讲话、开业活动中的发言、周年活动中的发言、大楼奠基仪式上的讲话、早会升旗仪式上的讲话、公司产品说明会上的讲解、公司上市股票推介会上的讲解、获奖感言……

工作后（离开岗位）：离职演讲。

（2）社交演讲

社交演讲大多数都是即兴演讲，它是因为礼节的需要，演讲者不得不发表的演讲。出于礼节需要的演讲场合也比较多，据笔者经验，大约有如下一些：

针对人：自我介绍；欢迎词、欢送词；告别词、答谢词；生日祝词、婚礼致辞；聚会发言；悼词……

针对事：开幕词、闭幕词；祝酒词、贺词……

（3）比赛演讲

比赛演讲一般都是由企事业单位所举办的，这类演讲基本上都是命题演讲，不是演讲题目已经固定就是演讲主题已经确定。关于比赛演讲的主题，大约有如下几类：

敬业精神类：比如，《做一名合格的企业人》《西部，我的家园》。

爱国情怀类：比如，《祖国，我生为您，死亦为您》《中国，我们的根》。

道德提倡类：比如，《心的呼唤、爱的奉献》《雷锋精神永驻人间》。

理想追求类：比如，《创新学习、学习创新》《我用青春铺路》。

节日纪念类：比如，《母爱的力量》《与党一起同行》。

四、演讲的五步流程

说完演讲的类型之后，接下来我们继续探讨关于在公众面前进行一场演讲需要历经哪几个步骤的问题。以笔者经验总结，演讲的常规流程主要有如下五个环节（见图 1–2）：

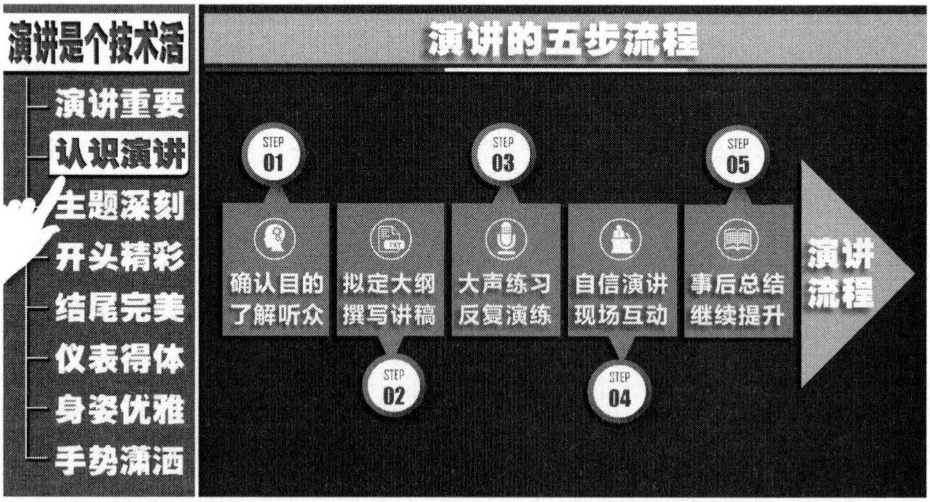

图 1–2

1. 确认目的、了解听众

在做演讲之前，我们首先要思考一个非常重要的问题：为什么要做这场演讲？即本次演讲的主要目的是什么。

一般来说，根据演讲要达到何种效果的不同，演讲的目的大致有四种（见图 1–3）：

①说答，这是演讲者为了应答场合的需要而发表的讲话。比如，关于参加聚会的场合，驴友们第一次线下聚会的时候，每个人都需要给大家做自我介绍；再如，关于参加宴会的场合，作为被邀请嘉宾，需要发表当众讲话；再如，关于颁奖典礼走红地毯的场合，每个获奖者都需要发表几句感言；等等。

②说知，也叫告知，这是演讲者为了让听众知道某些信息而发表演讲。演讲者想通过演讲让听众知道某些信息。比如，关于实物的说知，导游小姐向旅客介绍风景区内有哪些值得去的景点，产品经理向公司客户演示榨汁机的果汁制作流程；再如，关于概念的说知，留学专家向准备出国留学的高中生讲解中西文化的差异，人力资源经理向员工解释新绩效考核方案中的算分方法；等等。

③说服，也就是演讲者想通过演讲来改变听众的主见。比如，关于事实澄清的说服，某明星通过新闻发布会告诉记者他是在做公益活动，而不是在炒作自己；比如，关于观念改变的说服，呼吸科专家在公益讲座中向听众讲解关于戒烟之后对身体的好处；再如，关于行动执行的说服，某公司的营销总监在招商会上给代理商解释为何购买他公司的产品是最佳的选择；等等。

④说赢，也就是演讲者想通过演讲来证明自己的能力，并希望能赢得名次。比如，为了证明自己的演讲能力，演讲者参加了市教育局举办的以“纪念屈原”为主题的爱国演讲活动；再如，为了获得理想的岗位，新入职员工参加了公司人力资源部所举办的以“如果我是班组长”为主题的竞聘活动；等等。

图 1–3

在上面所列举的四种演讲目的中，由于具体目的的不同，演讲时所面临的听众也会有所不同。比如，如果你所做的是竞聘演讲，那你的主要听众几乎都是比你级别高的领导；再如，如果你所做的是新生欢迎会讲话，那你的听众差不多都是比你年级低的学生。

一般而言，在当众演讲中，演讲者必须迅速找出容易引起听众兴趣的话题，才有利于营造一个良好的演讲氛围，才会让自己的演讲发挥得淋漓尽致，表现得精彩生动；否则，自己将可能会自讨没趣甚至自取其辱。

所以，怎么做才能让自己的演讲表现得有吸引力？答案是我们必须以听众为中心，说听众感兴趣的话题；怎么做才能说出听众感兴趣的话题？答案是我们必须了解听众。

既然了解听众对演讲来说这么重要，那下面我们就继续讲一讲关于听众的特征。

可以这么说，在你所有的当众演讲当中，除了少数的几场（比如竞聘演讲等）你仅代表你个人之外，更多的时候，你代表的是某个群体的观点和利益。而你每次演讲时所面对的不同群体，都会有不同的特点。根据不同听众群体的主要特点，我们可以从文化群体、地位群体、职业群体、年龄群体、地域群体等方面将其划分。

①文化群体。

不同文化圈的人，其饮食习惯、处事方式，甚至价值观都很不一样。比如，关于饮食方面，受伊斯兰文化影响的中亚人，他们是不吃猪肉的，如果你面对一群伊斯兰教徒，就不能说猪肉太有营养价值了。同样的道理，受印度文化影响的南亚人，他们一般是不吃牛肉的，如果你面对很多印度人，也就不能讲牛肉太好吃了。再如，关于价值观方面，西方人提倡个人主义，在英语单词里面，“I（我）”在任何地方都是大写的；东亚人提倡集体主义，“我”的意思就是用手紧紧抓住自己的戈，不能让自己太锋芒毕露。所以，面对东亚人做演讲，不能太过于强调个人主义。

②地位群体。

身处群体不同，社会地位就不同。曾有人开玩笑说：衡量某一群体的社会地位如何，就看该群体在姑娘心目中的次序。比如，在计划经济时代，贫下中农的儿子好找对象，当兵的，特别是军官更是抢手货；而在市场经济时代，当官的、当老板的，才是姑娘们的挚爱。

目前，社会中存在着一种观念，就是要关注弱势群体。所以，对演讲者来说，一定要搞清楚台下的听众在社会中究竟属于强势群体还是属于弱势群体。作为一名演讲嘉宾，不能怀着救世主的态度，趾高气扬地怜悯弱势群体；也不能过度鼓吹强势群体的价值观，并把这种价值观强加给弱势群体。

③职业群体。

在不同的职业群体里面，由于每个成员经常处于相同的环境、从事相同的工作，也有一些相同的知识背景、思维方式、价值观等，所以，他们都有一些共同的话题和关注的焦点；都有一些类似的问题需要解决；都有一些共同的诉求需要社会的回应。作为演讲嘉宾，如果面对某一职业群体讲话时，能够在短时间内讲到该群体感兴趣的共同话题，那你的演讲就很容易引起台下听众的共鸣，并迅速将演讲推向高潮。

④年龄群体。

由于每一个时代都有每一个时代的特点，所以，各个时代成长起来的人，其行为方式、生活态度、价值观等方面也显现出很大的差异。他们对事业、工作、理财、感情、家庭、健康、娱乐等方面的追求也不尽相同，他们的求知欲、责任感、财富观也有很大区别。所以，每个时代，也就是不同年龄段的人，他们也有着不同的烦恼、困惑，对事物也有自己的见解和不同的思考。比如，1988 年 1 月 13 日晚上，在深圳蛇口招商大厦举办的青年教育专家与蛇口青年座谈会上，一位专家在发言中提到：有个别人来深圳的目的，就是为了在别人创造的财富中捞一把，这就是极少数淘金者，而特区不欢迎这样的淘金者。但没想到，在座的某位蛇口青年却认为：淘金者赚钱，没有触犯法律，无所谓过错。淘金者来蛇口的直接动机就是为了赚钱，但客观上也为蛇口的建设做了贡献，所以，淘金者并没有什么不好。更让人想不到的是，另一位蛇口青年却反驳说：（前面）三位老师的思想在蛇口是没有市场的。对祖国爱的表达，应当实事求是，而不应当讲虚的、假的、空头的。我们用自己的劳动表达了对祖国的爱。我们自己劳动了，劳动成果应该自己享受。

从刚才的例子可以看出，由于年龄的差距，就容易造成思想的代沟。所以，我们面对 90 后、80 后、70 后、60 后的人群，讲话的方式一定要有所不同。

除了要了解听众大概是什么特定的群体之外，在演讲之前，演讲嘉宾还要了解一些关于听众方面的具体问题，这样才能更好地设计你的演讲策略，达到演讲的预期效果。而这些具体的问题有如下 10 条。

①组织者的期望值是什么？

接到邀请函之后，演讲者不必害怕也别不好意思，演讲者应该主动询问组织者：为什么选择我去做演讲？你们需要我讲哪些内容？有哪些红线是不能碰的？虽然演讲者要坚持自己的原则，不能完全满足组织者的要求，但事先了解到更多的信息，对演讲者来说还是有好处的。

②听众是否经常参加演讲活动？

现在的听众可谓是见多识广，因为电视上《我是演说家》《超级演说家》等同类节目比比皆是，而身边的各种读书报告会、经济论坛更是如雨后春笋，不断涌现。因此，作为演讲嘉宾，你必须了解面对的听众是否属于非常爱学习的“听霸”。如果他们就是经常参加一些报告会、论坛、沙龙的那群人，那你演讲时还是小心为妙，因为他们多是见过大世面的人，他们都比较挑剔。

③听众是否听过类似的演讲题目？

如果没有，那就更好！如果有，那作为演讲嘉宾的你，就要当心了。这个时候，你必须详细地了解：类似的话题有谁曾经讲过？主要的观点是什么？当时给听众留下什么样的印象？这些信息对于即将进行演讲的你来说有没有很大的参考价值？假如对比起来你的演讲并没有什么新意，而你自己又不能在某些方面超越别人，那么，放弃此次演讲还倒是一个最佳的选择。

④听众中有重量级人物吗？

演讲之前，你还需要了解：听众当中，是否有政府高官？商界大腕？学术名流？或者其他行业的名人？比如，IT界的大佬，娱乐圈的明星，等等。如果这些重要人物在场，作为演讲嘉宾，你无论如何都要在演讲之前对他们的到来表示感谢，而且要特别地提及他们的名字和头衔；对于个别的重量级人物，你还需把他给你的帮助、捧场与支持，予以适当的说明。

⑤听众的教育背景如何？

不同层级教育背景的人，比如高中生、大学生、研究生等，他们的知识面是不一样的，他们所掌握的知识系统和概念系统是不同的，他们的理解力也是有较大差异的。就算是同样的大学生，但由于专业的不同，也导致他们对事物的理解有很大的差别。所以，作为演讲嘉宾，了解了这些情况之后，有助于采用让听众更能理解的语言，并引用让听众听得明白的事例去论述自己的观点。

⑥听众的政治立场如何？

在当众演讲中，作为演讲嘉宾，一般是不会去专门探讨关于政治的话题的。但是，在演讲中谈及经济发展、改革开放、企业与政府的关系问题时，难免都要涉及政治话题的。比如，作为全国人大代表的某房地产公司的董事长，他在人代会上发言，究竟在代表自己公司的利益？抑或代表房地产界全体同行的利益？还是代表社会中广大人民群众的利益？这个问题就值得演讲嘉宾认真地思考了。一般来说，此时的演讲嘉宾，最好是代表国家的利益、政府的利益去发言，效果可能会好一些。

⑦听众的人数有多少？

人数的多少决定着会场的规模，人数的多少见证着演讲嘉宾的控场能力。一般来讲，二十来人的会场和二百多人的会场，对演讲方式的选择是有所不同的。人数较少时，演讲嘉宾可以通过互动式的提问与听众拉近距离，甚至还可以用不断巡视的、热情的眼神去留住他们。但如果人数很多时，演讲嘉宾就无法照顾到每一位听众了。那这个时候，你就需要更多情节生动的故事、合辙押韵的段子、切合主题的笑话，以及激情澎湃的声音，来吸引听众的注意力，把他们留在座位上。

⑧听众需要解决什么问题？

一般来说，听众不可能都是无聊的，为了打发时间才来听你的演讲。而恰恰相反，有些听众是带着问题在台下听你演讲的，他们总是期待着你对他们所提出的问题能给出完美的答案。比如，也许他们的销售业绩不够理想，急需一个人指点；也许他们正处在人生的十字路口，迷茫彷徨，急需一个人指路；也许他们面临着岗位的激烈竞争，想得到一个保住饭碗的良方妙法；等等。所以，为了避免出现抓耳挠腮、无言以对的尴尬场面，作为演讲嘉宾，你最好在演讲之前，也顺便尽量多地考虑到一些可能会碰到的问题及解决相关问题的答案。

⑨听众最感兴趣的是什么？

现代传媒业很发达，信息传递的速度非常快，导致人们的兴趣变得非常广泛，对各种各样信息的了解也非常多。所以，作为演讲嘉宾，你要找准听众的兴趣所在，真的很不容易。但是，你不去找也不行。因为找到大多数听众的兴趣点之后，你的演讲就会“天既安排，精彩自来”。

⑩听众感到最自豪的是什么？

最让听众感到自豪的是什么？到底是他们拥有的地位、身份、职业、学历？还是他们在某一世界五百强企业上班？或者获过什么团体奖项？或者处于一个四季如春的一线城市？等等类似的东西，都可能让台下的听众感到自豪。而这些恰好是演讲者进入演讲的切入点，演讲者不但要了解这些，还要利用好这个切入点。比如，当你来到西安做演讲时，你向台下的听众提问：“各位朋友好！你们知道哪个城市是中国的古都之首吗？”那你就很容易把听众的情绪带进你的演讲氛围中来了。

2. 拟定大纲、撰写讲稿

确认了演讲的目的、了解到听众的相关情况之后，接下来就要拟定大纲、撰写讲稿了。

讲稿也叫演讲稿、演讲词等，它是在演讲的准备阶段所写成的文稿。

为什么要写演讲稿呢？因为演讲稿是进行演讲的依据，是演讲成功的基础（当然，特殊场合下的即兴演讲不需要提前写好演讲稿，这种情况除外）。从一般意义上来讲，写演讲稿是参加演讲活动的一个重要环节；从特殊意义上来说，演讲稿的写作对演讲思维模式的锻炼有很大的帮助。如果再详细一点来讲，演讲稿有如下五大作用：

①梳理演讲者的思路。如果是即兴演讲，可能会出现演讲者想到哪讲到哪的情况。但如果是先写稿再演讲，这就会让演讲者静下心来，慢慢构思自己的演讲稿，就会让演讲内容变得井然有序、条理清晰。

②提高演讲者的文笔。因为演讲稿写作它本身就是一种演讲的作文法，它是由说到写，再由写到说的一个过程。而在这个过程中，演讲者就需要在谋篇布局上运筹帷幄，在遣词造句上字斟句酌，无形中使演讲者提高了自己的文字驾驭能力，提升了自己的写作水平。

③消除演讲者的恐惧。因为有些演讲者，特别是初次登台演讲的人，面对众多听众讲话时很容易产生恐惧、怯场的心理，所以如果已经写好并背熟演讲稿之后，他的心里有了底，就能够轻轻松松地进行演讲了。

④提词作用。尽管大多情况下演讲嘉宾是不需要一边看着演讲稿一边做演讲的，但有些演讲者总喜欢拿着演讲稿上台，因为他担心自己在演讲中忘词了。所以这么说来，演讲稿就可以起到提示演讲内容的作用，使演讲顺利进行，避免演讲出现“卡壳”“结巴”等现象。

⑤帮助掌握演讲时间。如果是即兴演讲，演讲者可能无法控制自己的演讲时间和演讲进度。但如果可以提前写好讲稿，事情就好办了。因为这些是可以根据演讲稿总字数的多少和什么地方应该详写或者略写的方法来决定的。

3. 大声练习、反复演练

当写完并修改好演讲稿之后，演讲者接下来的工作就是大声练习、反复演练了。这一环节还可以细分为如下五步：

①多次朗读。先对演讲稿中个别读音有疑问的字眼进行查字典确认，接着是朗读。而这种朗读指的是反复地大声诵读，直到把演讲稿背得滚瓜烂熟为止。当然，如果是久经沙场的演讲高手，只要读熟并记个七七八八

就可以了，不用全部背熟也行。

②语调设计。一般来说，应先给整篇演讲稿定下感情基调。比如，平情型（以平直调为主）、激情型（以高升调为主）、抒情型（以降抑调为主）、煽情型（以曲折调为主）。再考虑在整篇演讲稿中，哪些地方需要用杀伤力很强的语调。比如，哪些地方需要用停顿、重音、拖腔、颤音、虚声、尖嚷、泣语等。

③手势设计。在演讲中，既不能没有手势，也不能手势不停。一般来讲，一篇10分钟的演讲，最多也就是15个手势，这其中已经包括了单手手势和双手手势。那应该加入哪些手势呢？笔者的建议是：首先根据内容的需要。比如，当讲到“尽管被生活欺骗千百次，但我依然相信未来”这句话，你最好给它加上仰手式动作（手掌向上，指向前方），因为这个手势最能体现这句话的意思。其次根据情感的力量。比如，表示强调的时候，你可以采用手指手势和手掌手势，也可以采用拳头手势。但是，请注意，这三类手势中，拳头手势的杀伤力是最大的。所以，我们最好选择拳头手势。

④表情设计。所谓的声情并茂，指的是声音优美和表情丰富，即声音和表情都很优秀。所以，在演讲中，面无表情是不妥的，我们需要对自己的表情进行设计。一般来说，缠绵诉说的时候，采用的是忧伤的表情；慷慨陈词的时候，采用的是坚定的表情；娓娓道来的时候，采用的是微笑的表情……总之，在演讲稿的重点部分，也就是最能体现演讲者内心世界、个人态度的地方，必须标注上表情的类型。

⑤多次演练。对标注了语调、手势、表情之后的演讲稿进行多次演练。演练的场地最好跟演讲的环境差不多。如果有条件的话，最好能找几位好朋友来当听众，再让朋友提一些建设性的意见。

4. 自信演讲、现场互动

当自己的试讲得到了朋友们的肯定之后，接下来就是正式的演讲了。

尽管你事先已经做了充分的准备了，但是到了真正演讲的那一天，你的心里还是蛮紧张的。为什么突然紧张了呢？因为场面大了，人多了，大家都看你了，刺激了你的交感神经，肾上腺素分泌液也增多了，于是出现了脸色苍白、心跳加速、呼吸加快、手心冒汗等现象。

不过，请放心，这些都是正常的现象！如果心里一点都不紧张，反而是坏事。因为人是在有一定的压力下，稍微紧张的情况时，才能发挥出最佳的状态。

所以，这个时候，你就不要太在意自己的紧张感了。不过，为了能让你更快地进入演讲状态、让你的发挥更加得心应手、让你的表现更加可圈可点，根据笔者的经验，建议你在演讲之前，可以先去洗手间一趟，用冷水洗一把脸，之后在原地向上跳跃 5~7 次，以便让自己的身体更加兴奋，让自己的表现欲达到巅峰的状态。如果条件允许的话，在上台演讲之前，你也可以先到听众席上，把听众当成老朋友一样，主动地跟他们打招呼。

演讲前让你紧张不安的时间不会很长，马上到你登台亮相了。就在你开始正式演讲之后，你必须把注意力放在自己所陈述的观点上和听众的身上，而不是自己呈现观点的方式上。为什么这么要求呢？因为当你把注意力放到听众的身上时，你就会自然而然地忘掉了紧张。

光这一点还不够，你还必须主动地与听众进行眼神交流，认真观察听众的表情变化。通过听众的表情，你会知道哪位听众听得津津有味，哪位听众根本心不在焉。这个时候，你不能把注意力放在心不在焉的那位听众的身上，那样的话，你就会越讲越没劲了。你应该把注意力放在听得入迷的那位听众的身上，并主动地向他提问，借助你俩的对话，把大家的情绪全部带动起来。如果在一场 15 分钟的演讲中，有 2~3 次的互动，那你的演讲就会比较好，就不会再显得干巴巴了。

5. 事后总结、继续提升

一般来讲，每场演讲结束之后，都需要马上进行总结，并且这个时间间隔不能太长。比如，今天下午进行了一场演讲，后天再进行总结，这样就不太妥当了。应该是今天下午进行了一场演讲之后，在两小时之内必须进行总结。因为时间间隔越短，回忆越清楚。

应该总结些什么呢？笔者的经验是：

首先，总结不足的地方。比如，哪些地方准备得还不够充分，造成临场卡壳了；哪个环节由于互动不起来，造成场面冷淡；或者由于提问的对象不合适，造成演讲主题没有被深挖；或者由于没有提前试麦，而造成刚开始演讲时声音过小，等等。

接着，总结成功的地方。比如，由于今天的表演更加到位，哪条段子被演绎得更加精彩，得到了满堂的笑声和掌声；由于互动环节设计得不错，台下听众踊跃参与，造成场面差点失控；由于很投入地去讲关于自己以往的故事，不但讲哭了自己，也讲哭了听众，等等。

总之，不管是失败的教训还是成功的经验，都需要一条一条地写下来，以便以后被经常翻阅。

五、最有效的训练方法——精彩演讲稿撰写练习*

知道了演讲的整个流程一共分为五步之后，我们继续深挖其中的第二步流程，也就是关于演讲稿是怎么撰写出来的，具体的撰写过程还可以再分为几步。因为只有理解演讲稿的结构并掌握演讲稿的具体写作步骤之后，我们才能写出合乎要求并适合演讲的文本。

经笔者总结，演讲稿的写作流程可为以下五步（见图 1–4）：

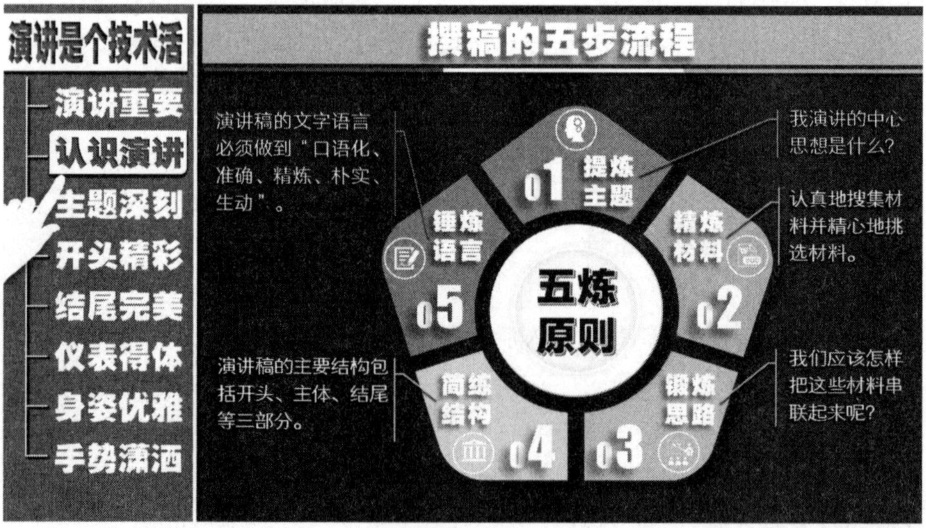

图 1–4

* 微信扫描封三或本书最后一页二维码，获取名家演讲训练方法与材料。

1. 提炼主题

撰写演讲稿的第一步是先确立主题。什么是主题呢？主题就是在这场演讲中，我主要讲些什么，也就是我演讲的中心思想是什么。

那主题从哪里来的呢？一般是演讲者了解到了听众的相关情况之后，从演讲的目的中提炼出来的。与此同时，当演讲者把演讲主题提炼出来之后，也就给演讲稿写上了标题，即把本次演讲的题目也定下来了。

2. 精炼材料

提炼出演讲主题并确立了演讲题目之后，接下来的工作就是认真地搜集材料并精心地挑选材料了。这个工作非常重要，可谓是撰写演讲稿流程中最为关键的一步。因为没有写作材料、没有好的材料，就无法写出优秀的演讲稿，就无法进行精彩的演讲了（当然有时候也会碰到即兴演讲，这种情况除外），巧媳妇也难为无米之炊啊！

演讲稿要搜集的材料包括直接材料和间接材料两大类。但不管是搜集哪一类材料，我们都必须搜集可靠的、典型的、生动的、新颖的、适体（适合文体）的材料。

3. 锻炼思路

有了这么好又多的写作材料，我们应该怎样把这些材料串联起来呢？所以，在下笔撰写演讲稿之前，演讲者首先要认真地构思一下。什么叫构思呢，“构思”就是演讲者在产生写作动机之后，到形成文字之前，从内容到形式两方面孕育出文章的一系列定向的创造性思维活动。而在此过程中，演讲者可能要用到发散思维，比如，会考虑到底有哪些常用的方法开头；也会用到联想思维，比如，从这件事情联系到了另一件事情；甚至还会用到纵深思维，比如，透过事物的表面看到了事物的本质。

构思完成之后，写作思路就形成了。所谓的“思路”就是：作者在构思活动中，经过反复思考之后形成并表现在文章中的指向表达目的的思维轨迹。一般来讲，常用到的写作思路有散聚思路、外内思路、正反思路、纵横思路、综合思路这五种，而我们用得最多的就是综合思路。

4. 简练结构

“结构”是指一篇文章中材料的组织和安排的形式，演讲稿结构是演讲稿写作思路在演讲稿中的外在表现，是思路的外化。可以这么说，当思路定型之后，演讲稿的结构也就差不多出来了。

一般来讲，除了演讲的题目之外，演讲稿的主要结构包括开头、主体、结尾等三部分。而其中的开头部分，常用的方法就有八种之多；结尾部分，常用的方法也高达六种。所以，面临这么多的选择，我们只能根据主题的需要来选用最合适的开头方法和结尾方法。至于主体部分，在写作过程中，我们也要处理好详写与略写、层次与段落、过渡与照应这几个问题。因为只有这样，我们才能写出观点鲜明、逻辑清晰、详略得当、主次分明的优秀的演讲稿。

5. 锤炼语言

演讲稿写好之后，接下来的工作就是对文稿进行润色了。有名家曾经说过：“语言是思想的外衣，要想当众演讲呈现得更加精彩，演讲稿的文字语言必须做到‘口语化、准确、精炼、朴实、生动’。”这话说得不错，为了达到这些要求，我们必须去除一些啰唆的词语；将单音词换成多音词；将生僻词换成常用词；把长句改为短句；把倒装句改为正装句，等等。另外，我们还必须要使用一些修辞技巧，比如，把普通句子改为比喻句；把意思相近的几个短句，改成字数一样多的排比句，等等。

上文之所以一口气列举了这么多种语言锤炼方法，其目的就是让我们的文字语言在口语表达时，更加朗朗上口，更加通俗易懂，让听众听起来更容易入心走肺。

一招让你主题深刻

进行一场演讲，作为演讲嘉宾的你，肯定会想方设法去吸引住听众。而要想吸引住听众，必须拥有一定的演讲技巧。

但是别忘了哦，如果光拥有演讲技巧，在开始演讲之前，并没有选择一个好的演讲话题，也就是说，你所演讲的主题并不是听众很关心的话题，即便你的演讲技巧再好，也不会有太多人对你的演讲感兴趣的。

所以说，想要自己的演讲得到更多的人去关注的话，你首先要知道大家都在关心什么样的话题，然后再以这个话题来作为自己的演讲主题。

一、听众最爱听的演讲话题有哪些

既然成功的演讲是离不开一个合适的演讲主题。那么，最吸引听众的演讲主题究竟有哪些呢？经笔者总结，大概有如下几种。

1. 与听众目前自身利益相关的话题

当面临特定人群进行演讲时，演讲者在选择话题这个环节上必须注意了，常规情况下，演讲主题最好能与听众的切身利益相关。比如说，当你面对的听众是一群学生的时候，你可以选择一个跟学习有关的主题：如何高效学习、如何进行主题阅读、如何快速记忆、如何从学渣到学霸，等等。

我相信这样的话题，一定会受到学生们的热烈欢迎。再如，当你在劳动局举办的公益课堂上给一些一线员工授课时，你应该讲一些关于劳动法的主题：如何保护自己的合法权益、如何跟 HR（人力资源从业人员）谈薪酬，等等。我相信，他们也都会爱听。

2. 跟听众未来人生奋斗相关的话题

这个话题，我相信听众们也非常喜欢听。因为无论我们是谁，身份如何，都会积极思考人生、热烈憧憬未来。但是人生是个很大的话题，里面还包含着诸多小话题，比如爱情与事业、目标与信仰、命运与追求、坚持与选择、圈子与环境、行为与习惯、吃苦与吃亏、觉悟与改变、成功与成才，等等。而在这么多的人生话题中，“如何获取成功”最受人们的追捧。所以，如果你是某方面的行家，受到了邀请，登台亮相现身说法，将自己在追求成功的道路上，所碰到的种种困难以及如何解决这些困难的心得跟听众分享，就算你的演讲技能有所欠缺，但你的演讲还是会引起大家的高度重视和浓厚的兴趣。

3. 关于情感类的话题

人都是感情动物，尤其是性情中人，心总是那么的柔软和善良。所以，关于情感类的话题，也常常被演讲者所采用。因为这类话题，特别是关于亲情、爱情、友情等方面的，最容易打动听众。笔者经常听到，很多成功人士在功成名就之后，总会讲到在成长过程中，哪些人对他的帮助最大。比如，某位演讲嘉宾提到了自己的母亲是多么的不容易，中年离异后，靠着街头卖菜的收入将自己拉扯大，所以，他最后总结说：母亲真伟大，天下的母亲都伟大，推动摇篮的手就是推动世界的手。再如，有的演讲者讲到在人生最困难的时刻，是某位朋友慷慨解囊，帮他渡过了生活的难关。于是他总结出：朋友不在多，而在精。总之，这些情感类话题是演讲中使用频率较高的，如果演讲者能够把“个人奋斗”与“情感”完美地结合在一起，那他的演讲肯定会收到非常好的现场效果。

4. 关于爱国类的话题

任何一个人来到了这个世界，都不是单独存在的。他有自己的祖国、自己的民族、自己的文化。所以，我们不仅仅只关心自己的个人生活，还会关心国家的未来、民族的发展，甚至文化的传承。如果一位演讲嘉宾，他选择一个跟国家有关的话题去进行演讲，比如“美国在南海围堵中国为什么失败了？”“台湾何时回归？”“中国梦到底是什么样子？”“中华文化为什么能够传承五千多年？”等等。笔者相信，这些话题一定会帮助演讲嘉宾吸引到很多听众的。因为这样的话题最容易勾起大家的爱国情怀和文化自信心。不过，笔者在此也顺便提醒一下各位朋友，如果选择跟国家有关的话题作为自己的演讲主题的话，请大家务必要提前做好充分的准备，因为这类话题可不那么好讲，没有一定的知识储备是讲不好的。

当然，除了以上四大话题之外，还有其他很不错的话题。比如：与听众的兴趣、角色、身份相关的话题；具有权威性的话题；新奇的话题；观点极具突破性的话题；揭秘、爆料的话题，等等。笔者在此就不再继续一一赘述了。

二、演讲主题到底有什么用

讲完了演讲者应该发表什么样的话题才能激发起听众的浓厚兴趣这一技巧之后，我们接下来继续讲一讲关于主题对演讲的作用。

讲解之前，我们有必要对话题和主题这两个概念进行比较，以便加深我们对主题这个概念的理解。

话题一般指谈话的主要内容，而主题一般指演讲的中心思想。其实有时候，这两个概念也可以互用的。

虽然说，演讲的主题就是演讲的中心思想，也就是演讲者在演讲中所表达的中心意思。但是在这里，笔者想进一步强调两点：首先，一篇演讲稿中，演讲者所表达的思想比较丰富，但只有贯穿全篇的中心思想才算是主题。其次，主题不是外来的思想，它是通过具体的内容、具体的材料表现出来的，可以这么说，没有相应的材料和内容来准确表达，也就没有主题了。

介绍了关于主题的含义，以及主题与材料这两者之间的关系，接下来我们开始探讨主题对演讲稿有什么作用这个话题。

1. 主题决定了演讲的价值

一般来说，一次演讲的质量高低、价值大小，关键在于它的主题是否正确、是否深刻。

首先，演讲主题必须正确才行。如果思想错误、观点不对头，即使材料再丰富、结构再合理、语言再生动，也是白搭。例如，某销售冠军来到经验分享会做演讲，他的演讲主题却是：客户都是“骗”来的。你看看，尽管这个骗字已经被打了双引号，但是，让人看了还是很不舒服。听众可能会纳闷：你为什么不选别的主题呢？比如“客户都是靠真诚感动出来的”等等。

其次，演讲主题必须深刻才行。如果演讲主题过于肤浅、低俗，就唤不起听众的兴趣，甚至还会引起听众的反感。以往一些著名演讲家的实践证明：只有那些能够反映客观事物的本质特征，符合历史的发展规律，经得起实践的长期检验，对社会进步有促进作用的主题，才会使演讲显示出强大的生命力。

2. 主题有统帅全篇的作用

主题是演讲稿的灵魂，渗透在演讲稿的字里行间，它在演讲稿的五大要素（主题、材料、思路、结构、语言）之中处于统帅的地位，对演讲稿中的其他要素起到了统管的作用。经归纳总结，它统帅全篇演讲稿的作用还可细分为以下五个：

主题决定材料的取舍。其实，生活中存在着大量的材料。但是，这些材料往往是分散的、彼此之间孤立的、并且缺乏活力的。只有根据演讲主题的需要，对这些材料进行取舍和加工之后，它们才会变成典型的、富有生命力的、能体现主题意涵的有机组成部分。所以说，主题决定了材料的取舍，只有那些跟演讲主题相关联的材料，我们才选用。如果材料不符合主题的要求，就是再典型、再生动、再新颖，我们也坚决不用，因为选取这些材料，不但没有任何意义，甚至还会喧宾夺主，湮没了文章的主题。

主题决定思路的选择。我们都知道，演讲稿写作在运思阶段，是需要选择一条写作思路去把那些材料串联起来的，不同的演讲主题，其写作思路也不同。比如关于宣扬个人观点的演讲：首先抛出问题，引起听众思考；其次列举反面事例，让支持反面观点的听众开始怀疑自己曾经的主张；再次列举正面事例，让听众了解自己的观点；最后以道理论证法证明自己观点的正确性，让听众信服自己的观点。再如关于竞聘上岗的演讲：首先是称呼语、问候语——“各位领导、各位同事，大家好！”其次是导入语——“今天我以平和的心态来参加这次竞聘上岗演讲活动”；再次是个人介绍和个人以往成绩介绍；然后是自己对这份工作的认识；最后说明如果本次竞聘成功，我将怎么做。所以说，演讲主题决定了写作思路的选择，不同的演讲主题，所采用的写作思路也完全不一样。

主题决定结构的安排。写作思路清晰明确之后，演讲的结构就基本定下来了。因为演讲稿的组织结构，就是演讲思想内容的基本骨架；就是演讲主题表述的外部形态；就是演讲思路呈现的具体形式。可以这么说，任何一个演讲主题都要求与其相对应的组织结构，演讲主题一旦改变，演讲稿的结构也必须随之进行相应的调整。

主题决定语言的运用。一般来说，按语言特色划分，演讲稿中的语言有五类：叙事性语言（它是对事情或者事件的发生、发展、变化、结局的叙述）；摹状性语言（它是把对象的物质或者精神的实态具体地、逼真地描摹出来）；告知性语言（它是对事物或者事理进行客观的、科学的、平实的说明）；抒情性语言（它是演讲者主观情感的表现和抒发）；说理性语言（它是通过摆事实、讲道理来判明是非，阐明演讲者的观点或主张）。既然有这么多种语言，那我们的演讲稿应该以哪一种语言为主呢？依笔者的经验，这个就要看演讲的主题了。如果演讲主题是偏向说理类的，比如“心态决定一切”，我们就要以说理性语言为主；同样的道理，如果演讲主题是偏向抒情类的，比如“爸爸，您是我永远的牵挂”，我们就必须以抒情性语言为主。

主题决定题目的确定。前文介绍过，演讲的主题就是演讲的中心思想，演讲的主题就是演讲稿中的标题，演讲的题目是根据演讲的主题来确定的。换句话来说，演讲题目就是由演讲主题浓缩而成的。为什么这么说呢？因为演讲主题可能需要 20 多个字才能完整地表达出来，但是，演讲题目一般不会超过 11 个字。另外，演讲主题也决定了演讲题目的遣词造句。比如，如果演讲主题是偏向抒情类的，那演讲题目可以采用比较文艺性的文字来表述；如果演讲主题是偏向说理类的，那演讲题目就适宜采用平实性的文字来表述。

三、如何确定你的演讲主题

演讲稿的写作跟文学作品的创作有点不一样。文学作品的创作如果先确定了作品的主题，就会容易导致模板化、公式化、概念化，并被称为“主题先行论”了。但是，演讲稿的写作最好在动笔之前先把演讲主题确定下来，并在它的统领下取舍材料、选择思路、安排结构、运用语言，形成文稿。因为演讲稿属于应用文的范畴，它是需要确定演讲主题之后再去参考演讲模板进行写作的。

1. 三大步骤确定演讲主题

既然演讲稿是先确定演讲主题再进行写作，那演讲主题是如何形成的呢？根据笔者的经验，其具体步骤如下：

演讲目的的确认。演讲目的的确认就是“我进行这场演讲的主要目的是什么”。是工作中的竞聘上岗，还是社交中的婚礼致辞，抑或是比赛中的敬业爱岗精神提倡？另外，主办方还有其他要求吗？

直接经验的提炼。由于演讲的目的只是一个大方向，它还不是演讲的主题，所以，演讲主题形成的第二步工作就是直接经验的提炼。它是演讲者对实际生活的观察和体验、对问题的思考和分析之后的结果。这一步非常重要！就拿“敬业爱岗”这个演讲目的来说吧！如果演讲者是糊里糊涂地进入这个行业，后来才慢慢喜欢上这份工作的话，那他的主题可能就是

“干一行、爱一行”；如果演讲者是先喜欢这个行业，不管遇到多大困难都要把自己的工作做好的话，那他的主题就是“爱一行、干一行”。所以说，演讲者个人经验的不同，演讲主题也稍有差别。

间接经验的吸收。演讲者在提炼出自己的演讲主题之前，他会去查阅相关资料，也会去参考一下其他演讲者的演讲主题或者演讲题目，这个工作就叫作对间接经验的吸收。

总之，演讲主题是主客观因素共同作用的产物，它是演讲者在生活实践的基础上，通过对直接生活经验的提炼结合间接经验的借鉴而形成的。

2. 五个要求审查演讲主题

当演讲主题形成并被提炼出来之后，我们还需要对主题进行审查，也就是审查演讲主题是否到达如下的五个要求（见图 2-1），如果没有达到，我们就需要重新提炼演讲主题。

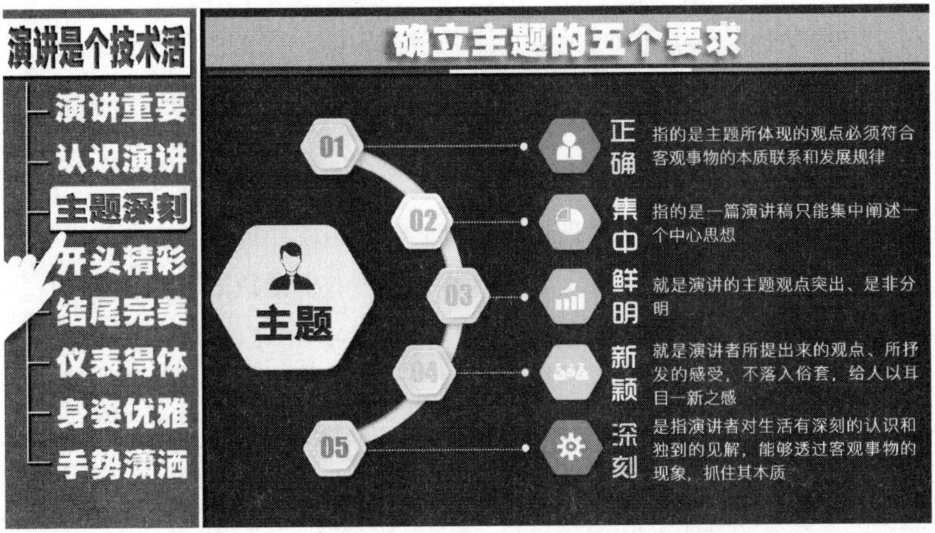

图 2-1

正确。正确是对主题的最基本要求。所谓的主题正确，指的是主题所体现的观点必须符合客观事物的本质联系和发展规律。哪怕你要怎么去创新，也要遵守这条底线。换一句话说，就是你可以颠覆传统观念，但不能违背常识和知识。比如，其他演讲者的演讲主题是“人生赢在起跑线上”，而你的演讲主题却是“人生赢在转折点”。这样完全可以，没毛病！但是，如果你的演讲主题是这样：“人生其实是便秘——就算你再努力，结果还是一个屁！”那就是消极的主题了，就不太妥当了。如果你的演讲主题再往前迈一步：“死才是真正的生——人生一点意义都没有”，那就是胡说八道了，完全错误了。

集中。主题集中指的是一篇演讲稿只能集中阐述一个中心思想，不枝不蔓、重点突出。也就是说，在确立演讲主题时，必须突出一个重点，围绕一个中心，不能搞多个中心、多个重点。需要提醒的是，“花开两朵、各表一枝”的写法根本不适合演讲稿的写作。因为企图在一次演讲中解决很多问题，什么都想说，什么都想讲，结果可能是什么都说不清楚，什么都讲不明白。那如何才能做到主题集中呢？笔者的个人经验是：首先，在下笔撰稿之前，确立好单一明确的演讲主题，把想得过多的内容，要么压缩、要么提炼、要么摈弃，努力把思想概括集中到一点上，让演讲主题达到高度集中。其次，在写作时，紧紧围绕主题落笔，不跑偏、不扯远，力求说深说透。

鲜明。所谓的鲜明就是演讲的主题观点突出、是非分明，也就是肯定什么、否定什么，歌颂什么、抨击什么，泾渭分明、一清二楚，让人一听就知道演讲者的中心思想是什么、表达意图是什么。而不是抱着骑墙态度，这边也可以，那边也不错，让人听得云里雾里，根本不知道演讲者的葫芦里到底卖的是什么药。如何做到主题鲜明呢？这就要求演讲者在认识上十分清楚，能看清问题的本质，并且有解决问题的根据和把握，敢于理直气壮地回答自己所提出的问题。

新颖。所谓的主题新颖，就是演讲者所提出来的观点、所抒发的感受，不落入俗套、不拾人牙慧，而有自己的见解、有自己的独创性，能给人以耳目一新之感。比如，“你只是看起来很努力”这个演讲主题，谁听到谁都觉得很“扎心”，特别是那些认为自己的努力跟回报不成正比的职场人士。如何做到主题新颖呢？这就要求演讲者有敏锐的观察力和创造力，能紧跟社会形势，善于从现实生活中提出人们普遍关心的问题；或者提出人们司空见惯却没有被引起注意的问题；或者从新的角度去分析人们经常议论的问题。

深刻。所谓的主题深刻，是指演讲者对生活有深刻的认识和独到的见解，能够透过客观事物的现象，抓住其本质，有所发现并有所创造，即便是平平常常的小事情，也能做到“见人所未见，发人所未发”，写作出意蕴深邃的演讲稿来。

3. 两条法则选择演讲主题

前文已经介绍了什么样的话题最能引起听众的极大兴趣，也介绍了确定主题时必须以哪几个要求为依据。但是，好的话题又有这么多，上台演讲时只能选择其中的一个，那该如何从中做出选择呢？笔者的建议如下：

首先，演讲主题的选择要考虑主办方的要求和听众的需求。

一般而言，主办方的要求，演讲者必须重视。因为你进行这场演讲的机会是主办方提供的，用营销学的术语来说，主办方才是采购经理，是他购买了你的“产品”。所以，主办方的意见，演讲者不得不听。甚至有时候，由于主办方的坚持，演讲者还不得不修改自己的演讲内容来迎合主办方的特殊要求。当然，如果因为主办方的过分要求而践踏了演讲者的价值观，演讲者可以考虑拒绝出席这场演讲。比如，笔者曾经被邀请到某直销公司做关于“未来营销趋势”的主题演讲，主办方再三强调：传销才是未来的发展趋势，从事传销工作最赚钱。但是笔者觉得这个观点是非常荒唐可笑的，于是，果断地谢绝了主办方的邀请。

除了主办方的要求之外，听众的需求，演讲者也必须提前知道和充分了解。为什么这么说呢？因为只有了解了听众的需求之后，我们的演讲才能做到有的放矢。既然如此，那听众会有哪些具体的需求呢？这个就要看听众的实际情况了。从宏观上讲，听众有两大需求，一是不明白的道理要弄清楚；一是不知道怎么办的难题需要找到解决的方法。从微观上讲，听众的需求就非常多了，这个要结合听众的年龄、性别、职业、经验、学识、性格等方面来考虑。一般来讲，老年人喜欢谈论过去，年轻人偏向于憧憬未来；男人热衷财经、股票、体育、时事等话题，女人却对婚姻、家庭、时装、化妆等方面感兴趣……

其次，演讲主题的选择也要结合自己的人生经验和学识素养。

相对而言，个人的人生经验是独一无二的，是最宝贵的，因为它是演讲者本人在生活、工作、情感等方面失败或者成功的经验总结。所以，这部分内容应该最受听众关注，也是听众最喜欢听的。可以这么说，作为一名有经验的演讲者，不但要舍得分享自己的人生经验，讲好这部分内容，而且在做演讲的时候，所选的演讲主题也必须跟自己的人生经验相匹配。

同时，演讲者在做演讲的时候，也必须结合自己的学识素养。如果说，人生经验的分享和交流，让听众觉得你的演讲干货多多、内容丰富。那么，学识方面的穿插和呈现，就会让听众觉得你的知识很渊博、演讲很有高度。所以，演讲者在选择演讲主题的时候，也必须要考虑到自己对这个话题有深入的研究才行。

总之，在选择演讲主题时，一定要考虑听众的需求并结合演讲者个人的优势。也只有这样，演讲者在舞台上才能讲出真知灼见，才能获得满堂喝彩。

四、最有效的训练方法——演讲题目提炼法*

当把演讲的主题确定下来之后，我们还有一步工作要做，那就是要给这篇演讲稿起一个好听的、含义深刻的标题（或者叫题目）。

那么，怎么起一个含义深刻的题目呢？

因为想要做到演讲主题深刻，就必须从两大方面入手：其一，主题不能仅仅停留在事物表面现象的罗列和叙述上，更重要的是要揭示事物的某种本质；其二，演讲稿的题目必须是演讲主题的高度概括和深度体现。

在这里，想通过叙述方式去达到主题深刻，那作者就必须认真地构思了。比如，对于最能提示现实生活中人物和事物的那些有思想意义的材料，作者要对其进行巧妙的安排和适当的加工；同时，还要善于从材料引申开去，点明寓意，增强演讲的思想性。不过，关于演讲稿构思这方面的内容，还将会在其他章节进行详细的讲解。

所以在本章，笔者只想跟大家谈一谈如何给演讲主题提炼一个含义深刻的题目。

---

* 微信扫描封三或本书最后一页二维码，获取名家演讲训练方法与材料。

1. 深刻的题目能给受众留下好印象

首先，我们探讨一下好题目对演讲到底有什么好处。

其实，对演讲来说，如果题目有创意，就会增加受众对你演讲的第一印象，就会引起听众对你演讲感兴趣并有继续听下去的欲望。但如果演讲的题目太过于平庸，那情况就完全不一样了。它不但会被受众忽视，因此而不想来参加这场演讲会，甚至还可能会导致有些已到现场的受众仅仅听了开头就不感兴趣了，纷纷上厕所就再也不回来了。

所以，撰写受人瞩目的演讲题目是十分重要的，我们必须学会撰写这至关重要的演讲稿题目。

2. 想撰写出深刻的题目必须遵守三大原则

接着，我们继续探讨关于好题目的撰写原则。演讲稿题目的撰写原则一共有三个，现一一介绍如下：

（1）让题目浓缩精华

可以这么说，演讲题目就是演讲主题的浓缩，是演讲的精华部分，我们一般也是透过演讲题目来了解这场演讲的主要内容的。所以，演讲的题目就应该是最简练的，是演讲主题的高度浓缩。

既然如此，那什么样的题目才算是浓缩了演讲的精华内容呢？下面这个例子就非常不错。

《竞争、友谊》是一篇校园演讲的演讲稿，演讲稿的写作背景是这样的：有一对好朋友，因为经历了一次班干部的竞选活动之后，两人马上从朋友变为敌人。后来，在语文老师的指导之下，两个人都开始写日记，而在日记里，他们都写下了对失去好朋友的后悔。再后来，语文老师把他们的日记分别给对方看，其中一位同学的感触很大，于是在一场校园演讲比赛中，他把自己的故事讲出来，并在演讲结束时向全场听众大声宣布："我们既要竞争，更要友谊！"

你看，这个演讲题目是不是刚好浓缩了这场演讲的精华内容？

（2）让题目饱含感情

一般来说，演讲的目的不是以抒情见长就是以说理为主。所以，演讲题目在浓缩演讲内容的基础上，还必须另有体现才好，比如，饱含感情。

什么样的演讲稿题目可以达到这样的效果呢？下面这个例子也很不错。

《慈母心，孝子情》是一篇节日演讲的演讲稿，演讲是在母亲节这天进行的，演讲者为一名在校大学生，演讲内容是演讲者的爸爸要去亲戚家接他的奶奶回来，而他的奶奶知道儿子的工作辛苦却偏要自己回家。但后来，儿子又打电话过去对母亲说：小时候，您每次都坚持送我去学校并接我回家，所以，我现在即使工作再忙也必须去接您回来。

看到了没有，演讲稿的内容很简单，但是，《慈母心，孝子情》这个演讲题目起得非常好，通过一个对比句充分地体现了母子之间那种浓浓的关爱之情。

（3）让题目充满哲理

演讲题目除了饱含情感这个体现原则之外，还有另外一个，那就是充满哲理。比如，下面这个例子，就是一个很好的证明。

《明明白白做人，实实在在做事》是一篇竞选演讲的演讲稿。演讲者为一名青年教师，他要应聘的岗位是一所重点中学的学校办公室主任。演讲稿的主要内容分为两部分，第一部分是讲述他具有的四个优势，扎实的专业知识、丰富的实践经验、较强的工作能力、较好的年龄优势这四个方面；第二部分是讲述他打算从哪几方面改进办公室的工作，比如，科学规范地做好日常事务工作、加强个人修养等。

大家都看到了，整篇演讲的主要内容是如何做人和怎样做事。演讲题目呢，是一句很有哲理性的话，刚好回答了“如何做人，如何做事”这个问题，所以说，这个演讲题目也起得非常好。

3. 十三个技巧让你撰写出深刻的题目

最后，我们探讨的是演讲题目的撰写技巧。笔者认为，演讲题目的撰写如果符合修辞手法，演讲题目就会出彩。所以，以下内容列举一些具体的案例来加以说明。

（1）释词

使用情况：所谓的释词，就是在一句话当中，后半句话是前半句话的什么或者不是什么。换一种说法，即后半句话是前半句话的解释。这种修辞方法的使用，经常出现在演讲稿的标题当中。

具体案例：《理解——师生友谊的桥梁》《爱——教育成功的金钥匙》《中国，我们的根》《长征，不朽的丰碑》《爸爸，你是我永远的牵挂》《精彩，与青春有约》《我是船，只属于远方》《花开，不只在春天》等。

（2）呼告

使用情况：呼告就是呼吁你应该怎么做的意思。关键字有“让”“请”等。这种手法跟表态差不多，所以，呼告的手法也常常应用在演讲稿的标题当中。

具体案例：《让法治的春天更烂漫》《让生命之火永远燃烧》《让青春释放能量》《让32号从明天开始》《天使，请不要吝啬你的微笑》《请珍惜青春这本书》《绝不向偏见低头》《女人决不相信眼泪》《带着种子上路》《注定一生与天争》《我不想当坏老师》等。

（3）对偶

使用情况：由于对偶句的字数一样多，在听觉上有对称美，在表达意思上有关联性，所以，对偶句也经常出现在演讲稿标题当中。

具体案例：《官居八品，责尽十分》《团结一致求发展，同心同德创伟业》《学习先烈精神，继承先烈遗志》《奉献无悔，青春无悔》《心的呼唤，爱的奉献》《九十华诞，洪福齐天》等。

（4）对比

使用情况：由于对比是对偶的一种特殊情况，所以，这种修辞手法不经常出现在演讲稿的标题当中。

具体案例：《进来的是块铁，出去的是块钢》《想，要壮志凌云；干，要脚踏实地》等。

（5）比喻

使用情况：这种修辞手法不经常出现在演讲稿的标题当中。

具体案例：《父爱是座山》《父爱将我举过命运的栏杆》《我是一只小小鸟》等。

（6）排比

使用情况：这种修辞手法不经常出现在演讲稿的标题当中。

具体案例：《习惯·改革·观念》《向前·向上·向远方》等。

（7）回环

使用情况：这种修辞手法不经常出现在演讲稿的标题当中。

具体案例：《创新学习，学习创新》《梦想，想梦》等。

（8）夸张

使用情况：这种修辞手法也不经常出现在演讲稿的标题当中。

具体案例：《世界不大，是个家》《一滴太白酒，十里草木香》等。

（9）拟人

使用情况：这种修辞手法不经常出现在演讲稿的标题当中。

具体案例：《冬天和我有个约会》《大山的怒吼》等。

（10）设问

使用情况：这种修辞手法不经常出现在演讲稿的标题当中。

具体案例：《你有一颗坚强的心吗？》《今天，你学会了什么？》等。

（11）反问

使用情况：这种修辞手法不经常出现在演讲稿的标题当中。

具体案例：《我是差生，我容易吗？》《不是自家人，难道就不该互相关心吗？》等。

（12）反语

使用情况：这种修辞手法不经常出现在演讲稿的标题当中。

具体案例：《我是一个傻女孩》《其实我很笨》等。

（13）移觉

使用情况：这种修辞手法不经常出现在演讲稿的标题当中。

具体案例：《给心灵吃点冰激凌》《闻到幸福的味道》等。

一招让你开头精彩

演讲的开头又叫开场白，它是演讲者与听众之间的一座心桥，是演讲者与听众建立初步友谊的一条纽带，它在整个演讲过程中起着不可低估的作用。

一般来说，开场白有三大作用：第一，吸引听众的注意力，激发听众的好奇心；第二，阐明演讲的必要性，建立与听众的感情；第三，确定演讲的格调，顺利地进入主题。

所以，好的开场白，它不但能迅速创造融洽的气氛，沟通演讲者与听众的感情，拉近心与心之间的距离，而且能一开始就牢牢抓住听众的心，使听众对演讲内容产生一种强烈的渴望感，让听众愿意听、继续听。

反之，如果演讲的开头不怎么样，开场白就等于白开场，就会让听众马上产生心理落差，可能一下子失去了听演讲的兴趣。

所以，大凡厉害的演讲家，都会在演讲开头下一番功夫的。他们总喜欢精心设计一个独具特色、别开生面的开场白，力图使演讲一开始就能控制全场、抓住听众的心，以便博得听众的好感，为自己的演讲成功奠定基础。

不过，精彩的开场白是需要一定技巧的，并且这些技巧也是可以遵循一定的模式和规律的。所以，笔者将一些常见的开场白模式罗列如下（见图 3-1），供大家参考。

图 3-1

一、原创类开头方式

1. 直入式

这种开场方式也叫“开门见山”。它的特点非常明显：言简意赅，单刀直入，直截了当地把演讲主题和盘托出。

例如，著名羽毛球运动员韩健在他载誉归来的汇报演讲中，就采用了这种开场方式：

“尊敬的各位领导、亲爱的同志们：大家好！我从 17 岁开始从事羽毛球运动，至今已经 14 年了。在这 14 年里，我有过成功的经验，也有过失败的教训；有过成为世界冠军的喜悦，也有过连连惨败的痛苦。今天，我不想炫耀自己如何‘过五关斩六将’，只打算认真地谈一谈‘走麦城’。因为我坚信，成功的故事往往被放大而扭曲，失败的经历才真实而不空虚……”

再如，一位理财规划师在一次公开课《你不理财，财不理你》中，他是这样开场的：

“今天我只想跟大家谈三个问题，而这三个问题都有助于你理财。第一，你如何挣钱；第二，你如何投资；第三，如何让小钱生出大钱。大家想不想知道？能不能掌声鼓励一下？……”

（注：运用此方法时，必须事先把握演讲的中心内容，让听众一听就明白演讲的主题是什么。另外，这种方法有时也会显得过于冷静、平淡，不易吸引到听众。所以，不是面对熟悉的讲台、不是面对热情的听众，演讲者还是少用为好。）

2. 即景式

如果演讲嘉宾一上台就开始正经八百地演讲，可能会给人一种生硬突兀的感觉，让听众一时无法接受。所以，演讲嘉宾不妨以眼前的人、事、景为话题，引申开去，一步一步地把听众带入到演讲中来。

这种开场方式也叫“现场发挥”。即演讲者以现场的事物为例，来说明某种道理；或者在特殊情况下，随机应变，采用机智巧妙、信手拈来的即兴发言，缩短演讲者与听众之间的距离，增强演讲的互动性和感染力。

例如，有一位女嘉宾在观众的掌声中款款地走上讲台，但没想到一不小心，踩到了自己的连衣裙，竟然摔倒在讲台上，于是，座席上一片惊讶声。只见女嘉宾爬起来后，不慌不忙地走到话筒前，开口所说的第一句话是：“谢谢大家的关心，我刚才是被大家那出乎意料的热烈的掌声所倾倒了……”话还没说完，如潮水般的掌声再次响起。

再如，在一场中小型的报告会上，某演讲嘉宾上台后先这么说：“刚刚上来的时候，我发现在座的一位男士非常面熟，好像我以前的一位老朋友。但我走近一看，又不是。不过，也没关系啦！我想既然我们在此已经熟悉了，今后不是就成为朋友了吗？所以，我今天要讲的，就是作为大家的朋友的一点个人想法而已，我非常希望今天的讲座能给大家带来帮助……”

（注：即景式开场白不是故意绕圈子。运用此方法时，要点到为止，不能过度发挥、漫无边际地东拉西扯，甚至没完没了，否则会冲淡主题，会使听众感到倦怠和不耐烦。另外，这个即兴发言最好是机智的、巧妙的，不宜使用一些陈旧的套话、空话，以及一些扫兴的话。）

3. 赞美式

我们都知道，大多数人都是喜欢听好话的。所以，演讲嘉宾开始演讲的时候，如果能对现场听众的积极参与、热情学习表示肯定和称赞，或对当地的自然风光、历史文化表示敬佩和惊叹，那就容易引发听众的自豪感、满足听众的自尊心，从而获得听众的认可，并使自己接下来的演讲能在愉快的气氛中进行。

例如，某演讲嘉宾上台后，用直接赞美法开场：

“今天能够站在这里和大家做分享，我非常高兴！我曾经在很多地方做过演讲，但从来没有一个地方的朋友能够像你们这样给我这么积极热情的回应，你们是我遇到的最热情、最激情的一群伙伴。所以让我们先给现场这么多优秀的伙伴以最热烈的掌声鼓励一下，好不好？”

再如，某演讲嘉宾上台后，用间接赞美法开场：

“半个月以前，你们的李总就跟我再三强调：来参加会议的同事，都是公司里面精英中的精英，人才中的人才。我呢，必须好好地准备一下，否则，会被赶下讲台。今天登上讲台后，我发现大家的精神面貌、学习状态果然都是超级棒的。由此，我坚信今天的课程应该是精彩的。因为我不但做了充分准备，还遇见了最好的听众。大家能不能来一点掌声鼓励一下？”

（注：虽然说，演讲者在开场时说上几句赞美话，能够快速缩短与听众的感情距离，但是，演讲者必须处理好两个细节，赞美的效果才会出来。第一，提前了解听众，找对赞美点，让听众觉得你的赞美是针对他们的，而不是笼统的、客套的、简单的赞美。第二，赞美要真诚，方式要独特，让听众真切感觉到自己很重要。）

4. 幽默式

值得注意的是，在这里，所谓的“幽默式开场白”，指的是用诙谐的语言、新奇贴切的比喻、趣解等方式来开场，而不是演讲者上台之后，首先来一个笑话或者讲一个幽默的故事。

不可否认，用幽默语言开场，效果还是蛮好的，它既能快速地吸引住听众，引人发笑，又能活跃会场气氛，让人在笑声中思考。

例如，下面这个例子——

1862年，美国著名黑人律师约翰·罗克勤在一次听众都是白人的演讲会上，做了一场主题为“解放黑人奴隶”的演说。只见他上台之后，先是自我解嘲：“女士们，先生们：我来到这里，与其说是来演说，倒不如说是给这一场合增添一点点‘颜色’……”结果话还没说完，台下听众早已笑翻一片。

又如，下面这个例子——

1938年，陈毅带着他的部队到浙江开华县华埠镇休整，当地的抗日组织特意举行了一场欢迎大会。会上主持人大声说：“我们首先请陈毅将军讲话，大家掌声欢迎。”只见陈毅登台后，接着主持人的话说：“我叫陈毅，耳东‘陈’，毅力的‘毅’。刚才主持人称我为‘将军’，实在不敢当，我现在还不是将军。当然，叫我将军也可以。因为我是受全国老百姓的委托，去‘将’日本鬼子的‘军’的，并且这一‘将’，必须把他们‘将’死为止……”

再如，下面这个例子——

在某学校举办的纪念五四青年节即兴演讲比赛中，有很多同学上台之后，所采用的称呼基本上都是“尊敬的各位老师、同学们，大家好！”马上就到王彤上台演讲了，王彤心里想：如果还是用这种称呼方式的话，肯定很难吸引到听众了。怎么办呢？王彤突然想起她学校设置的专业主要是机械、铸造、会计、管理这几个。于是，她上台之后，一开口却是：“未来的工程师、会计师、厂长、经理们，大家好！”没想到这一符合实际情况又富有新意、并且充满希望的称呼，顿时像巨大磁石吸引住了台下所有的听众，说话声没有了，大家的目光都集中到了王彤的身上。

再如，下面这个例子——

2005年9月21日，李敖到北大演讲，他的开场白是这样的：“你们终于看到我了。我今天准备了一些‘金刚怒目’的话，也有一些‘菩萨低眉’的话，但看到你们这么热情，我应该说菩萨话多一些（掌声，笑声）。其实啊！做演讲最害怕遇见四种人：一种是根本不来听演讲的；一种是听了一半去厕所的；一种是去了厕所不回来的；一种是听演讲不鼓掌的（李敖还没说完，热烈的掌声再次响起）。当年克林顿、连战等来北大演讲时，是走红地毯进入的，我在进门前也问过他们：‘我是否有红地毯？’校方说：‘没有！

因为北大把你的演讲当作学术演讲，就不铺红地毯了。’现在，如果我讲得好，就是学术演讲；若讲得不好，讲一半再铺红地毯也来得及……”听众席上，再次爆发出雷鸣般的掌声。

（注：运用幽默式方法时，一般都是以妙喻、趣解等方式为主。当然，也可以采用自嘲等方式。但是，笔者想在此提醒一下各位朋友，这个自嘲必须有一个度，不能过度贬低自己，因为演讲毕竟不同于娱乐节目。）

5. 提问式

这种开场方式也叫作“问题引路”。即演讲者上台之后，先向听众提一个与演讲主题相关的问题，请听众跟自己一起思考。

为什么要向听众提问题呢？这么做的好处是：可以马上引起听众的注意，让他们一边思考，一边听演讲。不但有利于集中听众的注意力，而且有利于控制整个演讲场面。同时，如果听众是带着问题来听讲的话，也将大大增加他们对演讲内容认识的深度和广度。

例如，在复旦大学举办的校园演讲比赛活动中，一位叫杨高潮的同学上台之后，就以一种独特的方式开场：“关于青年与祖国的关系，人人皆知。但是，我想提一个问题，谁能用一个字来概括青年对祖国的重要性？”全场立刻安静了下来。杨高潮接着说：“可能有人会说：‘希望’……”话刚出口，坐在前排的几位同学脱口而出：“不对！‘希望’是两个字……”杨高潮应声道：“你们说得不错，‘希望’这个意思是对的，但可惜用了两个字。而我呢，用‘根’这个字来表示，也就是说，青年是祖国的根。”

又如，一位叫戴小雪的演讲嘉宾，在一次演讲活动中，她的开场白是这样：“同志们，首先请允许我冒昧地提一个问题：在座的各位都讲真话吗？我这么问，是有点冒昧，但如果你们用这个问题来问我的话，我愿意并且很坦白地告诉大家，我有时讲真话，有时也不讲真话。”

再如，在给某公司高管讲《如何提高开会效率》这门课程的时候，授课培训师是这样开场：“大家好！讲课之前呢，我很想跟大家探讨几个问题：工作中，你的大部分时间是否浪费在开会上？你是否有这样的经历，连续开会几小时，问题仍然没有解决？我们到底应该怎样开会，才能提高效率、更好地解决问题呢？好！下面我就针对如何提高会议效率的问题来开始今天的讲座……”

（注：不可否认，演讲者很喜欢采用提问的方式来开场。但是，我们在使用这种方法的时候，还得留意一下：所提问题不能过多，一个最理想，目的是要达到抛砖引玉的效果。同时，所提问题必须围绕演讲的中心思想，千万别问一些让人摸不着头脑的问题。另外，所提问题要有趣味感，发人深省，如果问得平平淡淡、不痛不痒，反而会弄巧成拙，失去这种开场白的优势。）

6. 反弹式

一般来说，听众对那些平庸的论调都是不屑一顾、置若罔闻的。只有那些出乎意料的观点、让人意想不到的话语，才会震撼到听众的内心，才会引起听众的注意，并达到“此言一出，举座皆惊”的效果。

所以，上台演讲时，为了达到“举座皆惊”这种效果，在某种特定场合下，演讲者可以置听众思维定式和理解范围于不顾，故意反其道而行之。

这种开场方式就叫作“反弹式”，有时也被称为“反弹琵琶”。

实践证明，如果能恰当地运用反弹式开场白，往往能使演讲更具吸引力，激发听众的好奇心，并达到独特的表达效果。

例如，在一次戏剧创作研讨会上，有位女演员作了即席演讲。第一句话就是“今天，我是来和大家一起谈情说爱的。”当满座惊讶不已时，她接着解释：“我是来谈演员对剧本的感情和喜爱的。”听众这才恍然大悟，继续恭听她的演讲。

再如，在一次毕业欢送会上，班主任上台后，一开口竟让同学们惊讶不已。他说：“我原本要祝福大家一帆风顺的，但仔细一想，这样说有点不太妥当。”就在大家被班主任这句话弄得丈二和尚摸不着头脑时，班主任继续讲：“说人生一帆风顺，就如同祝某人万寿无疆一样，是一个美丽又空洞的谎言。其实，人生漫漫，必然会遇到许多艰难困苦的，比如……”讲了一些非常真实的事例之后，班主任最后才总结：“不一帆风顺的人生才是真实的人生，在逆风险浪中拼搏的人生才是辉煌的人生。祝大家奋力拼搏，在坎坷的征程中，用坚实有力的步伐走向美好的未来！”

（注：运用这种开场方式时，不但要结合听众心理、理解程度，还要把握好分寸。否则，就会变成哗众取宠、故弄玄虚。另外，演讲者不能为了追求效果而乱发怪论、谬论，也不能生搬硬套、曲解胡说。否则，就会引起听众的反感和厌烦。）

7. 夸大式

如果你想迅速吸引住全场的听众，那你的开场白必须语出惊人。比如，有声有色地描绘了一个异乎寻常的场景，不动声色地列举出一些令人触目惊心的数据，或者栩栩如生地描述了一个耸人听闻的问题。因为只有这样，全场听众才会聚精会神地听你演讲，才会侧耳倾听，力求理解你叙述的主旨，探询你如此演讲的原因。

上面所说的开场白方式叫“夸大式”，有时也叫“语出惊人”。演讲时以这种方式开场，效果也是蛮不错的。

例如，在《爱情与美》的演讲中，我国著名演讲家李燕杰是这样开场：

“我不是研究爱情的，为什么会想到要讲这么一个题目呢？”停顿了一下，李燕杰继续说：“今年四月，北京一家公司的团委书记要我去做报告，我因教学任务繁忙，就推脱说去不了。但没想到，这位团委书记很恳切地对我说：‘李老师，您一定要去，我们这次是请您去救命的。’我感到非常奇怪，很惊讶地看着这位团委书记。后来，团委书记掏出几张纸，上面写着公司所属工厂一批自杀者的名单，其中大多数是因为恋爱问题处理不好而走上绝路的。所以，我觉得今天很有必要跟大家一起聊一聊这方面的问题……”

再如，就读于圣路易斯市密苏里大学的丽贝卡·威特，在一次给在校大学生们做演讲时，她的开场白也是别具一格的，只见她上台后，竟然这么说：

“我是一个由七个字母构成的单词，我破坏了友情、亲情、邻里之情、同学之情，我是当今青少年中最大的杀手，我并非酒类，也并非可卡因，我的名字叫自杀。”停顿了一下，威特继续说：“为什么高级中学没有采取措施呢？作为日常课程的组成部分，为什么高级中学缺少强制性的自杀防范纲要？这些问题都很重要，这也正是我今天在这里做演讲的原因。”

（注：不可否认，夸大式开场白的效果相当显著。但是，这个方法不易掌握，稍不注意就会给人一种危言耸听的感觉。所以，建议初学者还是慎用为好！）

8. 忠告式

忠告式开场白，就是演讲嘉宾采取郑重其事的态度，向听众说明某件事情的利害关系，以便引起大家的警觉，从而增强演讲效果的一种开场方式。

例如，在题目为《治理环境，急不可待》的演讲中，某演讲嘉宾上台后，就痛心疾首地陈述：

“如今，科技水平日新月异，经济水平快速提高。化工厂多了，小溪水越来越浑浊了；高楼大厦多了，青山草地越来越少了；小汽车多了，空气质量越来越差了……随之而来的危害也越来越多：全球可饮用的淡水资源越来越少，有毒的水越来越多，让许多人患上各种疾病，轻则各种顽疾，重则各种癌症，人们的生命财产安全受到了严重的威胁。与此同时，越来越多的珍贵物种濒临灭绝，一个个鲜活的生命从地球上消失，一片片生命的绿色化为沙垢，世界最基本的资源储备正在我们的不屑中枯萎凋零，人类赖以生存的环境急剧恶化，人类的生命安全受到越来越严重的威胁。然而，愚昧的人类却毫不自知，还在一味地为了追求身外物而打乱大自然的平衡。可以毫不夸张地说，每多一次污染，就增加一次死神对人类的召唤！”

（注：不可否认，一开始就讲出了事态的严重，肯定会引起听众的注意，让听众产生急欲听下去的迫切感。但是一般来讲，人们大多不太喜欢听劝告，所以，如果你不是名家、大家，还是少用忠告式开场白为佳。）

二、引用类开头方式

1. 名言式

我们都知道，经典格言、常用谚语、诗词名句、名人名言等，由于其具有哲理深刻、情感丰富、语言优美和大家耳熟能详等特点，深受人们的喜爱和传诵。加上许多人都对名言有崇拜感，认可名言的权威性和说服力，所以，作为演讲嘉宾，若能适当地使用名言来开场，效果会是非常好的。

例如，《追求卓越，超越期待》这篇演讲稿的开头是这样：

“当球王贝利踢进1000个球之后，有记者问他：‘在1000个球中，哪个踢得最精彩？’贝利回答：‘下一个。’所以，努力追求‘下一个’是优秀运动员和各行各业精英人物的共同品质。大家说，对不对？”

又如，在某直销公司的培训现场，培训师是这样开场：

“不是每朵鲜花都能代表爱情，但是玫瑰做到了；不是每棵树都能耐得住干涸，但是白杨做到了；不是每个人都追求上进，想挑战自我、改变人生、成就梦想并与众不同，但是在座的各位——你们做到了！所以，应该把掌声送给你们自己！”

再如，在某读书群的网友线下见面会上，有网友是这样做发言的开场：

“这个世界没有陌生的人，只有还没有来得及认识的朋友。据说，真诚的友谊都是来自不断地自我介绍。现在，请允许我自我介绍一下……”

再如，在一次大型公开课的培训现场，培训师是这样开场：

“亲爱的各位朋友，俄国伟大的作家托尔斯泰说过三句话。第一句话——‘这世界上最重要的人是谁？就是现在在我眼前的人！’第二句话——‘这世界上最重要的事是什么？就是现在我要做的事。’第三句话——‘这世界上最重要的时间是什么？就是此时此刻。’所以，我今天特别想说的一句话就是：‘所有在座的朋友，此时此刻，你们就是我最重要的人！搞好这场培训，就是我们最重要的事！’”

再如，在某保险公司的培训现场，培训师是这样开场：

“朋友是天，朋友是地，有了朋友就能顶天立地；朋友是风，朋友是雨，有了朋友就能呼风唤雨！在座的亲爱的各位朋友，给我们身边的朋友问一下好，可以吗？”

再如，在某直销公司的培训现场，培训师是这样开场：

“在这个说大不大、说小不小的世界上，其实并没有陌生人。只是有些和我们擦肩而过，成为路人；有些停下来再转身离去，成为无缘的人；还有一些在不经意间给我们留下伤痕的人；但始终有些却成为陪伴我们一生的人，或成为我们影响较深的朋友。今天在座的各位，你们就是将要成为陪伴我一生的人！大家能不能掌声鼓励一下？”

（注：虽然说，名言式开场白是演讲者的至爱，但是，并非所有引用的名言作开头都能发挥出理想的效果。而那些司空见惯的、为人们所熟知的名言，经反复引用后，往

往给人一种俗套之感，会让听众觉得你的本事不外乎会背《名人名言录》罢了。这么一来，不仅未能起到吸引听众的作用，反而会使得全场嘘声四起。所以，引用名言作开场白时，我们要选择一些原创的、哲理性强的、抒情性好的、语言通俗易懂的、让人回味无穷的名言。当然，古诗词除外。）

2. 故事式

所谓的“故事式开场白”，就是在演讲开始时讲一个内容生动精彩、情节扣人心弦的故事或者一个令人瞠目结舌、出乎意料的事实。目的是制造某种悬念、设计某种氛围，令人神往、引起注意，让听众对故事的发展和人物命运的安排表示关切，从而产生非听下去不可的欲望。

例如，下面这个例子——

在给财贸系统职工做演讲时，有位演讲嘉宾是这样开场：“我们财贸系统的同志，常常被人们戏称为‘财神爷’。在座的各位，也都是理财行家，做生意的能手。现在，请允许我向大家请教一个问题：美国十大金融财团之首摩根，当年从欧洲到美洲时，穷得发慌，只得卖鸡蛋为生。他弄来了三篓鸡蛋，连续卖了三天，可一个也没卖出去。第四天，他让妻子一个人去卖。结果，不到半天全卖完了。请问，这是什么原因呢？”

再如，下面这个例子——

1935 年，胡适在北师大国文系做学术演讲，题目为《中国禅学之发展》。在演讲之前，他先讲了一个小故事：

从前有一个裁缝，辛辛苦苦地省下钱来，供他儿子到国外念书。有一次，他儿子从伦敦寄信回家要钱。裁缝不认识字，便只好请隔壁一个屠夫帮他看信。那个屠夫也不认识几个字，便念道：“爸爸，我要钱，赶快寄钱来！”裁缝听了非常生气，以为儿子读书读傻掉了。从小学念到中学，从中学念到大学，竟然连这一点儿礼貌都不懂！就在这个时候，有一位牧师路过，问裁缝为什么如此生气。裁缝就将缘由告诉了他。牧师说：“你把信拿来给我看看！”牧师看了信之后，说：“你错了！这信上面明明写着：‘爸爸，近来身体好吗？您每天那么辛苦干活，省吃俭用，很不容易赚点钱，大部分都寄给我了，我心里很不安！只有用功学习，将来才能好好报答您！

我最近选修了一门新课，需要买几本参考书。另外，下个月的生活费也要提前准备了。因此，请您寄点钱过来，如果寄 10 英镑来，我很感激；如果寄 20 英镑来，就更是感激不尽了！’” 裁缝听了，非常高兴，忙问：“信上真的是这样写的吗？如果是这样，我现在就给他寄 40 英镑过去。”

讲到这里，胡适停顿了一下之后，看着同学们困惑的眼神，继续说：“大家都看到了吧！同样的一封信，不同的人会读出不同的效果。屠夫读出了俗气，牧师读出了爱心。我今天给大家讲‘禅宗’，就好比那位屠夫读信，大家不妨听一听，我说的也不一定都对！”

听到胡适这么解释，台下掌声、笑声顿时响成一片。

再如，下面这个例子，这是笔者在讲授《TTT》这门课程时，经常使用的开场白：

各位朋友，讲课之前，请允许我先讲两个小故事。

第一个故事叫《第七个包子》。讲的是一个人，他肚子饿了，便点了一份小笼包，一共七个。吃掉了第一个之后，他发现肚子还没填饱，接着，继续吃了第二个、第三个……当吃到第七个包子的时候，他发现肚子终于饱了。于是，他不禁感慨：早知如此，只吃第七个包子就好了。

第二个故事叫《第一支蜡烛》。讲的也是一个人，他进入了一个房间。由于里面太黑，他便点燃了一支蜡烛。发现房间里还不够亮，他接着点燃了第二支、第三支……第一百支，直到点完了手中所有的蜡烛。之后，这个人感叹：原来点蜡烛越多，房间越亮啊！

两个故事都讲完了。我今天想告诉大家的是：学习是终身大事，我们的培训不能一步到位。也就是说，大家来参加这次培训，不会达到《第七个包子》的效果。但是，我们可以达到《第一支蜡烛》的作用，也就是说，对房子来说，点燃再多的蜡烛，无非更亮一些，起到真正作用的是第一支蜡烛。换一句话说，就是“师傅领进门，修行在个人”。所以，我非常期待：听了我这次培训之后，大家都成为一个爱学习的人，不断学习、终身学习，并成为行业的高手！大家能不能给自己掌声鼓励一下？

（注：有经验的演讲者，一般都会巧妙地将一段或者几段故事穿插在演讲中。目的是以生动的故事来代替纯理性的说教，去阐述高深的道理，力求引起听众的共鸣、加深听众对演讲内容的印象，并达到调控现场气氛的效果。但是，我们在穿插故事的同时，

也要留意：这个故事不能偏离或者脱离主题，不能让人觉得勉强或者节外生枝。并且，这个故事情节必须完整，有背景交代，有情节发展，有高潮出现，有演讲主题升华等。）

3. 新闻式

新闻式开场白，就是演讲者在开始演讲时，先引用一则权威的新闻报道，说明某个问题的严重性或者重要性，以便引起听众对演讲主题的重视，同时使其产生一种必须听下去的念头。

例如，题目为《文明古国的悲哀》的演讲中，演讲者采用的就是新闻式开头：

据一家国家级报纸的报道：在国外，几乎所有国家的公共场所都专门贴有用中文所写的告示牌——请不要随地吐痰和乱扔果皮、纸屑。朋友们，请注意！这并非是一件正常的小事，而是对号称文明古国的子孙们的一种讽刺。

又如，题目为《中国崛起，势不可挡》的演讲中，演讲者也是采用了新闻式开头：

据《印度时报》报道称：一名负责在边界"监视"解放军的印度军官诉苦，称他们那边既没有道路也没有信号，哪怕搬运一名伤员都是巨大的挑战，因为仅有的道路经常被山体滑坡堵塞。更让他们崩溃的是，印度士兵们在通往中印边界的崎岖道路上行走着，突然，早已没有信号的手机显示出"欢迎来到中国"的字样，时间变成快了两个半小时的北京时间，信号也很稳定。朋友们，当你们看到这篇报道的时候，是不是觉得很解气？但是，你们知道吗？中国能成为世界的电信巨头，不是充话费送来的；中国能够重新回到世界的"麻将桌"上并重新坐庄，也不是一蹴而就的……

再如，题目为《让 32 号从明天开始》的演讲中，刘军采用的也是新闻式开头：

朋友们，我曾经看过这样一则报道：某边远地区的一个中学生，一天在家里复习功课，一旁的已过入学年龄的小弟弟拿着他的铅笔在纸上写着、涂着、画着，突然若有所思地仰起小脸，眨巴几下小眼睛，认真地问："哥哥，什么时候才到32号呀？"这位中学生望着天真的小弟弟，笑着逗他："32号，你要干啥？”“爸爸说，到32号就要送我去上学。”中学生望着可爱的小弟弟，内心像针扎般难受：天啊，父母为了供自己上学，整日操劳身体都累垮了，哪还有能力再供弟弟上学？啊！ 32号……

（注：不可否认，新闻式开场白，一下子就让听众为之震惊，并对事态关注起来。但是，我们在引用新闻的时候，还需留意一下。首先，这个新闻必须是真实可靠的，不能是不出名小报转载的，否则，愚弄了别人之后只会引起听众的反感。其次，新闻必须是最新的，不能是过时的“旧闻”，否则，听众会觉得你要么是没有认真准备演讲稿，要么是活在上世纪。）

4. 数据式

顾名思义，数据式开场白，就是演讲者在正式演讲前，先呈现一些令人触目惊心的对比性数据，希望能引起听众对演讲主题的重视，让自己的演讲在大家的惊讶声中顺利进行，并使本次演讲取得圆满成功。

例如，美国南达科他州北部州立大学的希瑟·拉森在一次题目为《逆流而行》的演讲中，她引用了一系列出乎人们意料的数据，一下子就把听众的注意力吸引过来了。当时，她是这么开场：

大家知道吗？每11分钟就有一个美国人死于这种病，这个数量刚好是死于谋杀犯罪案人数的两倍。如果说近一点，今年有4.6万人死于这种病，而8年越南战争的死亡人数也不过是这个数字。如果说远一点，在近十年里，美国人死于这种病的人数是死于艾滋病13.3万人数的三倍。而这种病将使你我和其他美国人在医疗费用上每年花费掉超过60亿美元，并使人们失去劳动能力，更不用说使我们遭受到生命损失了。这种病到底是什么病呢？它叫作乳腺癌。现在，我郑重地告诉大家：这种疾病的浪潮可能会直接袭击我们在座的每一个人。

再如，我们都知道任志强被业界尊称为“任大嘴”，其实，这个“雅称”一点也不错！在一次房地产论坛上，他的开场白是这样：

很多人都抱怨房价太高了！其实，很多人都不知道，一个房产项目从开发到最终完成需要好几年，你做一套衣服用多久？再说，胸罩那么大一点，要好几百元钱，按平方米算，比房子贵多了。

（注：采用数据式开场白，效果也是相当显著的。不过，我们在使用这种方法时，必须把握好一个关键点，那就是这些数据必须是对比性的。不然，就不会让听众产生强大的心理落差。）

5. 图片式

图片式开场白，就是演讲者在演讲前，先给大家呈现一张图片。这张图片可能是一幅画、一张照片，或者一张图表等。然后，演讲者给听众介绍这张图片的内容，接着再正式开始他的演讲。

例如，新京报首席记者陈杰在一席论坛上做的一场题目为《从旁观到介入》的演讲时，就是先给大家呈现一张图片，然后再正式开讲：

大家好！我们先来看一张照片。这张照片是我 2004 年年底，在河南上蔡的一个艾滋病村里面拍摄的。图片中这个女孩九岁，叫吴素敏。她的父母亲因为卖血染上艾滋病而死去了，她也是艾滋病毒携带者。她的家到底是什么样的呢？土夯的房子，一半倒掉了，剩下的一半里面放着一张床，上面堆着乱七八糟的非常脏的衣服，孩子就靠着亲戚们施舍的一点食物活着。我拍完这张照片就走了，后来这个报道发出来了，这张照片也得了很多奖。大概在几个月之后吧，有一天，同行的文字记者告诉我：这个声音像猫一样的小女孩去世了。知道了这个消息之后，我的心顿时被重重地撞击了一下。

实际上在当时那种情况下，我完全可以以我个人的力量来改变这个孩子的命运。比如，我可以找人资助她，让她有吃的、让她有住的，等等。但是，我选择了离开，并且我的镜头是非常冰冷地离开。到目前为止，这个孩子的眼睛一直在直视着我，一直在诘问着我。她让我从一个懦弱的新闻工作者，变成一个坚韧的新闻工作者；从一个没有尊严的新闻工作者，变成一个真正有尊严的新闻工作者。

再如，话剧演员王德顺在一席论坛上做了一场题目为《追求自由的亡命徒》的演讲，开场也是先给大家呈现一张图片，然后再正式开讲：

大家能知道王德顺这个名字，应该是从今年三月的北京时装周那个T台走秀上开始的，是不是？哦，可能也有人在电影《天地英雄》里面看过我。总之，那段时间里，有好多人都在问我：你这么大岁数了，走什么秀啊？是你自己愿意去走秀的呢，还是别人拉着你去走秀的啊？

（注：不可否认，图片式开场白的效果非常好。但是，我们在使用这种方法进行演讲的时候，必须记住两点：第一，这张图片在视觉上必须有冲击力；第二，这张图片的背后必须有一个生动的故事。）

6. 道具式

道具式开场白又叫实物式开场白，就是演讲者在开讲之前，先给听众展示某件实物，给听众以新鲜、形象的感觉，力求引起听众的注意，然后借助具体的实物，提出和阐述自己的见解，并把听众带入到演讲中来。

例如，某演讲者在题目为《拼搏——永恒的旋律》的演讲中，他是这样开场：

大家好！今天我给大家带来一件礼物（一边说，一边举起一个小铜盒）。我珍藏它已经五年多了，它不仅改变了我的命运，更使我明白：自己肩上的重担不止一千斤。你们一定想知道它到底是什么吧？那就请听一个关于我自己的真实故事……接着，演讲者就以铜盒为线索继续讲下去，讲到关键处时，激动地打开铜盒，拿出里面装的用鲜血写成的“拼搏到底”四个字……

又如，一位日本教授在给学生做演讲前，面对台下叽叽喳喳、讨论不休的大学生们，他没有急于宣布他的演讲主题，而是从口袋里摸出一块黑乎乎的石头，说：“在日本，只有我才有这一块石头。”

当同学们都无比好奇时，他公布说：这块石头是他南极探险时带回来的，接着开始他题目为《南极探险》的演讲……

再如，在一次课题为《压力管理》的公开课中，培训师上台后，拿起手中的一杯水，问台下的学员：“各位同学，大家好！你们说，这杯水应该有多重呢？”台下有人回答有半斤重，有人说应该有一斤重。培训师微笑着继续说：“其实，这杯水到底有多重？并不重要！重要的是，你能拿着它有多久？拿着它一分钟，谁都做得到；拿着它一小时，可能会觉得手酸了；拿着它一整天，可能就得进医院了。另外，这杯水的重量永远是一样的。但是，你拿着它越久，就会觉得越沉重！这跟我们承受压力一样，就算开始时压力再小，但长时间都是这么背着，到最后就会觉得压力越来越大，乃至到了无法承受的地步。如果问：我该怎么做，才会觉得压力不会那么大呢？那我们必须学会拿得起、放得下。就像眼前这杯水一样，先放下来，休息一下之后，再拿起它。为什么要如此反复呢？目的是让我们能拿着它的时间更长。同样的道理，在座的各位，如果你承受压力已经有一段时间了，就要好好地休息一下，然后再背起它来，目的也是让我们承受压力的能力更强、承受压力的时间更久……”

（注：道具式开场白的效果也非常不错。但我们在选择道具的时候必须留意两点：要么，这个道具是大家没见过的，因为只有这样才能激发起听众的兴趣；要么，这个道具是能说出一个跟演讲主题相吻合的深刻的道理的，因为只有这样，才能快速把听众带入到自己的演讲中来。）

当然，以上所列举的仅是演讲开头的常见方式，实际上演讲开头的方式还远远不止这些。我们在写演讲稿时，完全可以任意选择和设计。不过，有一条很关键，那就是必须紧扣主题、合情合理，但又别出心裁、独具一格。

三、最有效的训练方法——提问式开场白*

尽管说，演讲的开场方法有很多（前面已经介绍过最基本的就有两大类十四种了），但是，我们在演讲开始时，经常使用的无非是赞美式、幽默式、提问式、名言式、故事式这几种。就拿笔者来说吧，笔者最喜欢使用的还是提问式开场这种方式，并且更多的时候，都是以这种方式为主，结合其他方式一起使用。笔者发现，多种方式综合起来使用，效果更佳。

笔者为什么喜欢以提问的方式来开场呢？因为这种方式如果使用得当的话，会获得理想的互动效果。

1. 提问式开场白给演讲者带来的好处非常多

现在，笔者将提问式开场白的好处罗列如下：

（1）引起听众注意，让听众的注意力集中在讲台上

你完全可以想象得到这种画面：演讲嘉宾开始发问之后，一些听众马上抬起头来，朝讲台上看去，不再盯着自己的手机不停地翻看朋友圈的消息。

（2）转移听众焦点，让焦点从演讲嘉宾身上转移到问题上

一般来讲，当演讲嘉宾登台之后，很多听众的关注点一般都在演讲嘉宾的身上，颜值怎样啊？海拔多高啊？当演讲嘉宾开始发问之后，听众大多就不再留意演讲嘉宾长得怎么样了。

（3）引发听众思考，让听众从被动听讲变为主动思考

可以这么说，如果听众愿意配合并积极思考演讲嘉宾所提问题的话，那么，听众将会大大增加他们对演讲内容认识的深度和广度。

（4）提高学习效果，让听众更好地吸收知识

我们都知道，参与者比旁观者收获更多。这个道理跟谈恋爱一样，越主动、越投入，就越快乐、越能修成正果！

---

* 微信扫描封三或本书最后一页二维码，获取名家演讲训练方法与材料。

（5）把演讲变沟通，让演讲主题更加深入人心

一般来说，“讲”是单向表达，如果演讲嘉宾在演讲中加入了“问”这一环节，那演讲就从单向表达变为双向沟通了。演讲嘉宾这么做，演讲就成了聊天，不仅让听众更容易接受，还无形中增加了演讲嘉宾的亲和力。

2. 没有掌握好提问式开场白的主要原因

虽然说提问式开场白的好处有很多，但是，有一些演讲者，在使用这种方法的时候，还会经常碰壁，为什么呢？笔者认为，原因无外乎如下这些：

（1）问得太多，听众很厌烦

假如演讲嘉宾一口气问听众一连串好几个问题，并且这些问题不是以一个问题为主，又各自不相干，那听众就崩溃了。他们根本不知道应该回答哪个才好，于是，干脆就不回答算了。

（2）问得太难，听众很痛苦

如果演讲嘉宾问了一个全场听众都回答不了的问题，那整个场面就尴尬了。因为大家都陷入长长的思索之中，没有人有勇气回答这个问题了。

（3）问得太浅，听众没兴趣

一般来讲，演讲嘉宾所提的问题，最理想的结果是让少部分听众有能力回答。如果大家都能够回答，并且都觉得这个问题太过于简单，应该去问幼儿园的小朋友才合适，那听众对这个问题就不屑一顾了，甚至很多人都认为回答这样的问题会拉低自己的智商。

（4）问得太生硬，听众觉得别扭

演讲嘉宾向听众提问一些比较敏感、比较棘手的问题时，如果不懂得采用含蓄词语和使用委婉语气的话，那就会让听众觉得很不自然。当然，听众肯定是不情愿回答诸如此类的“不友好”的问题了。

（5）问得太强势，听众心理抵触

有的演讲嘉宾，为了体现自己的权威，很喜欢采用高分贝的音量，或者很咄咄逼人的语气向听众提问，于是，就造成很多听众面对这样的演讲者、这样“盛气凌人”的提问时，干脆假装听不见。

（6）问得与主题无关，听众听得莫名其妙

有时候，有些演讲嘉宾，为了追求较好的现场效果，于是就向听众提一些看起来很有趣却与主题毫无关联的问题，让听众“丈二和尚摸不着头脑”，导致听众心里纳闷：这到底唱的是哪一出呢？

3. 使用提问式开场白时的技巧

提问式开场白为何失败的种种原因，上文已经详细地介绍了。下面是笔者根据自己的演讲经验，总结出来的使用提问式开场白的个人心得和体会，希望能有助于大家的学习。

使用提问式开场白时，要做到如下几点：

（1）提问时语气很重要

也就是说，演讲者在向听众提问时，语调应该是温和的，语调应该是商量的。尽量在情绪上不要给听众以压力，要好像是跟老朋友聊天一样，轻松自然。

（2）提问时措辞很重要

由于有些问题比较敏感，而倘若避开这类问题的话，有时又达不到效果，因此，演讲者必须善于选用恰当的话语。必要时，还要多加入一些谦辞、客套话、感谢语等礼貌用语。目的是避开敏感问题的锋芒，让听众觉得舒服一些。

（3）提与演讲主题相关的问题

这是提问式开场白最基本的要求。也就是说，演讲者可以提一个让听众一时感到很意外、但最终发现跟主题还是非常密切关联的问题。提问时注意不管问题如何变化，始终不能脱离演讲主题。

（4）提自己已知道答案的问题

演讲者向听众提问时，所提问题不但应是自己能把握的，而且问题所涉及的课题或答案还是自己的研究对象，是比较擅长的，甚至是精通的。演讲者尽量别问一些自己也不知道答案的问题，如果硬是那么做的话，那就是厕所旁边打地铺——离屎（死）不远了。

（5）所提问题要深入浅出

也就是说，演讲者本人对问题可以深入研究，但提问的时候，一定要让听众听上去觉得很简单、很浅显，因为只有这样，听众才愿意回答并积极参与。

（6）要鼓励听众回答问题

演讲者向听众提出问题之后，第一步要鼓励听众踊跃回答问题。当听众给以积极的回应之后，不管这个答案是否正确，都要鼓励这种抢答行为。如果某位听众的回答跟演讲者心中的答案非常接近，演讲者还要提议大家给这位回答问题的听众报以热烈的掌声，目的是为了以后提问时，有更多的听众能跟自己互动。

（7）有的提问不需公开答案

因为有时候，演讲者向听众提问，只是为了诱发听众的积极性；还有一些时候，演讲者向听众提问，只是为了调研，了解听众对演讲主题的了解程度。所以，在这种情况下，演讲者可以用“大家的回答非常不错”来结束这个提问，不需要公开自己的“标准”答案。

（8）有时提问后还需自问自答

这种情况比较少。比如，演讲者认为自己所提的这个问题有点难，如果非要听众回答的话，可能会浪费时间，也可能会让听众难堪。所以，演讲者提出问题，让听众思考十几秒钟之后，可赶紧给出这个问题的“标准”答案。

4. 混合型提问式开场白的妙用

最后谈一谈在演讲开始时，如何完美地把提问式开场白跟其他方式开场白混搭在一起使用。

（1）名言式＋提问式

名言式加提问式的开场白，一般是培训师开场的撒手锏。比如下面这个例子：

某推销培训大师上台后，第一句话就是：“想致富，跑业务，啥业务，大客户，发大财，有缘故：第一步，找对路，第二步，要顶住。大家说，对不对？能不能掌声鼓励一下？”

（2）故事式+提问式

故事式加提问式的开场白，也是一些演讲高手的至爱。比如下面这个例子：

某知名培训师上台后，先抛出一句名言，接着再讲一个小故事：“推销大师乔吉拉德曾经说过这么一句话：‘成功的起点叫相信，成功的终点叫坚持。’这句话的意思是，作为销售人员，只有坚持到底，才能获得最终的成功。比如，有一个叫原一平的保险推销员，他坚持拜访一位老人家，前前后后一共花了15年的时间，大家说，这位老人家跟他购买保险了没有啊？”当一部分学员抢着回答“购买了”之后，这位培训师继续说：“不好意思！没有！因为这位老人家去世了！”就在大家的哄笑声中，培训师继续说：“不过，这位老人家的儿子跟原一平购买了保险。当然，原一平也觉得很奇怪哦，他问这位老人家的儿子：‘你跟我都不熟，怎么不假思索就购买了我的产品呢？’老人家的儿子回答道：‘我都观察你15年了，我爸都去世了，我怎么还能不相信你呢？’”

（3）赞美式+提问式

赞美式加提问式的开场白，更是演讲高手或者培训师的“家常菜”。比如下面这个例子：

大家好！在这个世界上，我非常欣赏的大约有这么几类人。现在，我很想知道我所欣赏的人有没有就在现场。第一类是想成功的人，并且希望通过自己的努力实现自己人生价值的人。现场有没有？请举起手来让我们认识一下！好！非常好！请大家给这几位掌声鼓励一下！第二类是想赚钱的人，并且希望通过自己的努力改变自己人生命运的人。现场有没有？请举起手来让我们认识一下！好！非常好！请大家给这几位掌声鼓励一下！第三类是有责任感的人，并且希望通过自己的努力让自己的家人过上更幸福、快乐生活的人。现场有没有？请举起手来让我们认识一下！好！非常好！请大家给这几位掌声鼓励一下！第四类是有使命感的人，并且希望我们的国家在21世纪成为世界第一强国的人。现场有没有？请举起手来让我们认识一下！好！非常好！请大家给这几位掌声鼓励一下！第五类是遇到好事情、听到好演讲，就会热烈鼓掌的人，现场有没有？不用举手了，请直接热烈地鼓掌就可以了。

（注：这种互动方式，一般多运用于销售人员的培训，不适合于其他听众。）

（4）幽默式＋提问式

幽默式加提问式的开场白，也是杀伤力超强的演讲开头方式，比如下面这个例子：

20世纪50年代初，上海市市长陈毅有一次来到市文联做报告，报告会刚好在文联的大厅里举行。这时，有人认为既然是请市长来做报告，总得弄得像模像样吧！于是，工作人员在讲台上铺了洁白的台布，还摆放了插上名贵鲜花的花瓶和精美的茶具。陈毅来到大厅，登上讲台之后，看了看眼前的情景，迟疑了一下，顺手就把台上的花瓶和茶具移到了台下，然后开始说："我这个人啊，一讲话就容易激动，一激动起来就会手舞足蹈，这花瓶和茶具放在台上就有点碍手碍脚了，要是碰翻摔碎了，我这个供给制市长还真赔不起！大家说，对不对？"报告还未真正开始，大家就已经被陈毅这个"开场白"逗得哈哈大笑，整个会场气氛顿时活跃了起来。

（5）直入式＋提问式

直入式加提问式的开场白，也是非常好用的一种开场方式，比如下面这个例子：

笔者有一次被邀请到一个大型论坛上做主题演讲，由于演讲嘉宾比较多，每位演讲嘉宾的演讲时间仅有40分钟。于是，笔直只好采用比较节省时间的直入式加提问式开场方式：

"亲爱的各位HR界的朋友，大家好！我今天给大家分享的课题是'中小型企业如何组建属于自己的企业大学'。这个讲座一共有三大块内容，也是我多年的工作经验总结，既是干货，更是私货！当你认真听完之后，回去组建企业大学，应该不成问题了。大家想不想知道这三大块内容？到底想不想？"

一招让你结尾完美

“编筐编篓，重在收口；制锣制镲，最后一锤”。这句话的意思就是：不管你编织多大的筐、多大的篓，如果不懂得收口的话，那这个筐、篓还是白编了；不管你制造多大的锣、多大的镲，如果不善于掌握最后那一锤的话，那这个锣、镲也是白造了。

以此类推，一场演讲的成败，在相当程度上也取决于演讲的结尾部分。

这是因为：如果演讲者的开头部分已经先声夺人、不落俗套，主体部分也高潮迭起、惊喜不断，现在又再来一个出人意料、耐人寻味的结尾，那么，这个结尾就如同锦上添花，给听众带来形式上的完美和精神上的满足。与此相反，如果演讲者的结尾部分平庸又毫无新意、陈旧又苍白无力，那听众就会觉得如同狗尾续貂，深感遗憾，最终失望而去。

因此，演讲的结尾必须是整篇演讲的精华部分才对。它既是结束又是巅峰；在时间上，既水到渠成，又戛然而止；在表现上，既铿锵有力，又余音绕梁；在手法上，既别开生面，又自然清新。

因此，演讲的结尾要比开头部分和主体部分要求更高才对。内容上，要更有深度；语言上，要更有力度；方法上，要更加匠心独运；效果上，要更加耐人寻味。一言蔽之，演讲的结尾是走向成功的最后一步，它在整个演讲中起着一锤定音的重要作用。

既然结尾这么重要，那常用的结尾方法有哪些呢？经笔者总结，大致有两大类十二种（见图 4–1）。现在，笔者一一介绍如下：

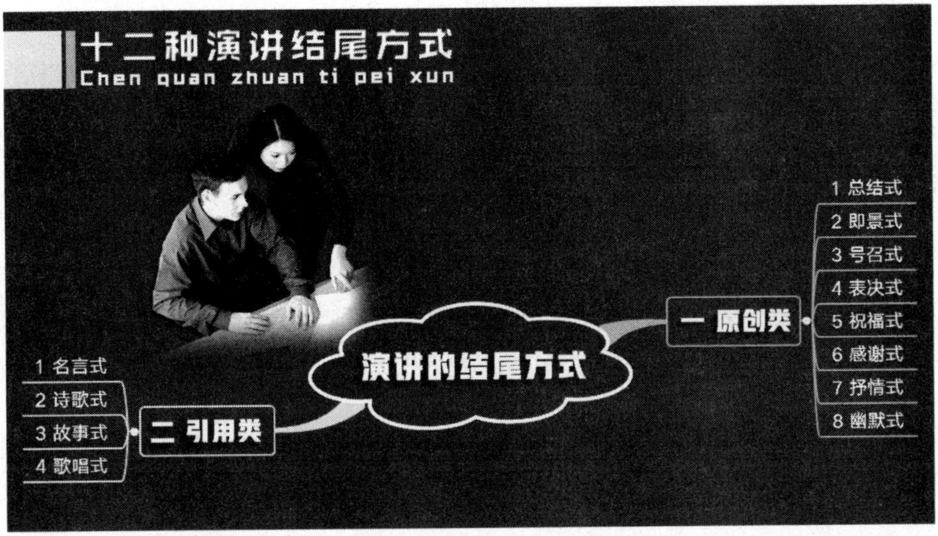

图 4-1

一、原创类结尾方式

1. 总结式

总结式结尾就是在演讲结束时，演讲者用一段极其简练的话来对前面所讲过的内容和观点做一个高度概括性的总结，目的是想起到突出中心、强化主题、首尾呼应、画龙点睛的作用。

例如，叶萍在做题目为《我是一个小小点》的演讲中，她这样结尾：

我就是这样一个小小的点啊，虽然微不足道，但当你、我、他，我们大家，这许许多多的点汇集在一起的时候，就成了一条向上的、鲜活生动的线。用这条线，你不仅可以谱写出属于自己的旋律，更可以描绘出祖国最美丽的画卷，改革出最灿烂的明天！

再如，笔者在《怎样微笑才迷人》的培训课程中，是这样结尾：

各位同学，我们今天主要讲了四大块内容：什么是微笑、微笑的机理、微笑的准则以及微笑的四个训练方法。同时，在课堂上，我们也进行了现场微笑通关训练。现在，我再强调几句：在人际交往过程中，微笑是最好的通行证。因为微笑能使对方富有，但不会使你贫穷；微笑比电便宜，却比灯灿烂；微笑最能传递正能量。最后，我相信在座的各位同学，回到自己的工作岗位之后，都能熟练应用今天所学到的知识和技能；我更加相信，在座的各位同学，在未来的日子里，一定家庭美满、生活愉快、工作顺利。谢谢大家！

（注：总结式结尾一般运用于竞聘演讲、就职演讲和课程培训等几种情况，因为这几类演讲都需要演讲者在最后再来一次总结，目的是为了加强现场听众对演讲内容的印象。至于其他类型的演讲，一般不采用这种结尾方式，因为这种结尾方式比较单调，很难把听众的情感推向高潮。）

2. 即景式

即景式结尾方式也叫“借景抒情”。即演讲者在演讲结束时，巧妙地借用现场的景物来抒发自己的感情或者表明自己的心志。目的是想再次拉近演讲者与听众之间的距离，增强演讲的互动性和感染力。

例如，有一次，某县在县委大会议室里举行了一场副局级干部竞聘演讲活动。那天的天气很阴沉，轮到诸葛洪钢上台演讲了，他竞聘的是教育局副局长，就在他快要演讲结束的时候，突然外面狂风大作、电闪雷鸣，几乎把他的声音都淹没了。诸葛洪钢见此情景，他稍停顿了一下之后，指着窗外说：“同志们，听着窗外响起的阵阵春雷，我的心中也不由得一震。是啊！我们屋内不也是春雷滚滚吗？干部聘任制度改革的春雷正在我们这块天空上震响，在这场竞争中，也许我只是一个过客，但我要张开双臂，为春雷春雨的到来而欢呼！”

再如，某领导在一次年初动员大会上发表演讲，采取了这样的结尾：

同志们，我们都知道：春天是播种的季节，撒下一粒种子，便种下一份希望。同时，春天象征生机蓬勃，体现勤奋上进。所以，春光不容辜负，年华不可虚度。我们今天在这里开会，宗旨就是再动员、再部署、再安排、再鼓劲，希望各地、各部门、各单位以竞进提质姿态来抓好各自工作，以优异成绩向省委、省政府和全市人民交上一份满意答卷。同时，高扬改革创新之帆、鼓足攻坚克难之劲、笃定决战决胜之志，为实现“十三五”经济发展良好开局做出新的贡献！谢谢大家！

（注：即景式结尾，这种方式的效果非常不错，采用这种结尾方式的演讲者比起那些背稿的演讲者来说显然棋高一筹，演讲结束之后听众还会对他的机智赞不绝口。但是，这种方式一般不会被经常使用，因为它需要演讲者具备一定的观察能力和应变能力，才能做到驾轻就熟。）

3. 号召式

号召式结尾，就是演讲者在演讲结束时，以慷慨激昂、热情澎湃的语言，对台下听众进行呼唤，或提出希望、或展示未来、或发出号召，目的是引起听众的情感共鸣，尽可能促进听众产生某种行动。

例如，罗安宝在演讲题目为《为子孙留一只吃饭的碗》的演讲中，他采用的就是这种结尾：

人越生越多，地越耕越少。废弃粮票的喜悦还没过去，粮食问题一次又一次地作为一个严峻的话题提到了书记、市长的议事日程上来。加拿大一位商人曾经说过：“粮食问题，关系到中国的安定。中国一旦粮食歉收，谁也帮不了。即使有外汇买粮食，国际市场上也不可能有这么大的粮食市场。总之，中国粮食一旦出了问题，人家必然会落井下石。”这段话，可谓一针见血。它告诫我们：吃饭，对于中国人来说永远不是小事，一刻不容忽视。耕地是不能再生的资源，用一点就少一点，只有耕地面积保住了，才有潜力可挖，总产才能上去。

所以，珍惜方寸土，留与子孙耕。同志们，让我们爱护每一寸耕地，珍惜每一寸土地，为子孙留一只吃饭的碗吧！谢谢大家！

又如，廖思在演讲题目为《血染的风采》的演讲中，他采用的也是号召式结尾：

无论是那彪炳青史的将帅，还是叱咤风云的英雄；无论是那蜚声海外的名人，还是成就卓然的学者，都无法忘记这些像泥土一样朴实、像露珠一样晶莹的灵魂；都不能忘记这铁一般刚强的意志、这海一般广阔的胸怀。让我们的民族再做一次腾飞的冲刺，一定会不断创造新的奇迹！同学们，让我们举起手来，再次凝望这染碧血、附英魂的五星红旗，再造共和国旗帜上血染的风采！

再如，王道正在演讲题目为《西部，我的家园》的演讲中，他的演讲结尾也是号召式：

美丽的西部，是我们的家；美丽的家园，我们都爱它。200 年前，北美的西部开发，缔造了一个世界强国；今天，华夏大地波澜壮阔的西部开发，必将创造出西部的辉煌，实现国家的富强。

西部开发路漫漫，青春浩气走千山。为了建设美丽富饶的家园，为了中华民族的伟大复兴，朋友们，准备——出征！谢谢大家！

再如，于涛在演讲题目为《我愿做演讲事业的马前卒》的演讲中，他采用的也是号召式结尾：

今天，在这松花湖畔，我要说：我愿是松花湖中的一滴水珠；我愿是演讲实践洪流中的一个马前卒；我愿是中华演讲事业大潮中的一个献身者——甚至是不幸的但绝对是壮烈的牺牲者！

因为，我坚信并且始终坚信：我们为之奋斗的事业，乃是历史的重任，乃是民众的渴望，乃是时代的呼唤！各位尊敬的演讲家、演讲学家、演讲活动家，如果我们都能以这句话共勉，我们何愁我中华之演讲事业不兴旺发达呢？

再如，何智勇在演讲题目为《别助子女去摘星》的演讲中，他采用的也是这种结尾方式：

近年来，我国各地屡屡发生追星悲剧：广州 14 岁女生为了引起明星注意而在大街上割腕自杀；温州 17 岁女生因无钱见赵薇而服毒自尽；成都女孩为见苏永康而倒在奔驰车的车轮之下；大连少女因未买到张国荣的 CD 而在家中自杀；岳阳女生因痴迷“超女”而节食致死……亲爱的家长同志们，如果我们不愿让上述悲剧再现，那么请允许我再重复一遍：请你们在子女面前调整好自己的爱心；你可以带孩子在星光下漫步，也可以让孩子在星光下远远地欣赏心中那颗最亮的星，但千万别帮助孩子去摘取天上那颗原本不属于他个人的星星！谢谢大家！

（注：号召式结尾方式在演讲中被经常使用，特别是在道德规范、价值倡导、人生理想、爱国情怀等演讲主题方面，几乎都是采用这种方式来结尾的。因为它最能体现演讲的作用——引起情感共鸣，产生实际行动。但是，我们选用这种方式时，还需处理好

两个细节：首先，在人称方面，必须使用“我们”“咱们”，目的是要跟听众站在一块，避免听众产生抵触情绪；其次，号召某种行动的时候，不能使用“你们要干吗”，要使用“我愿”或者“让我们”等字眼。因为只有这样，听众才愿意自发行动。）

4. 表决式

表决式结尾，也叫决心式结尾。它是指演讲者在演讲结束时，面对所有听众，最后一次表决心或者发誓言，目的是坚定听众的信念，增加演讲的感召力。

例如，罗文章在乡长就职演讲中，他的结束语是这样：

俗话说：“平静的湖面，练不出精悍的水手；安逸的环境，造不出时代的伟人。”我深深地懂得，要实现这个目标，光坐而论道，纸上谈兵是无济于事的。重要的是脚踏实地去干。一乡之长，人称“八品父母官”。官虽小，当好则难；事虽难，去做则易。个人的力量是微小的、有限的，大家的力量才是巨大的、永恒的。我诚恳地希望能得到各级部门的大力支持和干部群众的积极配合。我将做到“三个不当”，即廉洁奉公，不当贪官；秉公执法，不当昏官；真抓实干，不当懒官。我不奢望历史对我的褒扬，也不苛求人民对我的赞誉。我相信自己，相信代表们、同志们，相信31000人民的力量和智慧，压力终将变为动力，目标会成为现实。谢谢大家！

又如，谢重阳在演讲题目为《唱出我心中最美的颂歌》的演讲中，他采用的结尾方式也是表决式：

十几年中，我连续9年为学校挑起了初中毕业班英语教学重担，送走了1000多名初中毕业生。他们有的步入了社会，有的进入了高一级学校的大门，有的正在长成参天大树，有的已经成为了社会的栋梁和精英。特别是在去年中考中，我所教班级的英语成绩以人均80.1分在全县名列前茅，所教两个班的升学率、合格率、优秀率在全县名列第一，为学校争得了荣誉，也为自己赢来了名声。

追求永无止境，奋斗永无穷期。我要在新的起点、新的层次上，以新的姿态，展示新的风貌，刷新新的纪录，创造新的成绩，来报答人民母亲对我的培育之情和养育之恩。

再如，在邵阳市领导干部见面会上发表演讲时，当时的市长候选人郭文光也采用了表决式结尾：

在这里，我郑重地向各位领导和邵阳人民承诺：不为权欲所困，不为虚名所累，不为金钱所惑，不为美色所动，时刻以共产党人的浩然正气和人民公仆的良好形象，出现在广大干部群众之中。

各位领导、同志们，为政不在言多，为政无须言多。我将坚持从高从严要求自己，用自己的行动诠释自己的身份，用自己的行动塑造自己的形象，用自己的行动写好自己的人生。谢谢大家！

（注：表决式结尾，一般应用在工作方面的演讲。比如，竞选演讲、就职演讲、述职演讲、动员演讲等。尽管说，这种结尾方式的应用范围不是很广，但它的感染力却很强。所以，表决式结尾方式也很受一些演讲高手的追捧。不过，笔者想在此跟大家强调一点：那就是在演讲中选用这种方式结尾时，一定要采用排比句。因为只有三句以上的排比句，才能让自己的表决更加深入人心、更有震撼力。）

5. 祝福式

不可否认，真诚的祝福或者热烈的祝贺，最能打动人心，引起听众的情感共鸣。所以，用祝福、祝贺等话语来结尾，可以营造热情洋溢、满堂欢喜的气氛，使人在快乐中提升自豪感和荣誉感，激励听众满怀信心地去创造未来。

例如，在吴老先生八十诞辰贺宴上的致辞中，余涛是这样结尾的：

明月可以做伴，清风可以见证。吴老先生，您在过去的岁月为亲人，为病人，为家乡，为医疗卫生事业曾经付出很多很多。那么，就请您允许我们大家在今天这个美好的夜晚，为您绽放笑脸，为您展开歌喉，为您频频举杯，齐道一声：祝您老人家福如东海，寿比南山！年年岁岁有此日，岁岁年年有今天！

又如，在部队集体婚礼上的致辞中，杨长冰是这样结尾的：

最后，我代表大家送上三重祝愿：

一愿你们夫妻恩爱，白头偕老。情有自由爱有属，愿你们一朝结下千种爱，百岁不移半寸心。在漫漫人生路上，相依相伴，相濡以沫，休戚与共，风雨同舟。

二愿你们比翼双飞，事业有成。愿你们做一对事业伴侣，互相学习，互相支持，互相勉励，在各自的岗位上都做出优异的成绩，像荷花并蒂相映美，如海燕双飞试比高。

三愿你们优生优育，早生贵子。今日银河初渡，他年玉树连枝。未来子孙满堂，生活美满安康。

再如，在迎新茶话会上做演讲时，有演讲嘉宾采用了这样的结尾：

最后，在春节即将到来之际，我借此机会向全市的父老乡亲们、兄弟姐妹们，拜个早年。

祝老年人春节愉快、身体健康、寿比南山！

祝中年人春节快乐、家庭幸福、事业成功！

祝年轻人春节欢乐、爱情甜蜜、前程无量！

总之，祝大家年年幸福年年富，岁岁平安岁岁欢！谢谢大家！

再如，在每年年初聚会上做演讲时，笔者很喜欢采用这样的结尾：

最后，祝大家在新的一年里，有新的梦想、新的打算、新的开始、新的进步，踏上新的台阶，获得新的突破，攀登新的高度，取得新的成就，最终抵达成功的彼岸。

再如，在《时间管理——用好时间做好事》这门课程讲课结束时，笔者很喜欢使用这样的结尾：

各位同学，《时间管理》这门课程讲到这里就结束了，我想再强调一点，那就是：你所浪费的今天，是昨天死去的人很奢望的明天；你所厌恶的现在，是未来的你再也回不去的曾经。

最后，再送大家两句话：如果把人生分为四天，那就是春天、夏天、秋天、冬天；如果把人生分为三天，那就是昨天、今天、明天；如果把人生分为两天，那就是白天、夜天；如果把人生分为一天，那就是每一天。今天，我祝愿在座的各位，快乐每一天、把握好每一天。在这个世界上，有人欣赏你，说明你幸运；没人欣赏你，这就是命运；作为朋友，我祝愿在座的各位，一生好运！

再如，在一次中国海洋大学校庆大会上致贺词时，山东大学校长展涛采用的就是祝福式结尾：

我们羡慕海大，我们向往海大，我们虽然近山，依然有大海一样的胸怀，你们伴海，同样有高山一样的品格。在培育民族精神、服务社会发展、探索科学真理、引领文明进步的共同追求中，在实现中华民族复兴的伟大事业中，我们愿与海大的朋友一起，加强合作与交流，让我们的友谊结出更加丰硕的果实，祝愿中国海洋大学创造更加灿烂的辉煌！

（注：一般来讲，每个人都喜欢听祝福的话、祝贺的话，于是，相互之间的祝福、祝贺变成了人们交往的最佳手段。同样的道理，在演讲中，如果演讲嘉宾采用了这样的话，那现场的气氛会马上活跃起来，演讲嘉宾和听众的关系也马上变得更加融洽，而演讲嘉宾的观点、思想也给听众留下更加深刻的印象。不过，笔者想在此提醒一下大家：在使用祝福语、祝贺词的时候，不要过分地夸张和庸俗地捧场，否则，听众会认为你是在哗众取宠。）

6. 感谢式

在这里，所谓的“感谢式结尾”，并不是指演讲者的习惯性礼貌用语“谢谢”“谢谢大家”等，而是指因为演讲内容的需要，演讲者在演讲结束前必须以“感谢某事”或者“感恩某人”来作为演讲的结束语。

例如，在演讲题目为《山旮旯里的人生》的演讲中，演讲嘉宾迟焕毅采用的就是感谢式结尾：

我们是在一种冷静与思索的过程当中走进山旮旯的，是在贫穷与落后、愚昧与无知的需要中走进山旮旯的，是在奉献与索取的选择下走进山旮旯的，是在前进与后退的选择里走进山旮旯的，是在忽视与淡漠中走进山旮旯的，是在后悔与幸福的交织下走进山旮旯的。

是我们把青春留给了穷困的乡村，是乡村的岁月培育了我们，是我们在山旮旯的剧场中义演，是我们获得了空前的成功，因为山旮旯里的人民送给我们一个大大的感叹号。

感谢生活，尤其要感谢在山旮旯里工作和生活的人们！谢谢大家！

再如，在演讲题目为《学会感激》的演讲中，演讲嘉宾马国福采用的也是感谢式结尾：

我们不可能孤立地活在这个世界。我们每时每刻与身边的每个人、每棵花草、每滴雨露，都有着千丝万缕的联系。感激身边的每个人，他们证明了我们存在的价值；感激脚下的每棵花草，它让我们吮吸了生命的芬芳；感激草叶上的每滴雨露，它展示了生命的勃勃生机。不懂得感激的人是可怜的，因为他失去了提升自己灵魂质量的宝贵资源；不懂得感激的人是可叹的，因为他在这个世界上拆除了通向更高顶点的阶梯；不懂得感激的人是孤独的，因为他割断了给生命以温情和友爱的纽带；不懂得感激的人是无知的，因为他关闭了生活给我们输送幸福的管道。

因为感激，所以幸福。那就让我们从今天起学会感激吧，感激黎明的日出，感激友好的问候，感激无声的付出，感激微小的收获……

（注：一般来讲，演讲嘉宾在演讲结束时要感谢某事或者感恩某人的话，那他在演讲的过程中必须把为什么要感谢某事或者感恩某人的那些理由说清楚。至于怎么做才能让听众觉得这个理由很充分呢？笔者的个人意见是：演讲嘉宾最佳的选择是给听众讲一个很感人的故事。如果只是一些空洞的说教，听众是非常厌烦的。）

7. 抒情式

抒情式结尾，指的是演讲嘉宾在演讲将要结束的时候，用一段饱含情感的话来收尾。它的目的是希望能最后一次打动听众，起到给听众留下深刻印象的作用。这种结尾方式，对增强演讲效果来说，杀伤力还是很强的。

例如，在演讲题目为《奉献无悔、青春无悔》的演讲中，演讲嘉宾张炜玮采用的就是抒情式结尾：

无悔是人生展望未来的前提，这一辈子也许我们只是一块平凡的基石，但是我们将稳稳地扎根地下，托起明天的高楼大厦。也许我们只是一株无名的小草，但是，我们将与芬芳的泥土一道默默地耕耘，培育出万紫千红的春天。

虽然人们早已知道那间教室里放飞的是希望，守巢的是自己；那块黑板写下的是真理，擦去的是功利；那根粉笔画出的是彩虹，流下的是泪滴，奉献的是自己。但对于当初的选择，至今我依然无怨无悔。

又如，在演讲题目为《隔海相望》的演讲中，演讲嘉宾郑晓辉采用的也是抒情式结尾：

而今天，在这个特别的日子，我站在这里，与澳门隔海相望，仿佛嗅到了澳门泥土的芬芳，听到了归航风吹的海浪。

如果我是放牛娃，我要折下故乡最绿的柳枝，做成一支亮丽的柳笛，以心灵的笙箫，鸣奏古老的《归去来兮》。

如果我是诗人，我要放声歌唱，唱一首《游子吟》。太阳为鼓，月亮为琴，苍天起舞，大地震撼。从塞北，到江南；从大海，到长天！

谢谢大家！

再如，在湘潭师院97级毕业典礼上，杨鹏程所采用的结尾方式也是抒情式：

同学们，也许你将去门头沟、三门峡、雁门关，也许你要去厦门、虎门、玉门，也许你要去澳门、金门、也门、凯旋门，无论走进哪扇门，勿忘母校湘潭师院的校门。“门内有君子，门外君子至”，它虽不能“楼观沧海日”，却也“门对湘江潮”。“枕上读书闲处好，门前风景雨来佳”。他日归省回门来，“门外青山如旧时”。盼望同学们常回门看看，不要“三过家门而不入”。有了成绩，请你回门报喜；有了烦恼，请你回门倾诉；遇到困难，不妨回门求助。母亲的门，永远向大家敞开。母校的老师倚门而望，期待大家建功立业的捷报。请朋友们记住：湘潭师院永远是大家血脉相连、心心相通、忘不了、割不断、抛不开、舍不得的娘家门！

祝福朋友们鹏程万里，前程似锦！母校与你同在，校门与你同在！

（注：不可否认，抒情式结尾方式，它的感染力非常好，最易激起听众心中感情的浪花，并且它几乎适合所有的演讲。但是，我们也必须处理好两个细节：第一个，演讲嘉宾的感情必须是情真意切的、最好是亲身体会的，不能凭着想象而无病呻吟；第二个，演讲嘉宾的感情和表情必须到位。比如，语调方面，要多用虚声和颤音；表情方面，要多用低头蹙眉、抚胸长叹等动作。）

8. 幽默式

所谓的“幽默式结尾”，即演讲嘉宾在演讲结束时，突然以一段趣解、妙喻等话语来结束这场演讲。因为这个转弯有点突然，所以幽默式结尾方式的效果还是挺不错的，它既可引人发笑，又能引人深思。

例如，下面这个例子：

在一次演说中，文学家老舍上台后，采用的是开门见山式的开场白，他一开口就说："我今天主要跟大家谈六个问题。"

接着，他第一、第二、第三、第四、第五，按着顺序一个个地谈下去。

谈完了第五个问题之后，他一看离散会的时间也不多了。于是，老舍提高了嗓门，一本正经地说："第六，散会！"

听众起初先是一愣，但几秒钟后，现场听众马上给老舍报以热烈的掌声。

再如，下面这个例子：

1936年，《纽约时报》和"美国书籍出版者协会"共同举办了第一届全美书展，中国现代著名文学家林语堂被邀请过去做演讲。

林语堂上台之后，先不讲话，四周打量了一下，当大家都以很期待的眼神看着他的时候，林语堂这才不慌不忙地讲起中国人的人生哲学和生活态度。

在演讲的过程中，林语堂没有拿稿子，好像句句都是临场发挥，他那纯正的美式发音，地道的表达技巧，机智俏皮的口吻赢得了全场听众一阵又一阵的掌声。

就在大家正听得入神之时，林语堂却猛地收起了话匣子，他说："中国哲人的作风是，有话就说，说完就走！"

果然，说完这一句话之后，林语堂挥一挥衣袖，一转身，飘然而去。

在座的听众面面相觑，半天没回过神来，但随后，听众席上爆发出了热烈欢快的掌声。

再如，下面这个例子，也是关于林语堂的：

1966年，林语堂从美国回台湾定居。

同年6月，台北某学院举行毕业典礼时，特邀林语堂参加，并请他做即席演讲。

由于安排在林语堂之前的几位颇有身份的演讲者，发表了冗长、乏味的演讲，令台下的听众昏昏欲睡。轮到林语堂发言时，他抬腕看了看表，发现已是十一点半了。于是，林语堂决定改弦换调。

只见他快步走上讲台，先是简单讲了几句，接着，说出一句令后人传诵不已的话："绅士的演讲应该像女人穿的'迷你裙'一样，越短越好。"然后，就结束了他的演讲。

他的话一出口，大家先是一愣，几秒钟后，会场上“哗”地响起一片笑声，再接着，全场听众用最热烈的掌声表达他们对这位优秀演讲家的拥戴。

（注：幽默式结尾方式，效果确实很好。不过，这种方法并不会被演讲嘉宾经常使用。因为，第一，它应用的范围比较窄，一些庄重的演讲场合不适合使用；第二，这种方法一般都是临时发挥，它要求演讲嘉宾有很好的应变能力。所以，建议普通的演讲者，在演讲结束之时，尽量少采用这种方式来结尾。）

二、引用类结尾方式

1. 名言式

名言式结尾，就是通过引用名言、警句、谚语、格言等作为演讲的结束语。值得一提的是，这种结尾方式，不仅使语言表达得更加精炼、生动，富有节奏感和韵律味，而且还使演讲内容更加充实、丰满，并具有感染力和启发性，同时，还可以给人一种不落俗套、别开生面之感。

例如，在演讲题目为《带着种子上路》的演讲中，演讲嘉宾杨永平采用的就是名言式结尾：

让我们带着种子上路，以宽容坦诚之心编排青春的舞台，用豪情拼搏之志写就青春的剧本。“播下一个行动，你就收获一种习惯；播下一种习惯，你就收获一种性格；播下一种性格，你就收获一种命运；种下什么样子的种子，你就会有什么样的收获。”

来吧，朋友，让我们一起，带着种子——上路！

又如，在演讲题目为《在挑战中走向辉煌》的演讲中，演讲嘉宾陈海燕采用的也是名言式结尾：

记得美国前总统肯尼迪曾说：“不要问美国能为我们做些什么，而要问我们能为自己的国家做些什么。”朋友们！在这里，我要说：“不要问枝城港能为我们做些什么，而要问我们在座的各位能为枝城港做些什么！”

亲爱的朋友们！让我们献出我们的全部赤诚和智慧，去迎接改革前进道路上方方面面的挑战，去迎接新世纪暴风骤雨的挑战，让枝城港伴随我们在迎接挑战中走向辉煌！谢谢大家！

再如，在演讲题目为《别让诚信抛弃自己》的演讲中，演讲嘉宾林金桐采用的也是名言式结尾：

再过两个星期，就是康德逝世200周年纪念日，这位伟大的哲学家在他的《实践理性批判》中说过这样一段名言警句，后来人们把它篆刻在他的墓碑上："有两种东西，我们愈是时常反复地思索，它们就愈是给人的心灵灌注了时时翻新、有增无减的赞叹和敬畏，这就是我头上的星空和心中的道德法则。"同学们，社会培养了我们，大学教育了我们，我们既要理解、征服头上的星空，也必须坚持、恪守心中的道德法则。这是我们双重的社会责任。谢谢大家！

再如，在演讲题目为《爱——开启教育成功的金钥匙》的演讲中，演讲嘉宾黄兴采用的也是名言式结尾：

我知道我得到了学生的爱的回报。社会学家说："没有爱就没有人类。"医学家说："爱是无与伦比的养料。"爱是什么？是甘泉，可以浇灌生命之树；是春风，可以吹绿人类心灵荒漠的绿洲；是一条无形的纽带，架设起师生感情的桥梁；是一把金光闪闪的钥匙，去开启教育成功的秘密。此时，我要大声说："爱孩子吧！他们会加倍地爱你。"

再如，宋晓路当选余庆县县长之后，他在发表的就职演讲之中，也是采用了名言式结尾：

同志们！我有信心、有决心带领政府一班人和大家一起干好余庆的事业，建设好我们自己的家园！说一万句漂亮话，不如干一件实事！大家还是看我的行动吧！我热爱余庆，我热爱余庆人民，我热爱这1623平方公里的土地！我珍惜与大家一起共同建设美好余庆的机会，我将努力为余庆的发展、为余庆的美好明天贡献我的全部力量！最后，我用朱镕基同志当年就任总理时的一句名言来结束我的发言："哪怕前面是地雷阵，哪怕前面是万丈深渊，我都将义无反顾，勇往直前！"谢谢大家！

（注：不可否认，用名言结尾，能给演讲者的思想提供有力的证明并增加演讲的可信度，让演讲显得更加优美、更加含蓄，更有深度、更有内涵，从而更具说服力和鼓舞性。所以，这种方式被众多演讲者所经常采用，更是一些演讲高手的撒手锏。不过，我们在采用名言式结尾方法的时候，还需留意一下，那就是：必须选择一些原创的、哲理性强

的、抒情性好的、语言通俗易懂的、让人回味无穷的名言，不能选用一些被人们熟知的、思想性不强的名言，否则，听众就会不买账。）

2. 诗歌式

顾名思义，诗歌式结尾，就是演讲嘉宾在演讲结束之时，选用一些脍炙人口的、哲理性强或者抒情性好的现代诗、古诗词来结束自己的演讲。

这种结尾方式的效果还是不错的。它不但让演讲的“逼格”提高，还会让观众耳目一新，有一种如沐春风的感觉。

例如，在演讲题目为《生命无悔——教师述职》的演讲中，王焕霞采用的就是诗歌式结尾：

我清楚地知道一个人的生命是有限的，但教育事业却是常青的。我们的生命将在学生身上延续，我们的价值将在学生身上体现。我无悔于我的付出，更无悔于我的选择，在这三尺讲台上，阅历春秋，苦苦耕耘，用我的爱心、诚心、细心、耐心，换取学生的开心、家长的放心、祖国的振兴！

最后，就用现代诗人汪国真的一首诗，结束我的演讲吧：

我不去想是否能够成功，
既然选择了远方，
便只顾风雨兼程。
我不去想身后会不会袭来寒风冷雨，
既然目标是地平线，
留给世界的只能是背影。
我只有挖掘自己灵魂深处的真诚，
把握瞬间的辉煌，
拥抱一片火热的激情，
装点生活的风景。

再如，在演讲题目为《让生命之火永远燃烧》的演讲中，杨兰英采用的也是诗歌式结尾：

尊敬的领导、老师们，我喜欢这样一首小诗：

当人梯——用我们的坚韧，

让学生踩着我们的肩膀奔向新的征程。

当园丁——用我们的勤恳，

让科学的百花园永远五彩缤纷。

当春蚕——用我们的才能，

让知识的绸缎从我们身上延伸。

当蜡烛——用我们的忠诚，

燃烧自己给人间带来光明。

我本是一个极平常的人，因为做了一名教师，我的人生才有了不平常的意义。我甘为人梯、园丁，乐做春蚕、蜡烛，但如果我只能做一颗流星，我就要让我的生命之火为教育事业而燃烧，就要让自己燃烧着走完自己的人生旅程！谢谢各位！

再如，在迎春晚会上做即兴演讲时，陈钧焕采用的结尾方式也是诗歌式：

在迎接 1995 年新春佳节之际，我想起北宋伟大的政治家、革新家、诗人王安石一首著名的诗《元日》：

爆竹声中一岁除，春风送暖入屠苏。

千门万户曈曈日，总把新桃换旧符。

常言道："诗言志"。这首诗充分表达诗人不安于现状、大胆改革、勇于创新、积极进取的精神，很适合我们目前改革开放的形式。让我们乘着改革开放的春风，拿着新的桃符，换去旧的桃符，和全国人民一起，在社会主义现代化建设的大道上，在不同的岗位上去创造新的业绩吧！

再如，在演讲题目为《祖国，战斗在暴雪冻雨中》的演讲中，李志行也采用了诗歌式结尾：

最后，我想用陈毅将军的《青松》一诗结束我的演讲："大雪压青松，青松挺且直。要知松高洁，待到雪化时。"我战斗中的祖国，你有着青松凌寒斗雪的品格，在与暴雪和冻雨的搏斗中，你告诉了我们什么才是民族的坚强品格。而你告诉我的，我会把它刻进我的骨骼，融进我的血液。祖国，我相信，你的儿女相信，严寒之后，必然是共和国花潮如海的春天！谢谢大家！

（注：引用诗歌来结束自己的演讲，效果也相当不错。所以，这种方式也被很多演讲者经常使用。不过，为了能很好地使用这种结尾方式，笔者想提醒各位朋友，在引用

诗歌时，还需留意：所引用的诗句必须跟演讲主题相吻合；同时，引用的诗歌一定要短，最少四句，最多十二句，而且演讲者一定要能背诵出所引用的诗句，否则弄巧成拙，就不好收场了。）

3. 故事式

一般说来，在演讲的最后讲一个发人深省的故事来与演讲主题相呼应，能起到相当好的效果，因为好故事给听众留下的印象常常比简单的叙述更加深刻。

例如，在演讲题目为《孝顺这个词，是由后悔构成的》的演讲中，演讲者采用的就是故事式结尾：

古代有个人叫韩伯俞，母亲在他犯错的时候，总是严厉地教导他，有时还会打他。他长大成人后，只要犯错，母亲的教训就会依然如故。有一次母亲打他时，韩伯俞突然放声大哭。母亲很惊讶，几十年来挨打他从未哭过。于是就问儿子："为什么要哭？"韩伯俞回答说："从小到大，母亲打我，我都觉得很痛。但今天母亲打我，我已经感觉不到痛了。这说明母亲的身体愈来愈虚弱，我奉养母亲的时间愈来愈短了。"这个故事，真是让人唏嘘。

父母在，人生即有来处；父母去，人生只剩归途。

谢谢大家！

又如，在演讲题目为《念亲恩》的演讲中，演讲嘉宾王路采用的也是故事式结尾：

星云法师讲过一个故事。有个家庭，孩子很多，父亲是个小职员，没多少收入，一家只能天天吃青菜。孩子就问：为什么人家有肉吃，咱家只能吃青菜？父亲说：孩子，爸爸对不起你们，爸爸没本事，赚不了大钱，不能给你们买很多好吃的。孩子听了说：不，爸爸，您很伟大，您养育了我们一家人，非常不容易，青菜也很好吃，我们都爱吃。

谢谢大家！

再如，在演讲题目为《为什么不在顺境时就好好努力？》的演讲中，演讲嘉宾晚情采用的也是名言式结尾：

小时候语文课里有则寓言，叫《亡羊补牢》，这则寓言告诉我们有了错误要及时改进，以免损失更大。但其实大部分人都知道，在羊还没失去时，就把羊圈建得牢固，可能根本就不会有“亡羊”的事发生。

能够意识到自己的问题，努力去改，是一种积极的态度，值得鼓励。但改正、补救已是下下之策。只有在顺境时就保持清醒的头脑才不会导致失去，陷入逆境，这才是上上之策。

谢谢大家！

再如，在《创业管理》这门课程中，某导师在课程结束之前，给同学们讲了一个非常精彩的故事——《龟兔赛跑》。

某天，兔子和乌龟一起讨论到底谁跑得更快？可是，谁都不服输。于是，它们决定赛跑。

第一次，它们是在公路上比赛。结果兔子输了，为什么？因为兔子睡觉去了，乌龟先到达终点。这说明了勤奋比天资重要，想成功必须要非常勤奋。

兔子不认输，它又去找乌龟比赛。兔子对乌龟说，如果它没有取得最后的胜利，它是不罢休的。于是，它们又继续进行了六次比赛。

第二次，它们是在操场上比赛。但是一开始，兔子就输了。为什么？因为兔子朝相反的方向跑去了。这说明了方向比努力重要，方向不对，努力白费。想成功必须要先选对方向。

第三次，它们是在草地上比赛。跑着，跑着，兔子不见了，乌龟赢了。为什么？因为兔子掉在泥潭里去了。这说明了，想成功必须要善于发现陷阱和避开陷阱。天上不一定掉馅饼，但地上常常有陷阱。

第四次，它们是在山坡上比赛。兔子拼命跑啊，跑啊，但是，它还是输了。为什么？因为乌龟是滚下山的，当然更快些。这说明了，想成功必须善于利用自己的优势。发挥优点比改正缺点，更容易成功。

第五次，它们是在高速公路上比赛。兔子拼命地跑，不停地跑，但还是输了。为什么？因为乌龟在路边一招手，打的去了。这说明了，要成功必须善于整合资源。

第六次，它们又回来操场上比赛。这回兔子跑得飞快，就要到终点了，突然，兔子看到前面挂着一条横幅：谁是第一名，谁是龟儿子。兔子生气得不得了，不跑了。这说明了，想成功要学会情绪管理。小不忍则乱大谋。

第七次，它们还是在操场上比赛。兔子跑着跑着，快到终点了，突然感觉尾巴被什么东西咬了一下，兔子将尾巴一甩，竟将乌龟甩到前面来了。原来乌龟一直咬着兔子的尾巴奔跑，快到终点时，死命咬了兔子一口。这说明了，要成功必须善于利用竞争对手的力量。成功需要朋友，更大的成功也需要敌人。

综上所述：要想创业成功，最好能具备以下7个条件，即勤奋工作、选对方向、避开陷阱、发挥优势、整合资源、控制情绪、借助对手。

（注：可以这么说，大多数听众都爱听故事。所以，如果演讲者选择一个生动有趣的、哲理性强的故事来结束自己的演讲，会收到非常好的效果。不过，笔者在此提醒一下各位朋友，选用故事时，要留意一下。那就是：首先，所选故事必须跟演讲主题相吻合；其次，故事最好是原创的，或者大多听众还没听过的；最后，故事不能太长，否则，这个故事就有喧宾夺主之嫌了。）

4. 歌唱式

歌唱式结尾，就是在演讲结束之前，演讲者给大家唱一首歌，并以这首歌来结束他的演讲。

歌唱式结尾方式的效果还是非常震撼的。因为放声歌唱不但可以起到渲染现场气氛、升华演讲主题、感动现场听众的作用，而且还能达到吸引现场听众眼球的目的。

例如，在演讲题目为《为女性的今天喝彩》的演讲中，张燕采用的就是歌唱式结尾：

今天，我这番话献给所有不甘沉沦的女性，让我们记住：无论你现在身处何种境况，都要勇敢面对，正视自己，摒弃旧时代的自卑与怯懦，做个自尊、自强、自信的新女性！正如歌中所唱："今天的你，今天的我，都这么可爱，不管输，不管赢，都很精彩。你我走向舞台，唱出心中的爱，迈出青春的节拍，让我们为今天喝彩！"

谢谢大家！

又如，在演讲题目为《让32号从明天开始》的演讲中，演讲嘉宾刘军采用的也是歌唱式结尾：

"人心齐，泰山移"。"希望工程"圣火的燃起，温暖着每位失学少年的心。

为了祖国的未来、民族的振兴，更为了孩子的健康成长，我们再一次呼吁：朋友们，献一份爱心吧！让这把希望圣火燃得更旺更强，成为失学孩子前进的动力，奋发的勇气！正如《希望之歌》中所唱的："我们在蓝天下耕耘理想，我们在大地上播种希望，你撒下一片深情，我奉献一份力量。让太阳照亮天涯海角，让春风吹遍穷乡僻壤，每粒种子都破土发芽，每棵幼苗都茁壮成长！"

再如，笔者在给学员讲创业案例——《中天置业崩盘之谜》的时候，也采用了歌唱式结尾方式：

对张宇来说，这一切已经不再重来了。他坐在蒋飞曾经坐过的大班椅上，安抚员工，配合公安机关调查，接受蒋飞所有债权人的牢骚……

此时，他怀念2007年5月，楼市最红火的时候，有风投愿意出价1800万美元，买下中天置业51%的股份；他怀念自己曾经雄心勃勃，准备把中天置业做大去上市；他更怀念和蒋飞一起坐在别墅里抽雪茄、喝拉菲的日子……

但这一切都不可能再回来了！真的不可能了！蒋飞说得不错，21世纪的深圳就是20世纪的上海滩。

浪奔，浪流，
万里涛涛江水永不休。
淘尽了世间事，
混作滔滔一片潮流。
是喜，是愁，
浪里分不清欢笑悲忧。
成功，失败，
浪里看不出有未有。
爱你恨你问君知否……

（注：不可否认，以唱歌的方式来结束自己的演讲，效果是非常惊人的。不过，我们在使用这种方式的时候，还需留意几点。首先，唱歌的条件。因为想要自己的歌声出彩，你最起码五音要全。如果你唱歌不着调或者是破锣嗓子，那你还是不唱为好，以免起到相反的效果。其次，唱歌的原则。也就是在选歌的时候，是需要掌握几个原则的。第一，歌曲要紧扣题目；第二，歌曲长度要适中；第三，要选健康的歌曲；第四，要选难度不大的歌曲。）

三、最有效的训练方法——名言式结束语*

尽管说演讲的结尾方法有很多，前面介绍过最基本的已经有两大类十二种了。不过，我们在演讲结束时，经常使用的也无非只是总结式、号召式、表决式、祝福式、名言式这几种。就拿笔者来说，笔者最喜欢使用的还是名言式结尾这种方式，并且很多时候，都是以这种方式为主，结合其他方式一起使用。笔者认为，多种方式综合起来使用，效果更理想。

你可能要问笔者为什么喜欢引用名言来结尾呢？因为这种方式如果使用得当的话，它产生的效果非常震撼。

1. 名言式结束语的好处很多

经笔者总结，名言式结尾的具体作用有如下这些：

（1）增强演讲的说服力

因为名言一般都是名家、名人、名流所说的话，所以，他们的话权威性较高。如果我们引用他们的话来证明自己的观点，那无形中就会增加了演讲的说服力和可信度。

（2）增加演讲的含金量

一般来讲，名言都是名人智慧的结晶、经验的积累。所以，引用他们的话到我们的演讲中来，自然而然也就增加了演讲的含金量。

（3）增加演讲的艺术感

其实，很多名言的文学艺术性都挺高，比如，文字精练、合辙押韵、逻辑性强、幽默度高，等等。而当我们把这些名言引用到自己的演讲中来，那就会给听众一种赏心悦目的感觉。

（4）让演讲拥有高格调

由于名言是名人所说的，因而这些话的知名度都很高。现在，把他们的话借用过来，那我们的演讲也就跟着沾了光，演讲也会提高好几个档次。

---

* 微信扫描封三或本书最后一页二维码，获取名家演讲训练方法与材料。

2. 应该选择什么样的名言

虽然说，名言式结束语的好处有很多，但是，有一些演讲者，在使用这种方法的时候，并没有取得预期的效果。为什么呢？笔者认为，个中原委就是没有选对名言。因为，名人所说过的话，并非句句都是经典。所以，我们在选用名言的时候，还需遵循一些原则。

（1）要选哲理性强的名言

所谓的“哲理”，就是关于宇宙和人生的根本性原理。因此，哲理性很强的名言，其实就是听起来非常有道理的话。

为什么要选哲理性强的名言呢？因为很多时候，演讲者的目的是要向听众灌输自己的理念或者强调自己的观点。所以，演讲者需要一边摆事实，一边讲道理。而在讲道理的过程当中，为了能让自己的观点更有说服力，于是，演讲者就需要引用名人那些哲理性很强的原话来佐证自己的观点。

例如，某演讲者在演讲结束时，为了强调自我改变的重要性，他引用了下面这句名言：

发生一件事，如果你喜欢它，那么享受它；不喜欢，那么避开它；避不开，那么改变它；改不了，那么接受它；接受不了，改变自己的观念，你就会接受它。

再如，某演讲者在演讲结束之前，当他讲到如何与顾客交谈的时候，引用了下面这句名言：

顾客为什么不听你说，是因为他不喜欢你，顾客为什么不跟你买，是因为他不相信你。该怎么办呢？要说顾客想听的话，别说自己想说的话。顾客不在乎你说什么，顾客最在乎你怎样说。

（2）要选抒情性强的名言

其实，除了向听众强调自己的观点之外，演讲者还有另外一个目的，那就是抒发自己的情感。

演讲者为什么还要抒发情感呢？因为有时候，光给听众讲大道理的话，听众听多了会厌烦的。于是，演讲者在发表个人观点、看法的同时，也抒发一下自己的情感，目的是能让听众更好地接受自己的观点。至于怎么抒发情感呢？有一个很好的方法就是借用名人那些抒情性很强的原话了。

比如，为了表达对家乡的热爱，某演讲者在演讲结束时，就引用了深圳前市委书记梁湘的原话：

我对特区的一草一木、一山一水都有感情。如果必须生一千次，我愿意生在这个地方；如果必须死一千次，我也愿意死在这个地方。

（3）要选幽默性强的名言

除了哲理性强、抒情性强的名言之外，幽默性强的名言，也是演讲者的最佳选择。因为这类名言，可以引起听众发笑并能调节现场气氛。

比如，某演讲者在演讲结束时，为了强调坚持的重要性，就引用了马云的原话：

今天很残酷，明天更残酷，后天很美好，但绝大多数人都死在明天晚上，看不到后天的太阳。

（4）要选韵律性强的名言

除了上面所介绍的三个原则之外，如果碰到非常合辙押韵的名言，我们也可以选取。因为这类名言听起来朗朗上口，非常有节奏感，而它的杀伤力也是相当强大的。

例如，某演讲者在演讲结束之前，再次强调了只有付出才有收获这个观点，于是，他引用稻田和夫曾经说过的话：

如果你有才干，请拿出才干；如果你缺少才干，请你多流点汗；如果你既缺少才干，又不愿流汗，那你就乖乖地给我滚蛋！

（5）要选积极性强的名言

我们在选择名言的时候，还需要把握一个非常重要的原则，那就是：必须选积极向上的名言，不能选取消极低迷的名言。

比如，下面这则名言，它属于积极向上的，我们可以优先选用。

我不能左右天气，但我可以改变心情；我不能改变容貌，但我可以展现笑容；我不能控制他人，但我可以掌握自己；我不能预知明天，但我可以利用今天；我不能样样顺利，但我可以事事尽力；我不能决定生命的长度，但我可以拓展它的宽度。

又如，下面这则名言，它就是消极低迷的，我们最好不要采用。

人生就像是拉屎，尽管你已经很努力，结果出来还是一个屁。

3. 混合型名言式结束语的妙用

接下来，我们再谈一谈在演讲结束时，如何巧妙地把名言式结束语跟其他方式结束语混搭在一起使用。

（1）名言式+号召式

名言式加号召式的结束语，是杀伤力超强的演讲结尾方式，经常运用于道德规范、价值倡导等方面演讲主题，为演讲家们所优先考虑。比如下面这个例子：

印度大诗人泰戈尔说过一句话：“花朵的事业是美丽的，果实的事业是尊贵的，但我愿做一片绿叶，绿叶的事业是默默地垂着绿荫的。”其实，不管花朵、果实还是绿叶，三者是相互依存的，存在的价值是相同的，唯有分工的不同。当然，要遵守不同的存在规律，否则叶子就不会绿得鲜艳、花就不会开得芬芳、果实就不会结得饱满。对于每个人来讲，有选择不同分工的自由，但要想取得理想的收获，就要遵守不同的规矩。由此可见，更早更多的监督、及时发现问题就是更好的保护。别忘了，小错不断大错就犯！要防微杜渐，纪律约束是最好的防腐剂、紧箍咒，或者说保护伞，请不要怀疑它、请不要排斥它、请不要拒绝它。谢谢大家！（来自任新华的《纪律约束才是最好的保护伞》）

（2）名言式+表决式

名言式加表决式的结束语，在竞选演讲或者就职演讲中被经常使用。比如，黎四清当选了岳阳县县长之后发表演讲时，采用的就是名言式加表决式：

掌权做官一阵子，为人做事一辈子。我一定时时用名家的话来警醒自己：“既要干事，也要干净”。干事，就是要常存感恩之心，敢于负起责任、挑起重担。“为官避事平生耻”，我要做一个求真务实、绝不弄虚作假的县长，做一个直面困难、绝不回避矛盾的县长。干净，就是要常怀敬畏之心，廉洁自律。掌权为公，用权为民，则群众喜、个人荣、事业兴；掌权为己，用权为私，则群众怨、声名败、事业损。我一定更加主动地接受人大的法律监督，接受政协的民主监督，更加自觉地接受舆论和群众的监督，做一个坚持原则、不徇私情的县长，做一个严于律己、不谋私利的县长。

恳请大家一如既往地支持我的工作、监督我的言行，我定将不辱使命、不辜负人民的重托，向岳阳人民交一份满意的答卷。

（3）名言式 + 祝福式

名言式加祝福式的结束语，也是一种效果非常好的结尾方式，它很受演讲家们所追捧。比如，兔子小姐在演讲题目为《我们拼命地折腾，就是为了有更多的选择权》的演讲中，采用的结束语就是这种混合模式：

我们认真读书、努力工作、发展斜杠属性，在8小时之外拼命地折腾自己，为的就是我们能有更多选择的权利。因为我们都知道，这个世界就是不太公平。有的人含着金钥匙出生，有的人一出生却背上了父母的债务。我们可以容许自己先天条件不如人，但我们不能以此为借口自暴自弃，我们只能更努力、更拼命，为自己、家人获取更多选择的权利。希望你我都足够拼命，希望你我的人生都有得选。

最后，用一位名人所说的话来结束我的演讲，那就是："在这个世界上，如果有人欣赏你，说明你很幸运；如果没有人欣赏你，这就是命运。"作为你们的朋友，我祝大家一路好运！谢谢大家！

（4）名言式 + 总结式

名言式加总结式的结束语，也常为很多演讲者所采用。比如，赵星在演讲题目为《使当初的选择变得正确》的演讲中，采用的结束语就是这种混合模式：

我周围也有很多牛人，有的男生毕业进了"高大上"的咨询公司和投行，有的女孩还没毕业就创业，一天能赚十几万元；有的随便学学就能GRE考高分拿着奖学金去美国。但这些都不是我，他们都只是我身边最亮眼的那些光芒。我抬头看看他们，再看看自己，除了低头努力，真的说不出什么。我不知道怎么去考虑自己做某个事情值不值得，我只知道自己的背景和底子，想要得到自己梦想中的东西，就要一步一步像垒宝塔一样去做，无论是工作与生活，还是爱情与婚姻。

有句话是这么说的："根本没有正确的选择，我们只不过是要努力奋斗，使当初的选择变得正确。"就是这样。谢谢大家！

（5）名言式 + 故事式

名言式加故事式的结束语，一般是培训师的撒手锏。比如，在《早规划、不害怕》这门课程的结尾部分，笔者采用的结束语就是这种混合模式。

看到课程快要结束了，笔者最后向台下的学员提了一个比较有意思的问题：“当一个人来到这个世界的时候，他的双手是张开的呢，还是紧闭的呢？”

此时，台下的学员几乎都是同时回答：“紧闭的啊！”

“非常棒！恭喜大家都答对了！”笔者又接着问：“当一个人离开这个世界时，他的双手又是怎样的呢？张开还是紧闭？”

这个时候，台下观众的回答不再统一了，有人说是紧闭的，有人说是张开的。

看到这种情况，笔者把答案告诉大家，并且把寻找答案的过程也告诉了大家。

“我曾经向一个有30多年接生经验的妇产科主任医师请教过这个问题。医生告诉我：每个人来到人世间时，都是双手攥拳的；而离开人世间时，少数是双手紧闭的，多数是双手朝上张开的，还有极少数是双手朝下张开的。

“我继续问医生：为什么会是这样的呢？医生说，她也不知道。

“我只好另向一位传教士请教，传教士告诉我：每个人来到人世间时，都在上帝面前发过誓的，都说到了人世间一定要好好地干、要完成什么什么的，所以，他的双手是攥拳的。但是后来，很多人都忘记了当初的誓言，并没有实现当初的誓言，结果呢，这些人是撒手西去的，于是，他的双手是朝上张开的；而极少的人呢，还是实现了当初的誓言，最后放心地走了，此生无憾了，于是，他的双手是朝下张开的；还有一些人呢，还想着重来人世间一趟，于是，他依然是双手握拳的。”

这个故事讲完之后，笔者最后说：“纪伯伦曾经说过，不要因为路途遥远而忘记了当初为什么要出发。今天的课程就要结束了，我再次强调一下：大家别忘记了，早规划，就不会害怕。谢谢大家！”

一招让你仪表得体

王晓东是一名企业内部培训讲师，经常给自己所在的企业做培训，什么岗前素质培训、岗中的中层管理者能力提升培训，他都讲过几十场，并且也讲得非常好，得到领导的首肯和学员的认同。后来，王晓东决定离开制造企业，到培训顾问公司当一名专职的培训讲师。

但是，想从企业内部讲师转型到自由职业培训讲师，这可不是一件很容易的事情。由于在业界还没有什么名气，王晓东只能每次都跟着业务员（起一个好听的名字叫课程顾问）一起到一些企业去谈合作。非常遗憾的是，每次谈完之后，客户总是很客气地说：谢谢，如果有需要，我们一定会去找您的。就这样，每次都是不了了之。说白了，王晓东谈了很多客户，却根本没有谈成一单业务。

王晓东觉得前途非常渺茫，他很困惑：我的课讲得这么好，为什么客户就不肯给我一次表现的机会呢？

无奈之下，王晓东只好去向他的老乡请教，王晓东的老乡是培训界一位知名度很高的培训大咖。当老乡看了王晓东的讲课视频，并详细地了解了他的具体情况之后，所作出的结论是：王晓东的形象分不及格。于是，老乡给王晓东提出一些建设性的建议：买一套时尚的纯羊毛西服、两件高档的纯棉衬衣、一条高品质的桑蚕丝领带，同时，皮鞋、皮包和手提电脑也必须买上档次的。

王晓东一听，更加迷惑不解了，忙问：你不告诉我如何提高授课的技巧，反而要我去追求这些表面的东西？

老乡继续解释说：你的课已经讲得很好了，但是你没过形象这一关。也就是说，你给人的感觉还是一个工厂里培训导师的面貌，根本不是培训市场上专业培训师的造型，所以顾客不信任你，所以你会屡屡碰壁。请记住：社交中，人的第一印象非常重要，一名培训讲师在跟客户交谈的同时，其实也是等于在进行着自我推销。如果你的形象不好，对方对你的印象也会不好，就开始怀疑你的身份，就不再认同你，就算你将要演讲的内容是多么的精彩，但这个演讲机会已经没有了。所以，作为一名培训讲师，你必须一看上去就符合人们心目中对于成功人士的定位。因为像什么比是什么更加重要。

十年之后，王晓东也成为业界的培训大咖了。每当回想起这段往事，王晓东无不感叹：头可断，发型不能乱；血可流，皮鞋要擦油。个人形象对于一个培训师来说，太重要了！

一、你的仪表价值百万

上文王晓东的案例已经侧面证明了，对于一名演讲家来说，个人形象是相当重要的。

那什么是个人形象呢？个人形象指的是人的外表，也就是仪表。它包括身材、相貌、服饰、妆容等外在因素，以及由这些因素综合体现出来的气质。

从仪表的定义可以看出，仪表包含四大方面，即身材、服饰和相貌、妆容。

讲了半天，大家也都知道了，在公众面前，演讲者的仪表是非常重要的，它可以反映出一个人的精神状态和礼仪素养。如果演讲者以出众的身材和优雅的仪态出现在观众面前，肯定会给观众留下良好的第一印象，并能很自然地缩短演讲者与观众的心理距离，赢得观众的关注和尊重。

不过，尽管爱美之心人人都有，尽管每个人都希望自己身材挺拔、容貌出众，但拥有如此条件的人毕竟还是少数，大多数人还是属于身材中等、相貌平平的普通人。

既然在仪表的四大方面中，我们改变不了自己的身材和相貌，那我们只能通过后天的服饰和妆容等手段，来弥补自己在身材、相貌等方面的不足，使自己的形象变得美好。

在这里，笔者特别想告诉读者的一句话就是：对于一名演讲者来说，后天的服饰和妆容比先天的天生丽质更加重要。人们不是也常说“三分长相，七分打扮”吗？所以，下面笔者就针对演讲者的服饰和妆容两大方面来进行一一讲解。

二、要知道的穿着原则

讲到服饰，必须讲下穿着的礼仪哲学。演讲者的穿着礼仪哲学主要有两大原则（见图 5-1）：一条属于宏观上的，叫 TPO 原则；一条属于微观上的，叫 SMC 法则。

图 5-1

1. TPO 原则

TPO 就是英文中的时间（Time）、地点（Place）、场合（Occasion）三个单词的缩写，而穿着的 TPO 原则是西方人提出的，它要求人们在着装时以时间、地点、场合三项因素为准。

首先，时间原则：在这里，时间既可以指每天的早、中、晚三个时间段，也可以指每年的春、夏、秋、冬四个季节，甚至还可以指人生的少、青、中、老等不同年龄阶段。总之，时间原则就是要求演讲者在穿着打扮时必须考虑时间因素，做到随“时”更衣。

比如，白天参加演讲活动时，可以穿灰色、浅色的西装，因为白天的阳光非常充足，浅色的衣服不会显得陈旧。但是，晚上面对观众进行演讲时，穿着就应该讲究了，在颜色方面可以考虑选取亮丽一些的，因为人们的心理定式都是这么认为：晚上的活动会更加隆重和正式。

还有，演讲者的穿着打扮也应当随着一年四季的变化而变换。比如，在夏天，演讲者的穿着格调应该以凉爽、简洁为主，这样穿着无论在服饰色彩或者款式上均能让观众产生好感；而在冬季，演讲者的穿着应以保暖、轻便为原则，避免为了风度而着装太单薄，也避免为了温度而臃肿不堪。

其次，地点原则：地点原则就是所处地方、场所、位置不同，着装也应有所区别。在特定的环境里必须配以与之相适应、相协调的服饰，才能获得视觉和心理上的美感。

比如，穿着西装在娱乐场所进行即兴演讲，或者穿着休闲服、牛仔裤在公司年会上当众讲话，都是与环境不协调的表现。

最后，场合原则：尽管地点一样，但在不同的场合下，演讲者的穿着要求也是不一样的。

比如，在欢度节日、结婚典礼、联欢晚会、舞会等喜庆场合里讲话，演讲者可以穿红色唐装、绛红色西装等鲜艳明快、潇洒时尚的衣服；但在葬礼、追悼会等悲伤肃穆的场合里进行发言时，最好穿黑色的衣服。

2. SMC 法则

这个法则是笔者首先提出来的。SMC 也是三个英语单词的缩写，这三个单词依次为款式（Style）、材质（Material）、颜色（Colour）。SMC 法则就是告诉大家，根据目的地的不同，出门前着装时要考虑的因素有款式、材质、颜色这三项。

首先，挑选款式。衣服款式的分类方法非常多，甚至有些方法还分得非常细，让人无所适从。在这里，笔者根据人们活动的目的不同，将衣服的款式分为三大类：一种是为了工作接触需要的，叫商务装；一种是生活交往需要的，叫休闲装；一种是为了身体保健需要的，叫运动装。于是，根据出门前目的地的不同，服装款式的挑选也应不同。比如，周末去公司加班，可以穿休闲装；但如果是去给某公司员工讲课，那就得穿商务装了，最好是西服、衬衣、领带、皮鞋一整套。

其次，挑选材质。服装的材质大概有五大类：棉、麻、毛、蚕丝、化纤，当然，也包括它们之间的混纺。根据出门前目的地的不同，服装材质的挑选也应有所偏向。比如，长距离慢跑这类运动，所着服装的材质最好是纯棉；如果参加大型活动需要当众演讲，所穿西服最好是纯羊毛。

最后，挑选颜色。相比起款式和材质，颜色的内涵更大一些，因为每一种颜色，都象征着某种性格、情感和追求。另外，有权威的调查结果显示：人们对服饰的第一印象，颜色占 80%，款式占 20%，材质占 0%。所以，笔者就着装颜色这一话题展开来探讨一下。

从着装的角度来划分，颜色还可以分为基本色和点缀色。所谓的“基本色”就是服装搭配时最经典的底色，它不但不受流行风潮所影响，而且还极具包容力，几乎所有的颜色都可以与之搭配。基本色包含如下五种颜色：

白色。象征信任、纯洁、无私、善良、高雅。主题轻松类或者真情流露类的演讲，穿白色衣服更能赢得听众的信任。

灰色。象征知性、文雅、诚恳、和气、沉稳。在做培训的时候，高品质、线条精简的铁灰、炭灰、暗灰色衣服，往往最能在无形中散发出“知性”“智慧”“成功”等信号。

黑色。象征权威、神秘、坚定、执着、创意。在公开场合演讲时，黑色服饰不但能展现个人专业权威，还可以稳住人心、“Hold”住场面。

褐色。象征亲切、典雅、安定、和平、谦和。在一些主题性很强的演讲中，比如述职报告、募捐会等，穿上褐色衣服，就会让人觉得你很亲切、很友善，并有助于立即赢得信任。

蓝色。象征希望、自信、沉静、理性、务实。想充分表现自己的专业，赢得信任，并希望别人认真听你演讲时，你可以考虑穿蓝色衣服。

点缀色就是充分发挥个性的颜色。尽管在基本色的面前，它仅仅起到配角的作用，往往以搭配的身份出现，但它依然是视觉效果比较醒目的颜色。点缀色主要包含如下几种颜色：

红色。象征热情、开朗、积极、活力、喜庆。参加演讲活动时，红色是一种“你不得不注意我”的颜色，穿红色衣服出场，意味着此人激情上进，做事主动，并且富有野心。

粉红。象征温柔、甜美、舒服、温馨、喜悦。这是女性非常喜爱的颜色，对于一些主题性鲜明的演讲，粉红色着装可以软化攻击性、安抚浮躁。

黄色。象征活泼、聪明、明丽、欢愉、年轻。黄色也非常容易引人注意，若穿黄色衣服出场演讲，给受众的感觉会是，这场演讲主题大众化，内容通俗易懂。

绿色。象征爱心、清新、朝气、自由、安全。对于一些关于爱心的主题性演讲，穿绿色衣服出场，是一个非常不错的选择。

紫色。象征高贵、优雅、庄重、古典、浪漫。紫色是一个感情丰富、容易让人感动的颜色，它也是女性的专爱。穿浅紫色衣服的演讲嘉宾，往往给人一种形象优雅、性格温柔的感觉。

介绍了穿着的礼仪哲学之后，下面就跟大家分享关于穿着的心得。

三、男性演讲者穿着指南

对于一名男性演讲者来说，其穿着指南有如下这些：

1. 购衣的策略

圈内朋友聚会的时候，经常听到一些男性培训师这么说：“现在的西装真的是太贵了！像样一点的动不动就七八千甚至几万元。想买却买不起，不买嘛，职业的角色又要求你必须穿西装上台做演讲。”

听到这种话语的时候，笔者的第一反应是：这些朋友的购衣策略可能出现了问题。笔者认为，想买到合适的衣物，想穿出风采和魅力，必须改变自己的购衣观点。

对于一名男性演讲家也好，培训师也罢，第一条树立的购衣思想是：购衣是一种投资，而不是消费。也就是说，这个钱花出去是有回报的，并不是白白被浪费掉了。为什么这么说呢？因为你不改变自己的购衣观点的话，当你看到自己中意的衣物时，就会觉得东西很贵，就会陷入一个自相矛盾的怪圈：我看中的东西都买不起，我买得起的东西都没被我看中。试想一想，世间哪有那么多物美价廉的东西？

第二条购衣思想是：购买好的衣物就是等于给自己购买好的装备。为什么这么说呢？因为穿着好的衣服之后，你就能马上跟其他讲师拉开距离，树立起专业的职业形象；同时也立刻跟学员区分出来，确立起让学员崇拜的地位。

第三条购衣思想是：专物专用。也就是购买了这些比较贵的高档的衣物之后，只能在做演讲或培训的场合穿用，而平时不能穿着，哪怕是参加好朋友的婚礼或者出席隆重的聚会也不行。为什么这么要求呢？第一个理由是，衣物这么贵，经常穿的话，很容易旧；第二个理由是，这么做能体现你的专业态度和敬业精神。

好了！关于男性演讲者的购衣策略已经讲完，下面就是西装、衬衣、领带、皮鞋、袜子等衣物的选择方法和注意事项了，请各位朋友继续往下看。

2. 西装的选择

男演讲者在选择西装的时候，尽管考虑的方方面面有很多，但主要考虑的因素只有如下几个，比如版型、款式、面料、颜色、品牌等。现在对这些考虑因素进行详细的介绍。

（1）版型（见图 5–2）

图 5–2

所谓“版型”，指的是西装的外观轮廓。西装的常见版型一共有四种：

■ 欧版西装

欧版西装流行于欧洲大陆意大利、法国等国家。

欧版西装的基本特点是：倒梯形、肩宽、收腰、双排扣。具体一点说：欧版西服的基本轮廓是倒梯形，多为双排纽扣，而且纽扣的位置较低；衣领较宽，强调肩部和后摆，但不重视腰部；垫肩和袖笼较高，腰身中等，后摆无开衩。

欧版西装的特点刚好与欧洲男人比较高大魁梧的身材相吻合，比较苗条的男士选西装时，对这种欧版西装要三思而后行，因为肩宽达不到。

■ 英版西装

英版西装是欧版西装的一个变种。

英版西装的基本特点是：倒梯形、V 型衣领、单排扣。具体一点说，英版西服基本轮廓也是倒梯形，一般是三个扣子；多为单排扣式，衣领是 V 型且比较狭长；不刻意强调肩宽，但讲究穿在身上自然体贴；腰部略收，垫肩较薄，后摆两侧开叉。

英版西装的特点与盎格鲁—撒克逊人这个群体体征有关。因为盎格鲁—撒克逊人的脸型比较长，所以他们的西装领子也就比较狭长。如果你长得不高还略胖加小腹微微凸出，那最好别选它。

■ 美版西装

美版西装的基本特点是：O 型、宽衣大裤、单排扣。具体一点说，美版西装的基本轮廓是 O 型，外观上方方正正，宽松舒适，较欧版西装稍短一些；肩部不加衬垫，因而被称为“肩部自然”式西装；其领型为宽度适中的 V 型，腰部宽大，后摆中间开叉，多为单排扣。

美版西装的特点跟美国人的特点相符：强调舒适、随意。所以，美版西装往往以单件者居多，一般都是休闲风格。

■ 日版西装

日版西装的基本特点是：H 型、单排扣、后摆不开叉。具体一点说，日版西装的基本轮廓是 H 型；垫肩不高；领子较短较窄；不过分收腰，后摆也不开叉；多为单排扣。

日版西装非常适合亚洲男人的身材。

尽管说西装的版式有欧版、英版、美版、日版等几大流派，但这些款式之间的区别不大，只是在后开衩部位、纽扣的单双排、纽扣的数量、领子的宽度等方面有所不同。所以，笔者建议，对于演讲者来说，可以根据自己的身材来选择西装，身材高挑的，可以选择欧版的一粒扣或者两粒扣的西装；身材矮胖的，可以考虑选择日版的两粒扣或三粒扣的西装。

（2）款式（见图 5–3）

所谓“款式”，指的是西装的样式。在这里，西装款式的种类是按照西装的适用场合来划分的。一般来说，西装的款式分为两类：正装西装和休闲西装。

正装西装和休闲西装的主要区别为：正装西装是套装，而休闲西装多以单件形式出现；正装西装的兜是暗兜，而休闲西装的兜是明兜。

对于演讲者来说，当然要穿正装西装去做演讲了。休闲西装，只适合一些不是很正式的场合，比如周末加班、私人宴会等。

图 5–3

（3）面料

制作西服的常见面料有如下 7 种：

■ 纯羊毛精纺面料

这种面料为 100% 的羊毛。当然并非 100% 的纯羊毛，是为了改善纯羊毛西服的缺陷，在里面加入了少许涤纶等非羊毛成分。这样的西服质地较薄，表面光滑，纹路清晰，手感柔软而富有弹性，紧握布料后松开，基本无皱折现象。所以，它属于西服面料中的上等面料，通常用于制作春夏季西服。

■ 纯羊毛粗纺面料

这种面料为100%的羊毛。一般不加入其他成分，大多质地厚实，面料丰满，织纹清晰丰富，手感温和而富有弹性。它属于西服面料中的上等面料，通常用于制作秋冬季西服。

■ 羊毛与桑蚕丝混纺面料

这种面料一般是由90%的羊毛加上10%的桑蚕丝混纺而成。这种混纺面料，手感非常柔软，而且光泽度很高，它属于西服面料中的上等面料，这种面料制作成的西服，适用于结婚或者晚宴等场合。

■ 羊毛与涤纶混纺面料

这种面料一般是由70%的羊毛加上30%的涤纶混纺而成。因为毛料里面掺杂了一部分的涤纶成分，所以弹性非常好，不易产生折痕，穿在身上，在阳光下还闪闪发光。但是，这种面料的手感不及纯羊毛面料，只能属于比较常见的中档西服面料。

■ 羊毛与棉混纺面料

这种面料一般是由30%的羊毛加上70%的棉花混纺而成。总体来说，这类面料的光泽比较暗淡，精纺类手感疲软，粗纺类则手感松散；弹性和挺括感不及纯羊毛和毛涤、毛腈等混纺面料。但是价格比较低廉，维护简单，穿着也比较舒适，属于比较常见的中档面料。

■ 涤纶与粘胶混纺面料

这种混纺面料是纯化纤面料，质地较薄，表面光滑有质感，易成形而不易弄皱。它属于中档西服面料，适用于春夏季西服，常见于一些为年轻人设计的时尚品牌。

■ 化纤仿毛面料

这是以粘胶、人造毛纤维为原料制作成的仿毛面料。这种西装质地较差，光泽暗淡，手感疲软，缺乏挺括感；由于弹性较差，极易出现褶，且不易消退；还有，穿上之后给人感觉太过于死板。所以，在西装中较为少见，属于低档产品。

尽管西装的面料五花八门，但是在演讲的正式场合，西装的主要面料应当选择纯羊毛面料或者含羊毛比较高的混纺面料，比如，90% 羊毛加 10% 羊绒混纺、90% 羊毛加 10% 桑蚕丝混纺、90% 羊毛加 10% 兔毛混纺、90% 羊毛加 10% 亚麻混纺等，因为这样的面料悬垂感比较好，显得档次比较高，并且多次换穿，也不容易变形。

（4）颜色

演讲者一般穿单色的、深色的西装出场，颜色以深蓝、深灰、灰黑、黑色为宜，至于带有明显的条纹或者格子的休闲类西装，不太适合于正式的场合。当然，针对格子、条纹不明显的暗纹正装西装，也是可以考虑选择的。

具体来讲，黑色纯羊毛面料的西装必须拥有 1 套，它多应用于比较正式的场合，比如，婚礼、葬礼、演讲、授课等。深灰色羊毛与羊绒混纺面料的西装也必须拥有 1 套，除了葬礼之外，其他场合都适合穿。

（5）尺寸

我们都知道，在公众面前做演讲，对男演讲嘉宾来说，最好是穿西装，因为只有西装才能体现出男演讲嘉宾的成熟和知性。但是，若想穿出完美的西装造型，尺寸的挑选是非常重要的。而西装尺寸的挑选一般有如下五个步骤：

■ 试穿西装的时候，首先看看肩膀是否合身。因为西装是靠肩膀来撑起风度的，尺寸过小，颈部后面就会出现皱褶。

■ 其次，要看衣领后方至胸前部的剪裁是否伏贴平顺，因为线条的伏贴度是体现完美西装造型的必需条件。

■ 肩膀跟衣领合身了之后，接下来就是看看西装的大小了。怎么判断大小是否合身呢？标准是这样的：扣好西服上装的纽扣之后，如果能在胸部的部分放入半个拳头，那么这个西服上装的尺寸就是最适宜的尺寸。

■ 再接下来就是看袖长了。具体判断标准是：衬衫露出于西装袖口外 1 厘米左右，西装袖口至大拇指第一关节的长度为 10~11 厘米。

■ 最后是西装的长度。具体判断标准是：穿好西装站直之后，上装的下沿刚好在从喉结到皮鞋底之间的长度的一半处；下装（也就是西裤）的下沿，刚好在鞋跟中间的地方。

（6）数量

演讲者需要准备的西装一般是 4~5 套，不需要太多，也不能太少。纯羊毛精纺面料西装1套；纯羊毛粗纺面料西装1~2套；羊毛与羊绒混纺面料西装1套；羊毛与桑蚕丝混纺面料西装1套。其中，纯黑色西装2套，1套适用于春夏季，1套适用于秋冬季；1套为深灰色或者灰黑色；1套可以考虑为深色加浅条纹。

3. 衬衣的选择

男演讲者在选择衬衣的时候，要考虑如下几个因素，比如款式、领型、袖口、门襟、面料、颜色等。

（1）款式

如果按照不同风格来划分，衬衫可以分为四种：

■ 英式衬衫，也是我们最熟悉的那种款式，现在市面上常见的大多数衬衫都是脱胎于英式。

■ 美式衬衫，跟美式西服一样，比较宽松，袖肥身肥，剪裁不讲究和身体曲线相吻合。

■ 法式衬衫，是公认的最为优雅高贵的衬衫，以漂亮的叠袖和袖扣著称，主要用于搭配正装。

■ 意式衬衫，属于传统欧式服装中较为贵族化兼有浪漫气质的衬衫，主要用于搭配正装。

如果按照不同用途来划分，衬衫可以分为：正装衬衫、休闲衬衫、便装衬衫、家居衬衫、度假衬衫等不同款式。

由于衬衫在外形轮廓上的差别不是很大，无非是宽松或者修身的差异。所以，笔者想对衬衫的构件进行介绍，因为衬衫构件中关于领型、袖口和衣襟的选择，很值得广大演讲者注意。

（2）领型（见图5-4、图5-5）

衬衫是男人身份地位的体现，也是自身个性的彰显。男性演讲者在挑选衬衫的时候，除了款式、颜色、面料之外，衬衫领子更是需要注意的重要环节，因为衬衫最有变化和显现特色的就是衬衫的领子，常见衬衫领子的形状就有如下八种。

■ 标准领：即长度和敞开角度比较合乎标准的领子。大体上，领尖长（从领口到领尖之间的长度）在85~95毫米之间，左右领尖的夹角在

75° ~90°之间，领座高为 35~45 毫米。这种衬衣常见于各种商务活动中，是最普通的衬衫款式，颜色以素色为主，因而也最容易跟其他衣服搭配，同时还不受年龄因素影响，并且适合于任何脸型。

■ 长尖领：跟标准领相比较起来，这种领子比较长，可谓是又长又尖。它的颜色也通常是白色或素色。这种衣领的衬衫，一般以礼服出现，经常跟时尚款欧式西装搭配，给人一种很惊艳的感觉。

■ 纽扣领：即领尖被纽扣固定在衣身上的衬衫领。这是一种典型的美国风格衬衫，原本属于运动衬衫的款式，但现在也经常被当作西装衬衫穿用了。

■ 暗扣领：这种衣领比较特殊，左右领尖底部上均缝有提纽，左右衣身上均钉有纽扣，提纽把领尖固定到了衣身上。如果打领带，这时候，领带刚好从提纽旁边穿过，领结也刚好搁在两边的提纽之间，而领带略被挑起，非常好看。因为夹角较小，所以领带一般只能系普通结。

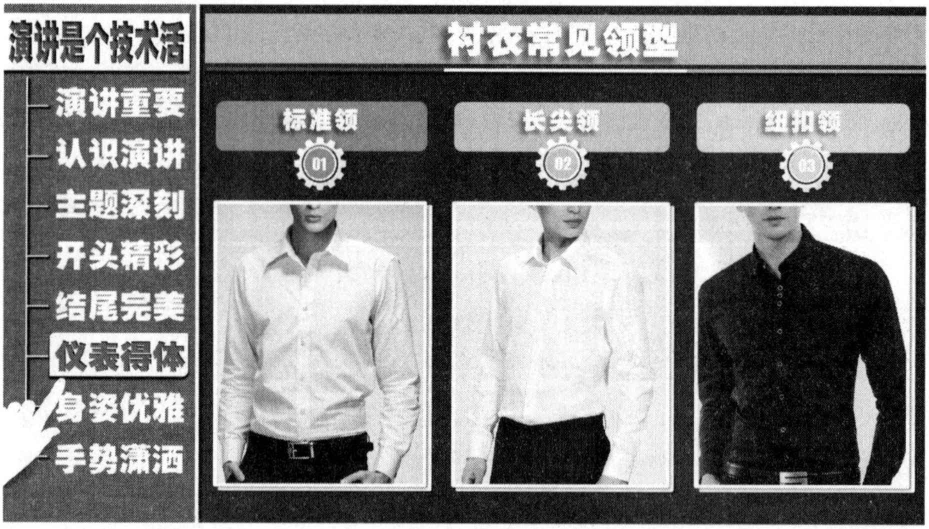

图 5-4

■ 敞角领：也叫宽角领，即左右领子的敞开夹角比标准领大很多，一般在 120~160 度之间；而领座也略高于标准领。这种衣领比较适合系温莎结的领带，这种衣领的衬衫一般与英式西服搭配穿用。

■ 温莎领：也叫一字领，即左右领子的夹角在 170~180 度之间。它是敞角领的进一步发展，所以，这种衣领一般系温莎结的领带，也因此而得名。

■ 立领：这种衣领也比较特殊，它只有领座部分而没有领页部分，领座直接立起，形似带子，因此又被称作中式领。这种衣领的衬衫一般不系领带，多与轻松活泼的休闲款西服搭配穿用。

■ 礼服领：又叫翼形领，是立领的变种。即立领的前领尖处向外翻折成小领页，形似鸟翼，因此而得名。这种衣领的衬衫一般与燕尾服、晨礼服、塔克西多礼服等配套穿用，一般系蝴蝶结而不系普通领带。这种衣领衬衫的前面衣身上，左右两边一般各有 12 道对称的 0.25 厘米细褶。

当然，衬衫的衣领还有双扣领、异色领、圆角领、小方领、针孔领等领型，但一般都不常见，所以就不再一一介绍。

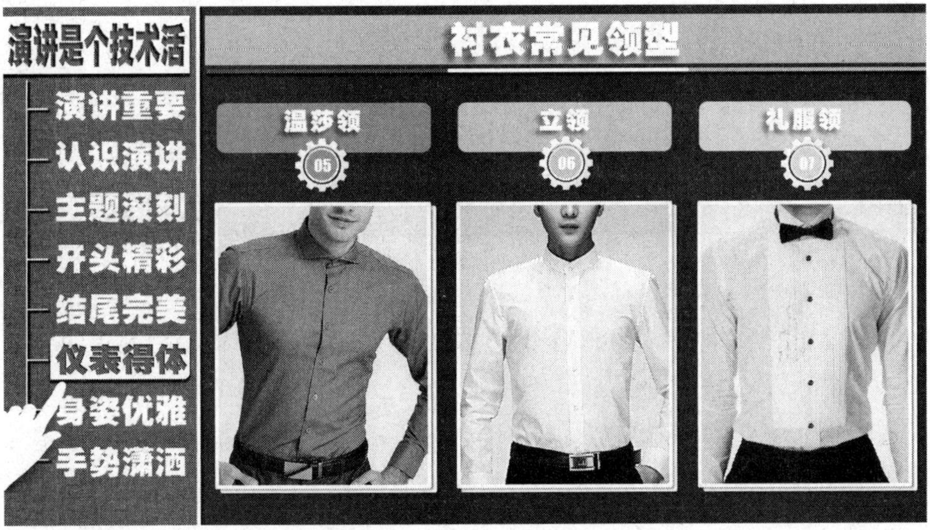

图 5–5

上面所介绍的八种常见领型衬衫，对于演讲者来说，该如何选择呢？笔者的个人经验是：一种情况是根据自己的脸型选择，比如，如果是圆脸，可以考虑选择长尖领衬衫，因为它可以弱化脸部过胖的缺陷；如果脸型较长，敞角领就是最佳的选择，它能给人一种稍微拉宽脸部的感觉；如果是椭圆形脸，那穿什么样领型的衬衫都行。另一种情况是根据搭配的西装来选择，比如，如果是时尚款欧式西装，长尖领衬衫是最佳的组合；如果是燕尾服，那只能搭配礼服领的衬衫；如果是休闲款西服，可以考虑搭配立领式衬衫。

（3）袖口（见图 5-6）

当与西服搭配穿着时，领子和袖口是衬衫唯一露在外面的部分，所以袖口也是在购买衬衫时需要注意的细节。如今普遍的衬衫袖口大致有如下五种：

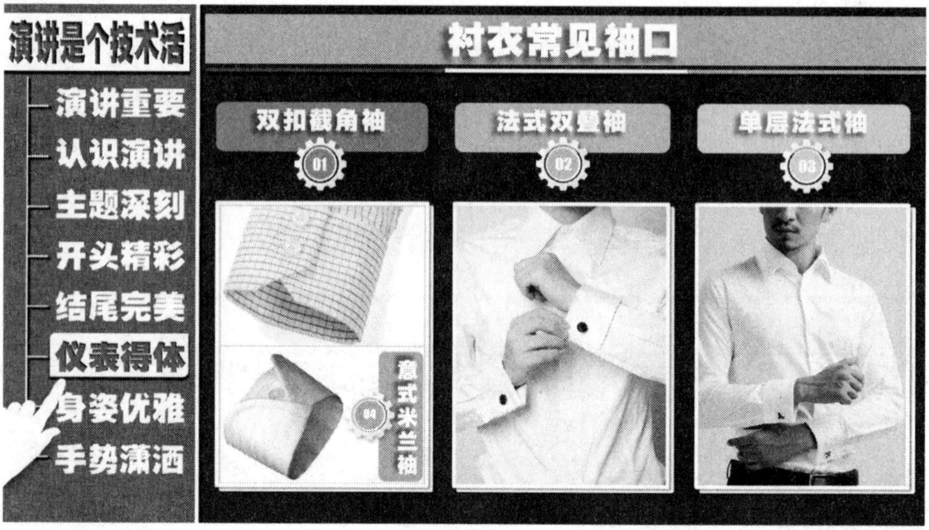

图 5-6

■ 单扣袖：即袖子上只钉有一粒纽扣。单扣袖还分为单扣圆角袖和单扣直角袖。单扣直角袖又叫单扣桶袖，这是最常见也是最标准的袖口，袖口部分一般被处理得比较硬（休闲款衬衫除外）。这种袖口的衬衫最容易搭配西装，只是没有特色而已。

■ 双扣袖：即袖子上钉有两粒纽扣。双扣袖还分为横排双扣圆角袖、竖排双扣圆角袖、横排双扣截角袖和竖排双扣截角袖。而竖排双扣截角袖又叫双扣斜袖，袖口处有两颗扣子，袖子末端有一个三角形剪裁，目的是为了搭配更大的手表。袖口部分同样被处理得较硬。

■ 法式双叠袖：这是双层袖子，翻过来的袖口被处理得较硬。这种袖子，另外需要搭配袖扣，才能锁住袖口。在西欧地区，法式衬衫有明确的阶层含义，在商业界穿着这种衬衫的人，至少是企业中层以上的管理人员。

■ 单层法式袖：这个是单层袖子，相比起普通的单扣桶袖，这种衣袖也是需要袖扣才能锁住袖口的。

■ 意式米兰袖：这种袖子也属于双层翻袖。如果说法式袖口是直角翻折，那么米兰袖则是圆弧形袖口翻折。不同的是法式袖口必须用袖扣闭合，而米兰袖依然用原本的衬衫的纽扣闭合。因此相比起法式衬衫的端庄高贵，米兰袖则多了意大利人骨子里的随性、浪漫和优雅。

说白了，男士衬衫袖口的款式无非有两种：一种不需要戴袖扣的，一种需要戴袖扣的；一种是单层袖子的，一种是双层袖子的。而双层袖子的看上去更加优雅、更有品位、更是身份的象征，因为穿这种双层袖口的衬衫是需要戴袖扣的，漂亮又品种繁多的袖扣，能够体现演讲者的个性和地位。

所以，演讲者可尽量挑选双层袖口需要袖扣的衬衫，袖扣最好是金属材质椭圆形的金色袖扣。当然，单层袖口需要袖扣的衬衫也可考虑挑选，虽然它没有双层袖口那么有特色。

（4）门襟（见图 5–7）

这里所说的门襟，即衬衫朝前正中的开襟部位，也就是带扣子的部位。常见的衬衫门襟只有如下三种：

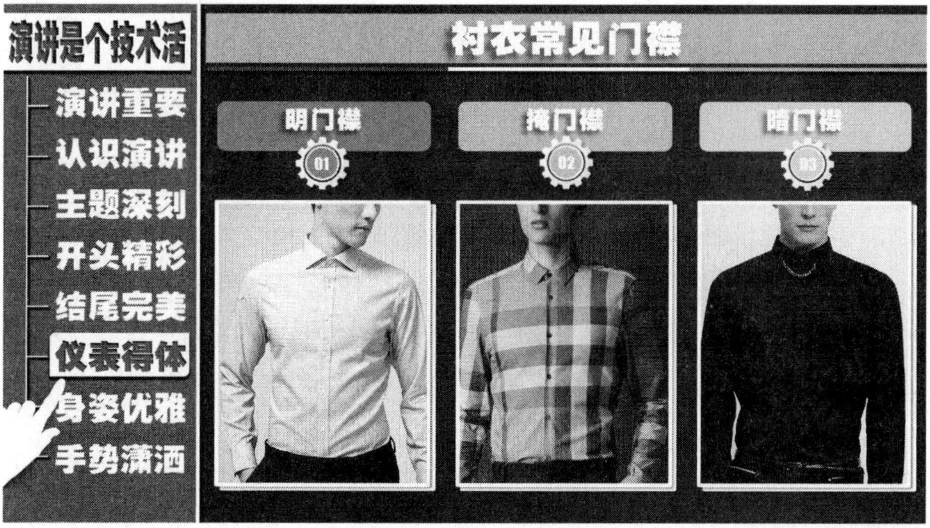

图 5–7

■ 明门襟：又叫传统门襟或者美式门襟。这种门襟其实是由两块布缝制而成，衬衫纽扣都是明面可见的，因此而得名。这种门襟常见于礼服衬衫中，现在比较流行的牛津衬衫也采用了这种门襟。

■ 掩门襟：也叫平门襟或者法式门襟。这种门襟是将布料向内折叠后缝制而成，这样一来，衬衫正面就看不到任何缝线了，但是，还是可以看到纽扣的。这种门襟经常出现在传统衬衫和休闲衬衫中，比较符合欧洲人的审美观。

■ 暗门襟：这种门襟也是由两层布缝制而成，跟明门襟不同的是，它下面的那层布负责扣纽扣，上面那层布负责遮住所有的纽扣，目的是让衬衫看起来更加简洁。近几年，暗门襟衬衫非常流行，而且服装设计师也一直钟情于对暗门襟衬衫的设计，不断将其极简化以期达到最干净、最整洁的境界。

在上述三种门襟的衬衫中，作为演讲者，除了要有明门襟衬衫之外，还必须拥有 1~2 件暗门襟衬衫。笔者的体会是：这种款式的深色衬衫，特别是在夏天，作为单件穿在身上出现在公众面前进行演讲时，会给人一种非常时尚、非常知性的感觉。

（5）面料

衬衫的面料非常多，一般可以分为天然面料和非天然面料。天然面料包括：棉、麻、羊毛、兔毛、蚕丝、石棉等。非天然面料包括：黏胶、天丝、莫代尔、竹纤维、锦纶、涤纶、腈纶、氨纶、莱卡、玻璃纤维、金属纤维等。

如果一定要按照等级给他们排列的话，顺序如下：

普通化纤 < 一般棉、麻 < 莱卡、天丝、混纺、长绒棉、柞蚕丝 < 羊毛、桑蚕丝 < 羊绒、驼绒、羊驼绒、重磅桑蚕丝。

但是，作为演讲者，应该挑选纯棉或者含棉量较高的衬衣。因为棉质面料的透气性好、吸汗效果也很好，不但穿起来舒服，而且洗涤多次也不容易褪色变形。

（6）颜色

男演讲嘉宾的衬衫，颜色应以单色为主，例如，白色是最佳也是最安全的选择，当然，浅蓝色、浅灰色、深红色也可以。但最好不要穿淡紫色、桃色，或者格子、圆点及宽条纹的衬衫，除非你的身份是艺术家。

（7）尺寸

在购买纯棉衬衣的时候，请记住：领子和袖子的尺寸一定要比自己实际的大 1.5 厘米，以防洗过后会缩水。

另外，挑选衬衫时，如果扣上扣子后觉得很紧绷，或者胸前皱成一团，那再高档的衬衫也风采尽失了。相反，如果胸围合适，衬衫穿上去就会显得特别挺直。所以，挑选衬衫时，胸围是必须要考虑的因素之一。

所以，演讲者在试穿衬衫、扣上衣扣的时候，必须抬起双臂，看看胸前衣服是否绷得太紧。当然，也不是衬衫的胸围越大就越好，毕竟修身款衬衫永远是演讲者的挚爱。

（8）数量

相比起西装的数量，衬衫可以多买几件，最少是 5~7 件。长尖领、标准领白色衬衫各 1 件；标准领浅蓝色衬衫要 1 件；蓝色方格衬衫要 1 件；深红色条纹衬衫也要 1 件。

4. 领带的选择

男演讲者在选择领带的时候，要考虑如下几个因素，比如款式、领型、面料、颜色、图案等。现在对这些考虑因素进行详细的介绍。

（1）款式（见图 5–8）

相比起西装和衬衫的款式，关于领带外形的款式就很少了，无非是三种，它是按照领带的宽度（大头宽）来分类的。

一种是宽版商务型领带，也叫标准领带，就是领带最宽的地方（大头宽）在 9~12 厘米之间，标准宽度是 9.5 厘米。这种领带一般适用于商务外交、商务谈判、培训演讲、上班等正式场合，给人的感觉是低调、大气、沉稳。这种领带适合的年龄段在 35~65 岁之间，上了年纪的男士都比较钟爱这种宽度的领带，国家领导人出席活动所戴的领带也多是这种。

一种是窄版时尚型领带，领带最宽的地方（大头宽）在 6~8.9 厘米之间。这种领带适用于年轻人上班、面试、参加宴会、结婚典礼、演讲培训等场合。它的特点是时尚秀气、阳光活跃、不显呆板等。这种领带适合的年龄一般在 8~35 岁之间，是目前市场上比较流行的一种款式。

还有一种是超窄休闲型领带，领带最宽的地方（大头宽）在 3~5.9 厘米之间。这种领带一般跟休闲西装搭配。这种领带属于 90 后年轻一代比较喜欢的款式。它的特点是狂放不羁、随意搭配，比较自由洒脱。

另外，领带下端还有箭头与平头之别，前者为倒三角形，比较传统，适用于各种场合，尤其是公众演讲的场合；后者为平头状，比较时髦，适用于非正式场合。

至于领带的长度，这是有个固定的尺寸的，一般在 145 厘米 ±2 厘米之间。因为只有这样，当领带打完之后，领带下端才能刚好落在皮带扣上。

最后，总结一下：作为演讲者，我们在挑选领带的时候，要以宽版商务型领带为主，当然也可以挑选窄版时尚型领带，至于超窄休闲型领带，还是不选为妙。同时，尽量不要选平头状领带。

图 5-8

（2）面料

最高档也最正宗的领带面料是真丝和纯毛。具体来说，还可以分为 100% 的桑蚕丝，100% 的涤丝，100% 的羊毛，50% 的桑蚕丝 +50% 的涤丝，50% 的桑蚕丝 +50% 的羊毛等。

为什么要选择桑蚕丝领带呢？因为桑蚕丝领带，色彩润泽、柔和，手感细腻；为什么选择纯羊毛领带呢？因为纯羊毛领带，手感滑润，蓬松丰满，富有弹性。

至于其他尼龙、棉布、麻、皮革等材料，大多不适合于当众演讲或者培训授课等正式场合使用。另外，甄别一条领带是否上档次，主要是看起来是否有质感，摸一下是否有手感。具体挑选方法为：抓住领带的任意一端轻轻拉一下，看看是不是很快就能恢复原形。

（3）颜色

从色彩学的角度来说，领带有单色、多色之分。单色领带多用于公众演讲等隆重的社交场合，并且以蓝色、灰色、黑色、棕色、紫红色、黄色最受欢迎；多色领带一般一条领带不超过三种色彩。现行的规则是：喜庆等场合打紫红色领带，日常活动中的领带则应与西装同色系。

（4）图案（见图 5–9、图 5–10）

领带的颜色除了整体一种颜色、多块拼接起来两三种颜色之外，还有规则的颜色形式——图案。

最常见的领带图案有方格、斜纹、圆点、碎花、横线、垂直线、波纹线等，并且它们多有一定的寓意，比如，方格代表热情，斜纹代表果断，圆点代表关怀，碎花代表体贴，横线代表平稳，垂直线代表安逸，波纹线代表活泼等。

当然，领带上的图案不止这些，比如，还有印着人物、动物、植物、房屋、景观、广告、公司 LOGO、家族徽记等图案，但这些领带仅适用于非正式的场合。一般来说，用于公众演讲等正式场合的领带，其图案应该是有规则的。特别是斜纹图案领带和方格图案领带，都是众多演讲家的挚爱。

图 5–9

图 5-10

（5）数量

对于一位需要经常做当众演讲的演讲者来说，领带一般要准备至少7条。

材质分配：纯羊毛材质的 2 条；100% 桑蚕丝材质的 2 条；桑蚕丝混羊毛的 2 条；桑蚕丝混其他材质的 1 条。

颜色分配：接近黑色的净色、斜纹、方格的各 1 条；接近红色的净色、斜纹、圆点的各 1 条；接近黄色的净色或者有图案的 1 条。

5. 皮鞋的选择

男演讲者在选择皮鞋的时候，要考虑如下几个因素，比如款式、面料、颜色等。现在对此进行详细的介绍。

（1）款式（见图 5-11）

皮鞋的款式一般分为运动类、休闲类、商务类等三大类，而演讲者一般是不穿运动类、休闲类的皮鞋上台当众演讲的，所以，以下只对适合演讲者穿用的商务类皮鞋进行具体介绍。

与男演讲者的正装相匹配的商务类皮鞋主要有如下四种：

■ 牛津鞋

牛津鞋，原本是流行于 17 世纪英国牛津大学校园里的男生制服鞋，现在却成为商务场合中男士第一正式的商务款皮鞋，是商务男士鞋柜中必不可少的款式。

牛津鞋的三大特征是厚底、高跟、绑带。牛津鞋的鞋面通常由两大块皮革拼接而成，在鞋面打三个以上的孔眼，再以系带固定，而鞋子的整个高度一般要低于脚踝部。

正式的商务场合，比如出席晚宴、做主题演讲等，最好选择一双漆皮牛津鞋。牛津鞋比较容易搭配，除了棕色西装之外，可以与任何颜色的西装混搭。

■ 僧侣鞋

僧侣鞋又叫孟克鞋。此鞋历史久远，原是僧侣们的专用鞋子，18 世纪曾经在法国广为流行，一度得到了皇室的宠幸，现在是商务场合中第二正式的正装皮鞋。

僧侣鞋的主要标识是鞋面上有一个宽大的配有金属环扣的并压在鞋舌之上的横带，这个起到装饰作用的横带被叫作“Monk-Strap”（僧侣带），它就是这款皮鞋名称的由来。

由于这条横带与其搭扣可以做出各种各样别出心裁的变化，于是僧侣鞋的款型也比其他正装男鞋更具设计感。所以，它也是商务男士鞋柜中必不可少的款式。

■德比鞋

德比鞋是在欧洲非常流行的一款绑带皮鞋。

德比鞋的特点是鞋舌与整个鞋面采用了一张皮革，两片鞋耳之间用鞋带固定并留出一定的距离，目的是便于调节穿着后的松紧程度。相比起鞋耳是紧紧相对、不能调节距离的牛津鞋来，德比鞋给人的体会是更加恬静、更加舒适，长时间商务工作也没有任何不适感，况且这款皮鞋高贵低调而不失内涵，所以，德比鞋也是商务男士必备的重要鞋款，是商务场合中第三正式的正装皮鞋。

德比鞋除了适用于正式的商务场合之外，它也适合出席商务休闲或者商务旅行之类的活动。它相对于传统黑色牛津鞋的正装搭配更具有灵活性。

■ 乐福鞋

乐福鞋，也叫浅口便鞋，多指无鞋带的平底皮鞋或者低帮皮鞋。换一种说法就是，它保留了传统皮鞋的基本款型，但是却没有鞋带。

乐福鞋的特点是易穿易脱，是男性休闲鞋款中的经典款式，是轻松商务活动的最佳选择。当然，乐福鞋也可以与正装搭配，它被公认是商务场合中第四正式的正装皮鞋。

图 5-11

（2）面料

皮鞋的面料有牛皮、猪皮、羊皮、鳄鱼皮、蟒蛇皮、人造皮等。其中，鳄鱼皮、蟒蛇皮比较高贵，猪皮档次比较低，人造皮质量不是很好，羊皮适合于女性，所以，最适合于男性演讲者的皮鞋面料就是头层牛皮。

（3）颜色

适合于公众场合的皮鞋颜色有两种：黑色和棕色，而黑色更加适合于正式的场合。

（4）数量

对男演讲者来说，最少应备有两双皮鞋，一双为黑色的牛津鞋，一双为棕色的德比鞋。

6. 袜子的选择

男演讲者在选择袜子的时候，要考虑几个因素，比如款式、材质、颜色等。以下就对这些因素进行详细的介绍。

（1）款式（见图 5–12）

跟皮鞋款式的分类一样，袜子的款式也分为商务袜、运动袜、休闲袜这三大类。相比起商务袜和休闲袜来，运动袜的不同之处是它的材质里面通常都添加了耐磨性非常好的锦纶。据科研研究得知，锦纶的耐磨性是棉纤维的 10 倍，是干态粘胶纤维的 10 倍，是湿态纤维的 140 倍。所以，运动袜是耐磨性最好的袜子了。至于休闲袜呢，它的材质跟商务袜差不多，只是颜色图案鲜艳一些。所以，在这里，笔者只对适合演讲者穿用的商务袜进行具体的介绍。

商务袜也称绅士袜，它基本上都是单一深色、略带光泽的筒袜。它的特点可以概括为“外观简洁，颜色简单”。而与男演讲者的正装、商务鞋相匹配的商务袜主要有如下三种：

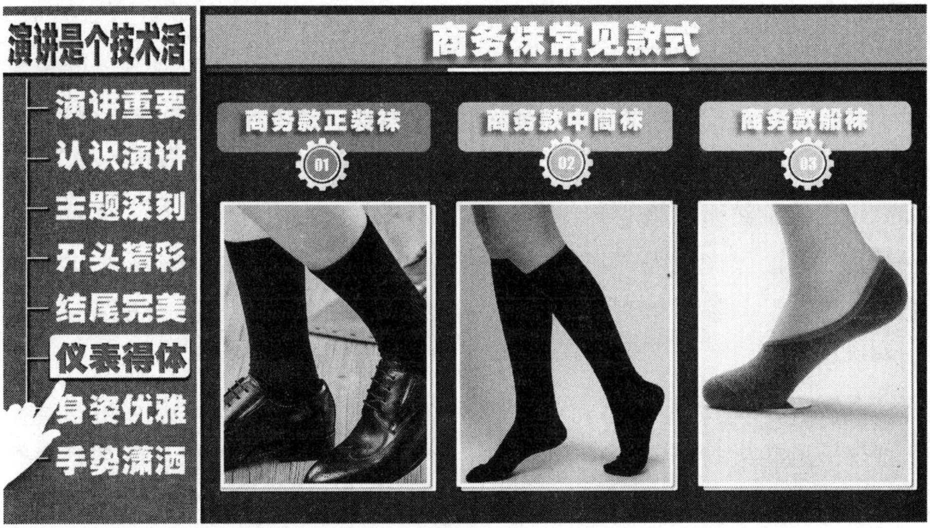

图 5–12

■ 正装袜。正装袜是出席商务场合的第一正式的商务袜子。这种袜子大多是以单色或者简单规则图案的形式出现的。从袜子的长度上来说，它的长度一般是刚好超过脚踝三寸，大约在脚踝到膝关节之间距离的三分之一处。

■ 中筒袜。中筒袜又叫及膝袜，也就是袜子的长度到达膝盖下沿或膝盖偏下的位置。说白了，中筒袜就是正装袜的加长款。穿中筒袜的好处就是当你跷二郎腿的时候，永远不会露出你那浓密的长长的腿毛。所以，中筒袜被公认为是出席商务场合的第二正式的商务袜子。

■ 船袜。船袜的袜口一般在脚踝以下，所以又叫踝袜或者隐形袜。船袜最早起源于日本，那时候它还只在屋内穿用，直到 19 世纪 80 年代初才成为户外穿着的袜子，并且只有姑娘在打网球的时候才会穿用。而现在，很多男士也非常喜爱穿船袜，因为它不仅能制造出一种没穿袜子的视觉效果，更能给人一种狂放不羁、干净利落的感觉。

（2）材质（也就是面料）

商务袜的材质有两大类：一类是天然纤维，包括棉、麻、桑蚕丝、莫代尔、竹纤维等；一类是人造纤维，包括氨纶、锦纶、腈纶、涤纶等。

在天然纤维里面，棉材质还分为全棉、精梳棉、丝光棉这三种。而在这三种棉纺织品当中，所谓的全棉纺织品是根本不存在的，因为含棉 100% 的话，就没有弹性了，既不结实也不耐穿。所以，含棉量在 75% 以上的袜子就可以被称为纯棉袜子了，含棉量在 85% 的袜子就是非常高档的纯棉袜子了。至于精梳棉呢，它是经过机器去除了普通纤维中较短的纤维后留下较长的并且整齐的棉纤维织成的，由于去除了短的棉纤维和其他纤维杂质，所以用精梳棉纺织出来的面纱比较细腻，制造出来的袜子手感也比较光滑舒适。另外的丝光棉呢，它是由将普通的棉纤维经过在浓碱溶液中进行丝光工艺处理后的棉纤维织成的。这种棉纤维光泽度非常好，比较闪亮，而且不易起皱。

在天然纤维里面，竹纤维也是一种不错的材质。竹纤维当然来自竹子，这种材质的纺织物不但具有柔软飘逸、手感舒适的特点，而且还具有耐磨不起球、吸湿、快干和透气的特色。同时，竹纤维还有一个有别于棉、木等粘胶纤维之处，那就是它具有很好的抗菌性能和保健作用。所以，近年来竹纤维袜子非常流行。

在天然纤维里面，还有一种比较好的材质，那就是莫代尔。它是将欧洲榉木经打浆、纺丝而成的。这种材质具有丝绸般的光泽，有悬垂性好、手感柔软滑爽等特色。所以，莫代尔成分比例高的袜子，近年来也非常流行。

在天然纤维里面，桑蚕丝是一种又贵又好的材质，它是熟蚕结茧时分泌丝液凝固而成的连续长纤维，也称“天然丝”。这种材质做成的袜子不但有柔软贴脚、保暖透气、绿色健康的特性，而且它的吸湿性是纯棉的 1.5 倍，是羊毛的 1.8 倍。所以，桑蚕丝袜子能保持皮肤水分的平衡，对皮肤干燥者有很好的保健作用。

在人造纤维里面，莱卡和氨纶是同样的一种东西，俗称弹性纤维。它拉伸的长度可以达到原纤维的5~7倍，袜子加入这种成分之后就可以保持原来的轮廓，穿久了也不会变形。

在人造纤维里面，尼龙和锦纶也是同样的一种东西。这种合成纤维弹性好、重量轻，更重要的是它非常结实而且十分耐磨，它是合成纤维中耐磨性最好的一种。

关于袜子各种材质的特性，可以这么说，商务袜的材质决定了它的外观、舒适感等评判指标。一般来讲，好袜子的天然纤维含量必须在60%以上。既然如此，那作为演讲者，应该优先选择哪一种材质的袜子呢？笔者的建议如下：麻袜子比较吸汗，但它的光洁度和平整性欠佳；桑蚕丝袜子高档挺括，但成本颇高。而以丝光棉为原料的商务袜不仅具有纯棉、吸湿、透气的天然特性，而且还具有光洁平整、柔软抗皱的优点。所以，丝光棉袜是我们的最佳选择。

（3）颜色

正规的商务袜一定是纯色系的，首先要求是单色，其次要求不透明。也就是说只有一种颜色、没有提花、印花或者其他图案。因为纯色的商务袜才能给人一种正式、严肃的感觉。

至于具体是什么颜色呢？这个要看西裤和皮鞋的颜色了。穿着的要求是这样的：袜子的颜色要与西裤、皮鞋的颜色相同或者相近，最好是介于西裤和皮鞋之间，即比西裤颜色深、比皮鞋颜色浅。例如，皮鞋黑色、西裤灰色、袜子深灰色（相近法）；皮鞋黑色、西裤深灰色、袜子黑色（相同法）。

当然，在出席演讲等商务活动中，也可选一双袜筒上有简单提花（花的颜色与袜子的颜色区别不大）的商务袜，以展示个性。但是，切忌过于花哨，或者以休闲袜或运动袜代替。另外，温馨提示一下：最好不要选择白色的袜子。因为白袜子搭配黑皮鞋的话，对比度强，很容易引起对方注意脚部而不雅观。而且对西方国家来说，黑皮鞋+白袜子=蓝领阶级，与演讲者的商务身份不匹配。

（4）数量

对男演讲嘉宾来说，最少应备有6双袜子。两双黑色纯棉袜子；两双灰色或者深灰色纯棉袜子；两双黑色的莫代尔或者桑蚕丝袜子；当然，还可以再备多两双其他颜色或其他材质的袜子。

对男性演说家的衣着要求，关于西装、衬衫、领带、鞋子、袜子应该如何选择，已经讲完了。当然，男演说家的衣着要求还包括公文包、皮带、腕表、戒指、眼镜等配件的选择。但是，这些已经不是重点了，所以，在此就不再多作讲解了。

四、女性演讲者穿着指南

对于一名女性演讲者来说，其穿着指南有如下这些：

1. 购衣的策略

参加圈内朋友聚会时，经常听到一些女讲师这么说："我的衣柜里有很多衣服，但平时总是穿不出自己想要的风格，特别是遇到要登台演讲的时候，更是一筹莫展：到底穿哪一件衣服才比较好呢？！"

其实，要想真正地穿出魅力、穿出风采，女性朋友是需要掌握一些购衣策略的。比如，购买衣服的时候，你完全可以根据这三条标准来选择：你需要的、你喜欢的、适合你的。如果这三条没有完全具备，那你最好先别掏钱包。

如果再对这三条选择标准展开讲解，那就是：没有季节之分的衣服值得投资，因为它们一年四季都可以穿；一件品质精良的白衬衣，你必须拥有，因为它跟任何衣服都可以搭配；轻薄的羊毛或者羊毛混纺，再加上一点弹性、轻薄的针织衫，也是你必须考虑的；至于会让你脸色变暗或者身体变胖的衣服，则尽量不要。

以上是关于女性演讲者购衣策略的简单介绍，那接下来就女性演讲者关于套裙、衬衣、皮鞋、袜子等衣物的选择方法和注意事项作一一讲解。

2. 套裙的选择

女演讲者在选择套裙的时候，尽管考虑的方方面面有很多，但主要考虑的因素只有如下几个，比如款式、领型、面料、颜色等。现在对这些考虑因素进行详细的介绍。

（1）款式

女士的正装包括三大类：套装、套裙、连衣裙。套装是指由上衣和裤子组成的成套的服装；连衣裙是指经精心设计、由上衣和裙子连成一体的裙装；套裙是指由上衣和裙子组成的成套的裙装。而套裙还可以分为两大类，第一类是普通套裙，其中的一种是女式西装上衣和随便的一条裙子进行自由搭配组成的随意裙装；还有一种是普通上衣和普通裙子成套设计、制作而成的成套裙装。另一类是西装套裙，也就是女式西装上衣和西装裙子成套设计、制作而成的成套裙装。

讲完相关概念后，接下来对套裙进行详细的分类。因为套裙才是职业化的象征，更能让职场女性显得专业和干练。

我们先对套裙的裙子进行分类，套裙一般分为两种类型。一种是直裙，也就是从腰部开始自然垂落的筒状或者管状的裙子。另一种是斜裙，也就是由腰部至下摆斜向展开呈扇形的裙子。

直裙是一种结构比较严谨的裙装款式。这种造型能让穿着者展现出端庄优雅的个人形象，但是它的动感性不强。详细讲解起来，它还细分为如下几种款式（见图 5–13）。

■ 西装裙。它一般与西装上衣或者衬衣配套穿用，因此而得名。在裁剪上，它通常采用收颡、打褶等方法使腰臀部合身；长度在膝盖上下变动；为了便于活动，多在裙子的前后打褶或者开叉。

■ 一步裙。穿着这种裙子之后，只能迈开差不多一步的距离，只能走，不能跑，不能做太多的身体动作，因此而得名。这种裙子非常有女人味，一般多在办公室中穿，很少有人在日常生活中穿着。

■ 旗袍裙。通常指左右侧缝开叉的裙子，因造型与旗袍中腰以下部分相同而得名。旗袍裙基本保留了旗袍修长合体、优美流畅的风格，裙长一般在膝盖以下，下摆微收，开叉长度以满足基本的腿部活动量为准，深受女性朋友的欢迎。目前，旗袍裙既有连衣裙的款式，也有套裙的款式，样式繁多。

■ 围裹裙。它是指没有拉链也没有纽扣，只依靠腰带来勒紧衣服的裙子，因造型很像用布料把身子包裹起来而得名。围裹裙整体造型很显气质，既富有美感又能修身显瘦，给人一种闲散优雅的感觉，很受职场女性的欢迎。围裹裙有连身款和半裙两大类，样式也较多。

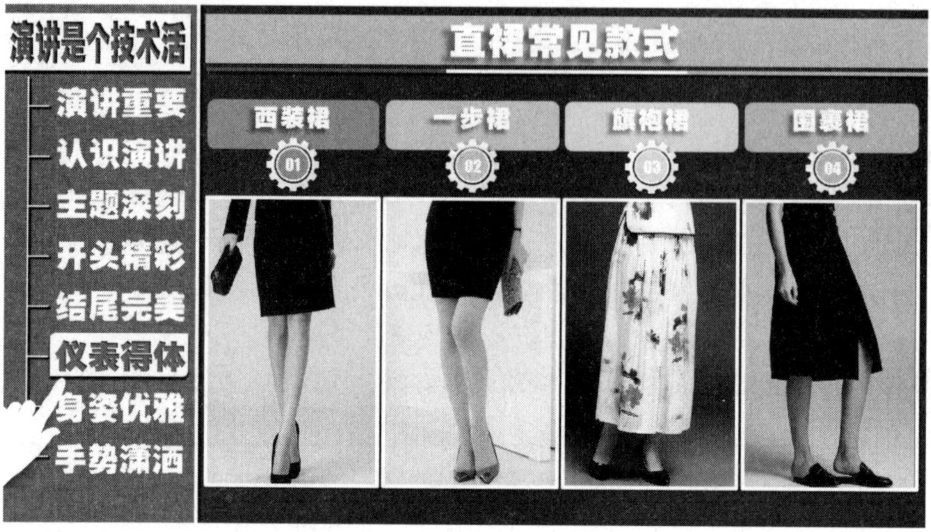

图 5–13

斜裙是一种结构比较简单，而动感性非常强的裙装款式。细讲起来，它还细分为如下几种款式（见图 5–14）。

■ 喇叭裙。它是裙体的上部分与人体的腰臀部紧密贴附，从裙腰到下摆开始斜向展开，像盛开的喇叭花而得名。这种裙子具有很好的流动美，应用范围非常广泛，根据使用面料的变化，从日常生活场合到商务办公场所均有款式适用。

■ A 字裙。它是一种腰部贴身而裙边逐渐变宽的半截裙或者连衣裙，因造型像字母“A”而得名。这种裙子穿在身上显得人很阳光，但不适用于太成熟的女性。

■ 钟形裙。是指外形似钟的裙子。它是腰部常以褶饰使裙体蓬起，而内部加衬里或者亚麻布质的衬裙。这种裙子，由于造型独特，穿在身上很有女王范而且气场十足，所以，它也深受部分女性的喜爱。

■ 百褶裙。它是指裙身由许多细密、垂直的皱褶构成的裙子。这种裙子的每个裥距在 2~4 厘米之间，少则数百褶，多则上千褶，因此而得名。这种裙子虽然制作比较复杂，但是造型美观漂亮，也很受女性的追捧。

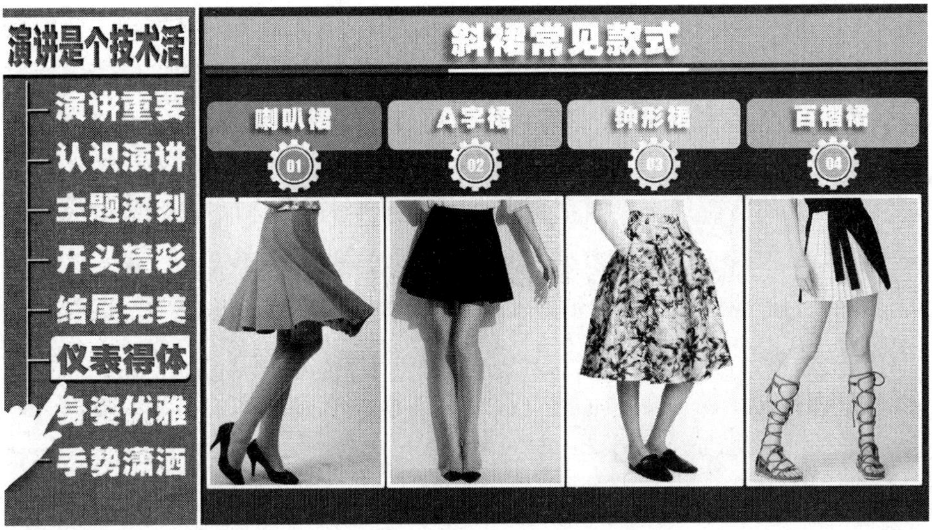

图 5–14

（2）领型

在挑选套裙的时候，除了裙子的款式这个重要的因素之外，上衣的领型也是很值得注意的地方，因为领型跟你的脸型、脖子长短粗细都关系紧密。比如，如果你的脖子有点短，就不能挑选高领的套裙，理由是高领套裙会让你的短脖子看起来好像是完全没有了。所以说，挑选套裙的时候，必须好好考虑一下上衣领型的问题，它跟套裙的风格虽然没有必然因果关系，但跟穿着者的脸型是有直接关联的。

上衣领型分为两大类：一类是西装套裙上衣的领型，另一类是普通套裙上衣的领型。

穿西装套裙一般需要穿打底衫，西装套裙上衣的领型一般分为如下四种（见图 5–15）。

■ 平驳领。平驳领是翻驳领的一种，它的典型特征是，在西装衣领与翻领交界的地方，也就是西装翻领上有一个 75~90 度角的楔形小缺口。平驳领是单排扣西服的标准制式，在所有类型的翻领中，它的制服是最普遍并且最受欢迎的，因为它适合的场合非常多，例如出席演讲、参加宴会等，十分实用。

■ 戗驳领。戗驳领也是翻驳领的一种，它的典型特征是，在衣领与前襟翻领交界的地方，前襟翻领的尖角直指西装的肩部。戗驳领多用于双排扣上衣，它是制作费用最为昂贵的一种翻领，并且非常需要技巧。戗驳领看上去更加时尚，多用于无尾正式、半正式的礼服，运用场合以婚礼、宴会优先，办公、演讲等商务场合也适宜。

■ 青果领。青果领又称连衣翻驳领，是驳头及领面与衣身相连的一类衣领。可以这么说，青果领是翻驳领的一种变形，因领面形似青果形状而得名。青果领最初用于维多利时期的吸烟装，现今多用于无尾正式、半正式礼服，常运用于婚宴、红地毯等场合，当然，一些商务场合，比如演讲会、高端论坛也适用。

■ 立领。所谓的立领是指直直挺立着而没有翻过来的衣领，所以立领有时候也叫高领。立领的主要特点是简洁、利落、挺拔。所以，立领西装套裙非常能体现出女性修长、高挺的身材。立领多用于西装套裙，适合各种商务场合。

图 5-15

普通套裙可能不需要穿打底衫；普通套裙上衣的常见领型一般有如下四种，以下对其进行一一介绍（见图 5-16）。

■ 一字领。一字领是开口最大的衣领，因领口像“一”字而得名。一字领能完美地将女性修长的颈部和漂亮的锁骨都展现出来，但也是由于暴露太多了，所以，这种衣领的套裙不太适合在公众面前做演讲等商务场合。

■ 圆型领。圆型领是最常见的衣领，这种衣领跟圆形的脖子非常匹配，所以，这种衣领的套裙是最普遍的，也是职场女性的常备款式。值得说明的一点是，这种衣领几乎适合所有的场合。

■ U 型领。U 型领其实就是圆型领变长了。这种衣领没有圆型领那么保守，能将自己白皙的胸前完美地展现出来。所以，这种衣领适合的场合也非常多。

■ V 型领。V 型领就是领口像“V”字的衣领。这种领子非常有特色，能展现出更长的胸骨，但不会暴露更多的胸部。所以，这种领型的西装套裙被很多女性朋友所追捧，并且这种款式适合的场合也非常多。

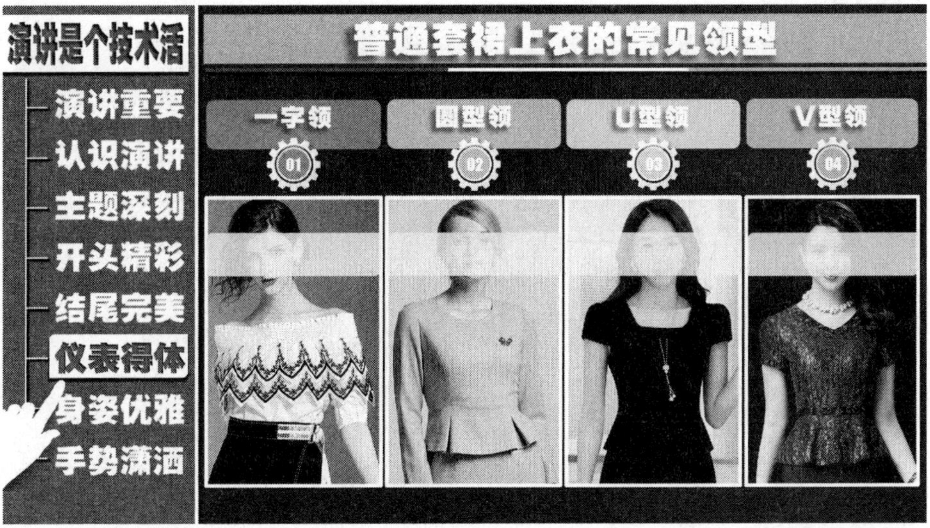

图 5-16

虽然上文介绍了套裙的上衣和裙子各有八种之多，但是，在笔者看来，重要的公众演讲场合中，供女演讲者选择的套裙并不是很多。一般来讲，平驳领的西装上衣和西装裙组成的套裙、青果领的西装上衣和西装裙组成的套裙是最佳的选择，立领的西装上衣和一步裙组成的套裙也不错。当然，高质量的连衣裙、西装套装（即由西装上衣和西装裤子组成）也可以选择。至于普通套裙，则可能效果不佳。

（3）造型

上文已经用大量笔墨去讲解套裙的上衣和裙子的款式，现在把上衣和裙子结合起来做一简单的介绍，也就是裙子有哪些造型。笔者认为，套裙的造型可以概括为如下四种：

■ H 型。也就是上衣比较宽松，而裙子为直筒式。这种裙装的目的是让着装者显得优雅、含蓄，能有效地遮盖着装者较胖的身材。

■ X 型。也就是上衣比较紧身，而裙子为喇叭状。这种裙装的目的是突出着装者那凹凸有致的身材，特别是能有效地显现出着装者那纤细的腰部。

■ A 型。也就是上衣比较紧身，而裙子为宽松式。这种裙装能够体现出上半身的身材优势，又能适当地掩盖下半身的身材劣势。

■ Y 型。也就是上衣比较宽大，而裙子为紧身式。这种裙装能有效地遮掩上半身的身材短处，但能完美地表现出下半身的身材长处。

（4）面料

关于西装各种面料的特性，在前文的男士西装里面已经详细做过介绍，在此，笔者不再重复讲解，毕竟男女西装的面料差不多，现只对这些面料做个简单的总结：

■ 纯棉

优点是吸湿性好、透气性佳；缺点是易缩易皱、须常烫熨。

■ 化纤

优点是色彩鲜艳、质地柔软；缺点是吸湿性差、透气性差。

■ 真丝

优点是轻薄合身、高贵典雅；缺点是易生褶皱、褪色较快。

■ 呢绒

优点是防皱耐磨、手感柔软；缺点是洗涤困难、夏装不宜。

■ 纯毛

优点是手感柔软、富有弹性；缺点是价格昂贵、夏装不宜。

■ 混纺

吸收了各种材质的优点，又避免了各种材质的缺点，并且在价格上也相对较为便宜。所以，混纺面料常常是女性着装面料的首选。

（5）颜色

套裙颜色的选择应以冷色调为主，尽量不选鲜亮抢眼的颜色，因为这样才能体现出着装者的端庄和稳重。

与男士西装不同，女士套裙不一定非要深色不可。各种加入一定灰色的颜色都可以选择，比如，炭黑色、藏青色、烟灰色、茶褐色、紫红色、米黄色、乳白色（见图 5-17、图 5-18）等。而炭黑色、藏青色、烟灰色一般适合于成熟女性；紫红色、米黄色、乳白色一般适合于年轻的女性。

两件套套裙的上衣和裙子可以是一种颜色，也可以是上浅下深或者上深下浅的搭配，因为这样的鲜明对比可以强化着装者留给别人的印象。但需要注意的是，全身的颜色不应超过三种。

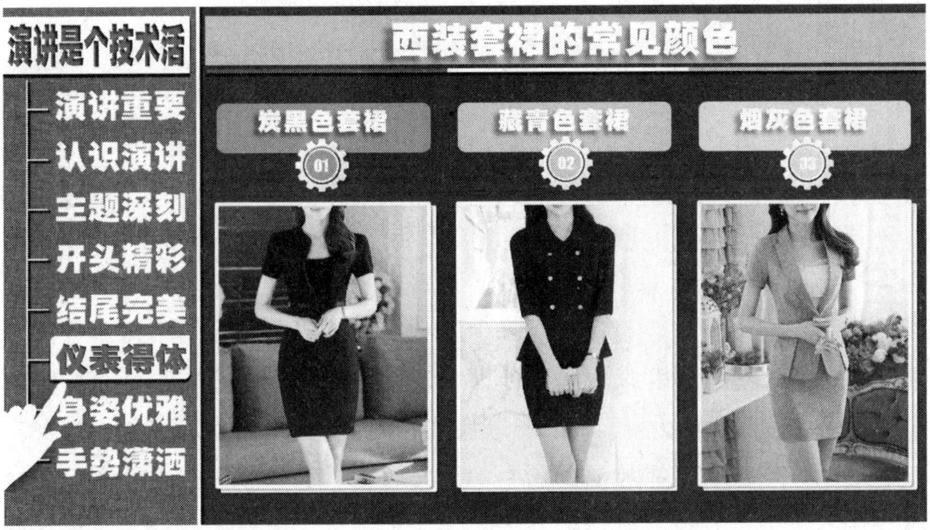

图 5-17

图 5-18

（6）图案

值得一提的是：像公众演讲等正式的商务场合所穿的套裙，一般讲究朴素简洁，以不带图案为佳。不过，格子、圆点、条纹等图案可以考虑。

另外，商务式的西装套裙一般不宜添加过多的点缀，以免给人以琐碎、杂乱、低俗、小气等感觉，有失稳重。所以，凡有贴布、绣花、花边、金线、彩条、扣链、亮片、珍珠、皮革等点缀的套裙最好不选。

（7）尺寸

套裙之所以能让职场女性魅力大增，不一定全是因为面料优质或者做工精良，最主要的还是合身。

既然合身这么重要，那通过什么方法可以判断出这身套裙是否合身呢?

其实方法很简答：选购套裙的时候，向上抬起双肘，看看腋下部位是否绷得很紧；向前环抱双肘，看看后背是否能活动自如；坐下来时，腰腹部会不会鼓起来而产生很多褶皱；看看胸部的凸出与侧腰的收腰是否裁剪刚刚好；衬里的用料和裁剪是否与面料一样讲究。另外，上衣的袖长以刚刚盖住着装者的手腕为好。过长，就会让着装者看上去矮小而无神；过短，动不动就使着装者捉襟见肘。还有，上衣或裙子不可过于肥大或者包身。过于肥大，会使着装者显得萎靡不振；过于包身，往往令着装者显得有点滑稽而不自然。

（温馨提醒：为了避免身着套裙而显得过于严肃和呆板，职场女性可以考虑为自己购买一件品质上乘而又耐穿的塑形内衣，因为内衣能对你的体形进行有效的修饰，当你穿上塑形内衣再穿上套裙后，那你的身材就显得玲珑有致、凸凹有型、女人味十足了。）

（8）数量

对女性演讲者来说，西装套裙最好有 3~5 套，并且颜色各自不同。其中，黑色西装套裙 1 套、藏青色西装套裙 1 套、深灰色西装套裙 1 套，另外，还可以选择其他颜色西装套装 1 套。

3. 打底衫的选择

打底衫就是直接穿在身上、里面只是穿了一件内衣（也就是文胸）、可以搭配任何外套（包括西装、毛大衣等）的衣服。

不同于男士在正规的商务场合里，穿西装必须搭配衬衣，女士穿西装套裙，一般只要求穿打底衫。女演讲者在选择打底衫的时候，要考虑如下几个因素，比如款式、面料、颜色等。现在对这些要考虑的因素进行详细的介绍。

（1）款式

按名称划分，打底衫可以分为：T 恤衫、羊毛衫、衬衫这三类。

按作用划分，打底衫可以分为：塑身打底衫、保暖打底衫、搭配打底衫这三类。

（2）面料

打底衫的面料应以轻薄柔软为主，所以，真丝、麻纱、府绸、罗布、涤棉都是很不错的选择。

（3）颜色

打底衫的颜色应以雅致端庄为主，所以，白色、黑色、米黄色、浅灰色都是很不错的选择。

（4）搭配

西装套裙与打底衫搭配的模式一般有两大类，也就是西装套裙 + 衬衫和西装套裙 + T 恤衫。

■ 西装套裙 + 衬衫（见图 5-19）

图 5-19

常见的搭配有：平驳领西装套裙与立领衬衫；平驳领西装套裙与小方领衬衫；平驳领西装套裙与标准领衬衫；戗驳领西装套裙与长尖领衬衫；青果领西装套裙与立领衬衫；青果领西装套裙与小方领衬衫等。

■ 西装套裙 +T 恤衫（见图 5–20）

常见的搭配有：平驳领西装套裙与一字领 T 恤衫；平驳领西装套裙与圆型领 T 恤衫；平驳领西装套裙与 V 型领 T 恤衫；青果领西装套裙与圆型领 T 恤衫；青果领西装套裙与一字领 T 恤衫；立领西装套裙与一字领 T 恤衫等。

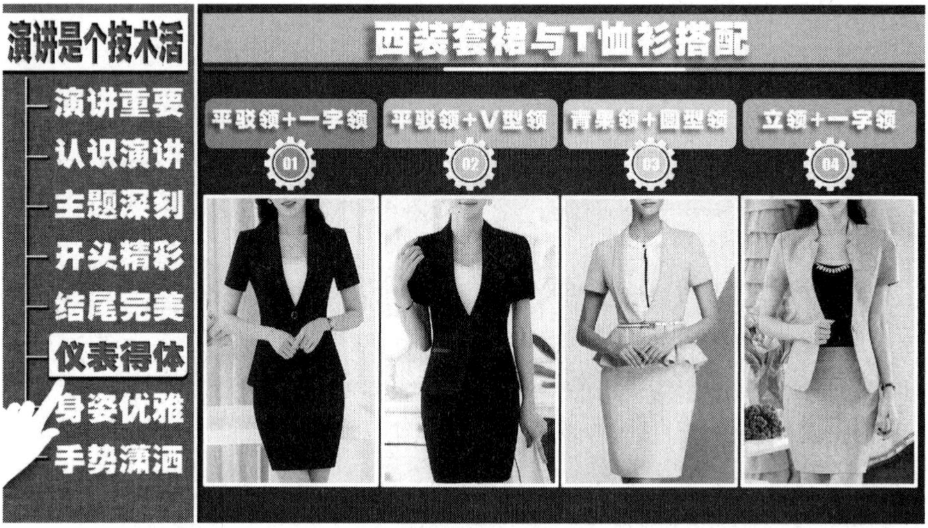

图 5–20

（5）数量

对女性演讲者来说，打底衫最好有 6~8 件。其中白色衬衣 2 件，1 件为标准领，1 件为高领；黑色 T 恤衫 2 件，1 件为 V 型领，1 件为圆型领；另选 2 件为其他颜色。

4. 皮鞋的选择

和套裙最佳配套的鞋子是皮鞋，款式为高跟或者半高跟的船式皮鞋。至于系带式皮鞋、丁字式皮鞋、皮靴、皮凉鞋等，都不适合搭配套裙。下面就对高跟皮鞋的款式、面料、颜色等进行简单的介绍。

（1）款式

高跟鞋的款式大概有如下六种（见图 5–21、图 5–22）：

■ 锥形跟。这种跟型应该是最普通的高跟鞋跟型了，它属于放在鞋子堆里第一眼不会看见，第二眼也不会看见的类型。相对来说，这种鞋跟还算挺好走路的。锥形跟的特点是上粗下细，代表品牌有 Melissa 等。

■ 猫跟。这种鞋跟比较萌，准确来说，都不叫高跟鞋了。因为它的跟高一般不超过 5 厘米，传统意义上来说，仅有一点点的曲线。猫跟的特点是跟型细短，代表品牌有 Valentino 等。

■ 矮方跟。这种鞋跟的高跟鞋，给人的感觉是比较复古，它的跟高一般为 5cm 左右。矮方跟的特点是鞋跟比较粗，所以不管走多久路都不用怕，代表品牌有 Prada 、Miu Miu 以及 Ferragamo 等。

图 5–21

■ 马蹄跟。这也是一种很复古的鞋跟款式，非常好看，喜欢古代着装的人一般都对这种跟型比较了解。马蹄跟的特点是两头宽，中间窄，代表品牌有 Christian Dior 等。

■ 坡跟。坡跟鞋不同于一般的高跟鞋，它的后面的高跟连着前面的鞋子，也就是前面鞋掌下也有一定的高度。相比起同等高度的普通高跟鞋，穿坡跟鞋走路比较省力，不容易累。坡跟的典型特点是鞋跟部分为楔形的斜坡状，代表品牌有 baba jorny 等。

■ 细高跟。这也是一种很常见的跟型，一般来说，它的跟高在 5cm 以上，直径在 1cm 以内。很多人认为穿这种鞋跟的鞋根本不能走路，没错！这种鞋确实不是用来走路的，它只适于不需要走路很多的场合穿用，比如宴会等。细高跟的特点是鞋跟又细又高，像匕首一样，代表品牌有 JIMMY CHOO、Monique Lhuillier 等。

图 5-22

（2）面料

皮鞋的面料包括天然皮革和代用革两大类。

■ 天然皮革。天然皮革包括牛皮、羊皮、猪皮、杂皮、修面革等。

牛皮：还分为黄牛皮和水牛皮。黄牛皮的特点为，毛孔细小而浅，呈圆形分布，均匀而紧密；手感丰满、光滑、柔软、富有弹性。黄牛皮可分六层使用。水牛皮的特点为，毛稀，毛根粗大而深；表皮厚，皮革面粗糙，质地较差。一般多用于鞋底。

羊皮：羊皮还分为山羊皮和绵羊皮。山羊皮的特点为，面革纹理呈弧形的半圆状，弧上排列着 2~4 个针孔大小的毛孔，周围有大量的细绒毛孔，毛孔呈鱼鳞状排列；手感富有延伸性。绵羊皮的特点为，皮革较薄，革面平整光洁，毛孔细小，呈扁圆形，几个毛孔组成一组，排成长列；皮革柔软，富有延伸性；皮革里面无油腻感，但强度较低。

猪皮：猪皮的特点为，面革粗糙，毛孔很明显，呈三角形排列；弹性差，美观效果差；耐穿，牢固性强。

杂皮：杂皮指的是马皮、驴皮等，它与牛皮比较相似，毛孔浅，呈椭圆形，不明显；纹理比牛皮细腻，但毛孔比牛皮略大；革面软而松，色泽较昏暗，光亮度不如牛皮。

修面革：它是由牛皮、马皮、驴皮等皮革经修饰后制成的，无原有皮革的特征，但色泽均匀、美观、柔和，并且毛孔有裂层。

天然皮革的面料还有鹿皮、麂皮、鳄鱼皮等，但由于价格高且购买者不多，在此就不再讲解。

■ 代用革。代用革包括再生革、人造革、合成革、PU 革等。

再生革：就是把天然皮革的边角料、废料粉碎成纤维状，加入植物纤维黏合剂及各种配合剂，压制成型而制成的。再生革有一定的吸湿性和透气性，也有一定的耐热性、耐磨性和弹性，但强度小，撕裂性能差。

人造革：它属于仿皮革制品，是以纺织或针织材料为底基，涂上树脂而制成。涂层材料以 PVC 树脂为主；光泽较亮，色泽鲜艳，表面无伤痕；外观跟真皮相似，但细看却无毛孔。

合成革：它是以无纺布为底基，经过新型树脂材料涂浸后制成的。手感好，吸湿性、透气性很好，耐磨，耐弯曲，强力比人造革好。

PU 革：外观涂层仿真性强，可压出多种花纹，颜色鲜艳美丽；但吸湿性差，撕裂性差，有切口时容易扩大；质量均匀一致，且表面无伤残，不易生霉，对水及溶剂有一定的抵抗性。

尽管上面介绍的皮鞋材料有很多，但作为女性演说者，最佳的选择是头层牛皮皮鞋或绵羊皮皮鞋。

（3）颜色

黑色的牛皮鞋最好，当然也可以选择和套裙色彩一致的皮鞋。

（4）数量

对女性演讲者来说，皮鞋最少需要备有 3 双。其中 1 双为黑色锥形跟高跟鞋；1 双为黑色马蹄跟高跟鞋；1 双为棕色细高跟高跟鞋。

5. 袜子的选择

女演讲者在选择袜子的时候，要考虑如下几个因素，比如款式、材质、颜色等。现在对这些要考虑的因素进行详细的介绍。

（1）款式

女性袜子的款式是按照长度来划分的，一般分为如下 5 种（见图 5–23）。

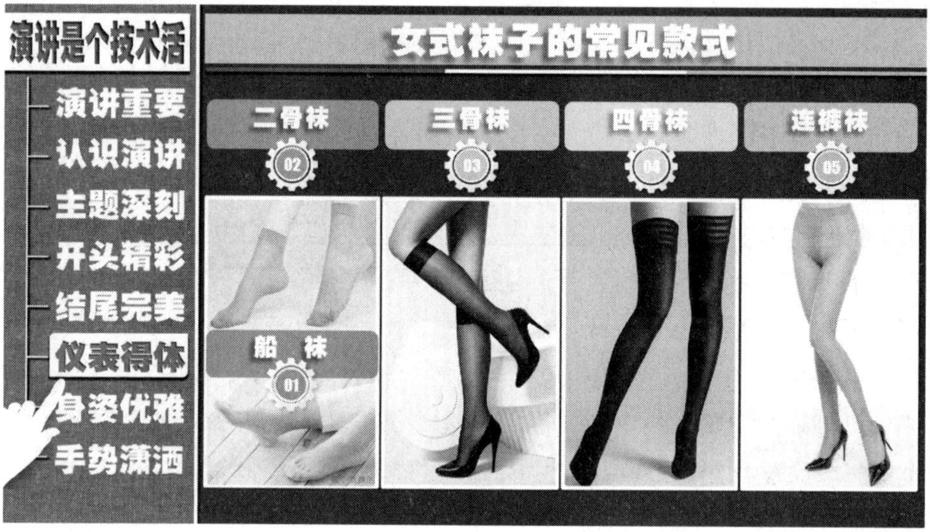

图 5–23

■ 船袜，也叫隐形袜，它是最短的袜子，长度在脚踝以下，即无论穿什么款式的鞋子都可以让袜子隐身得很好。船袜的形状很像船，它是美女们穿淑女鞋时的最佳搭配。经过多年的发展，现在的船袜已经有了棉质的、丝质的，还有各种提花款式的，型号和款式都非常多。

■ 二骨袜，也就是普通短袜，它的长度大约到脚踝以上 2 寸的地方。二骨袜是美女们平时穿着最多的短丝袜，由于白领女性上班时经常穿着它，于是就出现了二骨袜大部分都是纯色的情况。比如，肤色、黑色、灰色等。

■ 三骨袜，俗称小腿袜，它的长度大约到膝盖下的地方。三骨袜是短裙和短裤的最佳搭配，可以让小腿看上去显得更加纤细。三骨袜的款式一般都很时尚，通常都是有花纹的，其中黑色暗纹的三骨袜最受美女们的欢迎。

■ 四骨袜，俗称大腿袜，它的长度大约到大腿中部的地方。四骨袜是追求时尚的美女们的挚爱，是很多职业女性的必备款式，更是职业套裙、西装套裙的最佳搭配。

■ 连裤袜，又称紧身袜、连袜裤，它的长度大约到裤腰。连裤袜的款式最多，并且能够很好地展现出女性那性感又有魅力的腿部，所以，长久以来一直受到美女们的狂热追捧。

对于女性演讲者而言，四骨袜和连裤袜才是和西装套裙相搭配的最佳标准。至于船袜、二骨袜、三骨袜，最好不要和职业套裙、西装套裙同时穿着。

（2）材质

女式袜子一般有两大类，一类为较厚一点的普通袜子，材质有天然纤维，比如纯棉、羊毛等，也有人造纤维，比如锦纶、氨纶等；另一类为较薄一点的丝袜，材质以人造纤维居多，常见的材质有如下六种：

■ 尼龙丝：成分为100%的尼龙，它属于丝袜的早期产品，优点为机械强度高、耐磨性好，最大的缺陷是弹性差、透明度低。

■ 水晶丝：成分一般为锦纶84%加氨纶16%，这种材料在透明度上有了很大的提高，使丝袜的色彩不再呆板，但弹性差的缺点并未得到多少改善。目前只有部分低价产品和一些短袜还在使用水晶丝，总体上是越来越少。

■ 包芯丝：是指用尼龙丝包覆或者卷绕在氨纶丝上的新材料，这种材料手感细腻滑爽，除了具有尼龙丝耐磨柔软的特性，还具有氨纶高透明度、高弹性的优点。所以，它完全克服了尼龙丝和水晶丝的缺陷，属于目前的主流产品。

■ 天鹅绒：它的原料全部采用单向包芯纱或者双向包芯纱。相比起包芯丝，天鹅绒的透明度略微差一些，但弹性却好很多，不光手感好，保暖性也增加不少。

■ 莱卡：它是美国杜邦公司推出的新型氨纶，这种纤维可以非常轻松地被拉伸，恢复后又可以紧贴人体表面，对人体的束缚力很小。所以，以莱卡为主要成分的丝袜，它的弹性、色度以及透气性都有非常出色的表现。

■ 特达：它是美国杜邦公司推出的新型尼龙，它触感柔软，透气性佳，穿在身上贴身舒适。所以用特达制成的织物，精细、透气、柔软、舒适、抗皱，面料光泽照人，衣物日日如新。

适合女性演讲者的丝袜材质一般有包芯丝和莱卡两种，至于普通袜子，女性演讲者最好选择羊毛或全棉材质的。

（3）颜色

穿套裙一般选择穿丝袜。作为女性演讲者，丝袜的颜色一般应选择浅肤色、浅灰色、深肤色、黑色，千万别穿鲜红、明黄、艳绿、浅紫等颜色的丝袜。

值得一提的是，穿套裙的时候，皮鞋、丝袜、裙子之间的颜色必须协调，比如，鞋子、裙子的色彩必须深于或略同于丝袜的颜色。

另外，丝袜的图案和装饰都不要过多。一些加了网眼、镂空、吊带或印有时尚图案的丝袜，只会给人一种肤浅的感觉。

还有，穿丝袜不要暴露袜口，暴露袜口是公认的既缺乏服饰品味又失礼的表现。

五、男性演讲者妆容指南

对于一名男性演讲者来说，保持良好的妆容十分重要。

1. 面容的修饰

■ 面部：作为经常出现在公众场合的男士，每天必须修面以保持面部清洁，就算为了个人喜好而特意蓄须，也要保持胡须干净和整齐。

■ 眼睛：早上起来的第一件事就是洗脸，洗脸的时候，必须把隔夜的眼屎洗干净，以免小小的一粒眼屎将你的美好形象给破坏了。

■ 耳朵：要经常给耳部进行清洁。如果有耳毛的话，要及时修剪。当然，这个动作，不能在工作岗位上进行。

■ 牙齿：要坚持每天早晚刷牙。如果牙齿上有不易去除的牙垢，或者牙齿开始发黄，就必须去医院或者专业机构洗牙，因为拥有一口洁白的牙齿，能给人留下美好的印象。

■ 鼻子：鼻子是面部的“制高点”，所以，鼻部修饰是不可轻视的。目前，市面上有一种小规格的湿纸巾，柔软、经过消毒，还便于携带，它是清理鼻垢的最佳选择。

2. 体毛的修饰

■ 头发：首先要勤洗。因为任何一个健康的、正常的人，头发时刻都会产生分泌物，而分泌物跟灰尘等杂质混在一起后，有时会散发出异味。所以，职场男士最好每天洗一次头发。

其次要常梳。要使一个人的头发看上去整洁秀美、线条分明、层次清晰、“一丝不苟”，最佳的方法就是经常认真梳理。曾经有一位知名演讲家分享过这方面的经验，他说：“作为一名经常出现在公众面前的演说家，出门后，随身携带的公文包里必须准备一把梳子，以便一旦走进洗手间时，就可以拿出梳子，将那些已经有点凌乱的头发重新梳理整齐。”

再次是护养。对头发的护养，不仅体现在“洗护”，比如，买一些质量上等的发乳、发露、发油等护发剂来护理自己的头发，更重要的是“食护”，也就是通过食疗来保养自己的头发，比如，多吃一些黑芝麻、黑豆、灵芝、女贞子等对头发营养有益的食物。

■ 鼻毛：有些人不把鼻毛当成问题，可能是认为鼻毛不会生长。其实，在公众场合，黑乎乎的鼻毛“跑了出来”，是挺影响雅观的。所以，作为公众人物，是必须要经常又及时地修剪鼻毛的。

■ 腋毛：成年男人的腋毛，一般都长得很“茂盛”，这从视觉角度上来看，是很不雅观的。所以，演讲者在公众场合演讲时，应尽量不穿短袖衣服。

■ 腿毛：如果腿毛长得又黑又粗，那也是很“吓人”的。所以，演讲者不但不能穿短裤，甚至也不宜做挽起长裤裤管的动作。

■ 胡须：作为一名演讲者，是不宜蓄留胡须的，这既不仅仅是为了清洁，也是对听众的尊重。另外，就算胡须还没有长长，男演讲者也应每天最少刮脸一次。

六、女性演讲者妆容指南

对于一名女性演讲者来说，妆容极其重要，其保持良好的妆容须注意如下几点：

1. 脸部的修饰

■ 发型：每一位女性都希望自己能拥有一头秀丽的长头发，在披肩状态下，显得特别有魅力。不过，对于演讲家来说，还是把长头发盘起来更显得精神一些。或者干脆剪个俏丽的短发，也显得轻盈且又充满智慧。另外，演讲者最好不要染发，还是保留自己的乌黑头发更能体现出东方女性的韵味。

■ 脸部：职业女性在化淡妆的时候，要选跟肤色接近的粉底色。粉底色不能太白，以免给人一种“浮”的感觉；要注意发际及颈部的自然过渡，以免给人“面具”似的感觉；如果有涂营养霜，应在营养霜完全吸收后再上粉底，以便达到均匀的效果。

■ 嘴唇：想让嘴唇显得有润泽感，职业女性最好选用唇彩，避免使用过深的口红，以免给人一种“血盆大口”的感觉；另外，唇线不能画得太深，那样会让你的嘴显得既突出又虚假。

■ 眼睛：人们常说眼睛是心灵的窗户，能体现人的内心世界。所以，为了让自己的眼睛既动人又传神，可以考虑描一描眉毛，让它显得更加妩媚。眼睛比较小的职业女性，可以在眼睛四周轻轻地描上眼影，但不能描得太黑太深，以免给人“熊猫眼”的感觉。

■ 鼻子：鼻子是易出汗也是容易冒油的地方，可以考虑在鼻梁上略施薄粉。另外，鼻端或者眼角旁边不要留有污秽物。

■ 耳朵：美化耳朵可以考虑使用耳环。但作为干练的职业女性，比如演说家，一般忌戴有吊坠的耳环，因为那样会给人一种摇摆不定的感觉。所以，耳钉或者没有吊坠的耳环是职业女性的最佳选择。

2. 其他部位的修饰

■ 手和指甲：人们常说，手是女人的第二张脸。为了能体现职业女性的魅力，应该保持手和指甲的清洁。比如，不留过长的指甲，指甲一长就马上修剪好；不涂色彩艳丽的指甲油，只涂浅浅的指甲油，或者用打蜡来代替。

七、最有效的训练方法——男士三件套搭配法 *

在这里，笔者只跟大家分享关于男士三件套如何搭配的种种方法。

关于如何挑选西装、衬衣、领带的具体方法和注意事项，前文已经讲过。现在将三者放在一起，说一说关于三者之间的颜色搭配技巧，也就是演讲者登台亮相时，他所穿着的西装、衬衣、领带应该是什么样的颜色，三者的颜色都是一样的还是不一样的。笔者的个人经验如下（见图 5–24、图 5–25、图 5–26）：

1. 三者相同色系

图 5–24

* 微信扫描封三或本书最后一页二维码，获取名家演讲训练方法与材料。

也就是西装、衬衣、领带为同一种色系，只是深浅不一样。比如，西装为蓝黑色、衬衣为浅蓝色、领带为蓝色；西装为紫红色、衬衣为浅桃红色、领带为红色；西装为藏青色、衬衣为青色条纹、领带为藏青色；西装为深灰色、衬衣为浅灰色、领带为深灰色，等等。请注意：西装、衬衣、领带不能同时为黑色哦！否则就没有美感可言了。

2. 三者不同色系

也就是西装、衬衣、领带为不同的颜色。例如，西装为黑色、衬衣为白色、领带为深蓝色；西装为黑色、衬衣为白色、领带为黄色；西装为黑色、衬衣为白色、领带为红色，等等。

图 5–25

3. 两者为同色系

也就是在西装、衬衣、领带里面，其中两者的颜色是一样的。第一种情况，西装、领带为同色系，衬衣为其他颜色，这种情况最常见，并且衬衣通常为白色。例如，西装和领带为黑色系，而衬衣为白色；西装和领带为青色系，而衬衣为白色。第二种情况，衬衣和领带为同色系，西装为其他颜色，这种搭配比较少见，例如，衬衣和领带为黑色系，而西装为灰色。第三种情况，西装、衬衣为同色系，领带为其他颜色，这种搭配也比较少。例如，西装、衬衣为黑色，而领带为白色。

在这里，关于三件套的颜色搭配要求，除了上文所介绍的西装、衬衣、领带这个三件套之外，还有另外一个三件套，那就是皮包、皮带、皮鞋。不过，这个三件套的颜色搭配要求就简单多了。日常商务活动中，我们只要求这三者为同一颜色就可以了。比如，皮包、皮带、皮鞋同为棕色或者黑色即可。

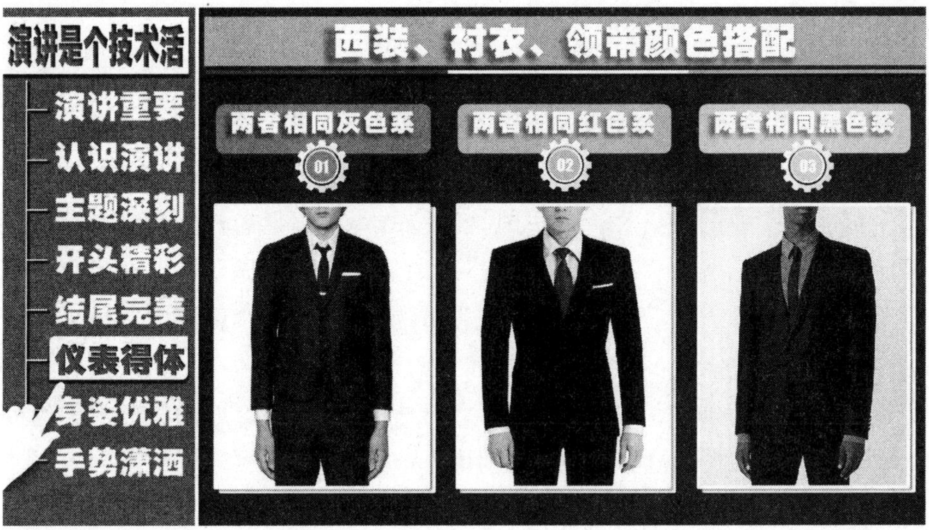

图 5-26

一招让你身姿优雅

笔者有一位姓黎的朋友，原本是干技术出身，当他在一家知名的外企担任了 12 年的部门领导之后，他决定出来自己创业，于是，他成了一家民营企业的老板。两三年之后，他的公司的规模也不小了，差不多有 3000 人。

可能是行业的特殊性，也可能是岗位的要求，黎老板需要经常给员工开会，也需要给客户做培训。但是，无论是开会还是做培训，好像都达不到他想要的结果，他自己觉得很苦恼，每次都不想继续讲下去；员工或者客户也觉得很痛苦，每个人都不想继续听下去。于是，有一天，黎老板决定邀约笔者去参加他主持的一次会议，希望笔者能在专业的角度上给他提出一些建议，解决他目前所碰到的困境。

认认真真地听完了黎老板主持的整场会议之后，笔者终于明白了为什么黎老板在台上讲话时，台下的员工会产生抵触的情绪。因为在演讲的过程中，黎老板出现了很多不雅的或者多余的肢体动作。比如，他总喜欢时不时把一只手插在裤袋里，其实，这个动作是表示我已经没有耐心了，你看着办吧；比如，他经常把双臂环抱于胸前，其实，这个动作表示自己此时有防卫的心理，有不友好的意思；又如，他也喜欢微沉下巴去看听众，其实，这个动作表示充满着敌意，很傲慢的意思；再如，他还喜欢皱起眉头乜斜听众，其实，这个动作表示轻蔑，看不起听众的意思……另外，黎老板说话声音低沉、时常有气无力；演讲内容也平淡如白开水。这也难怪黎老板在台上“表演”的时候，员工在台下心不在焉，要么是发呆，要么是偷看手机。

一、身姿是另一张名片

从前文中的那个典型的例子可以看出：得体恰当的姿态能为你的职业或者事业带来成功，反之，则会给你带来困扰。身姿不仅可以加强口头语言的表达效果，还可以反映出演讲者的思想、情感和内心世界。可以这么说，优美的身姿能给人一种或者稳健，或者潇洒，或者端庄，或者娴静的感觉；而不得体的身姿往往会给人一种或者拘谨，或者轻浮，或者傲慢，甚至做作的印象。国内礼仪专家金正昆先生就说过这么一句话："肢体语言很重要，某个人职业上的成功，一方面取决于他的能力和工作态度，另一方面也决定于他的行为举止。也许，一个善意的微笑，一道坚毅的目光，就能赢得他人的信任和理解，甚至获得最后的成功。"无独有偶，国外成功学权威卡耐基先生也说过类似的话："人际交往中，你除了给别人一张有形的名片之外，还给人家另一张名片，它不印在纸上，而是体现在你的举止上，这张名片更加重要。"

既然姿态这么重要，那下面就对身姿概念及其所包括的内容（主要是坐姿、站姿、走姿）展开来跟大家探讨一下。

身姿，是指人的自然形体在空间的形象展现。它由头部、身躯及双腿三部分动作组成，具体动作名称包括坐姿、站姿、走姿、蹲姿等四种姿态。而在演讲中，最常用的是站姿和走姿这两种姿态。

二、坐姿训练

对演讲者而言，应用到坐姿的情况不多，除非是坐着进行演讲。坐着演讲会限制演讲者的空间发挥，有些表现力较大的动作就做不出来了，所以，坐式演讲不会被很多演讲者所选择，除了一些学术性较强的讲座之外。在笔者看来，演讲者能应用到坐姿的常见情况是，还没轮到自己出场，必须坐在椅子上等待属于自己的那场演讲的到来时。

尽管是坐在旁边不是很显眼的地方（相对演讲嘉宾的主席台而言），但是，我们还是要做到“坐有坐相”。下面笔者就坐姿的要求和常用的四种坐姿进行一一讲解。

1. 正确的坐姿要求（见图 6–1）

想要坐得端端正正，我们必须先从坐姿的要求开始，坐姿的要求贯穿了“坐”的整个过程，它包括入座、坐下、离座这三个环节，现在分别介绍如下：

（1）入座

入座前，如果座位旁边也有演讲嘉宾在座，应先用语言或者动作向对方示意，随后再入座。如果跟别人一起入座，必须注意先后次序。如果地位低于对方时，应稍后入座；如果地位高于对方时，可首先入座；如果双方身份相似时，可同时入座。

一般从座椅的左侧入座，右脚迈到椅子的中线处，身体重心落在左脚上。左脚随即跟上，身体重心移至右脚上。双脚立正于座椅前，这时候，双腿离座椅前沿大约 10 厘米。

如果是女士，双手整理好裙边的同时，双脚、双膝并拢，轻稳地坐下来。

（2）坐下

入座后，上体自然挺直、挺胸，身后背部离椅背大约有两个拳头的距离。

女士双膝并拢，脚跟要靠紧；男士双膝可以分开，但不超过肩宽。

双腿自然弯曲，双肩自然弯曲，双手自然放在大约离膝盖 10~15 厘米的双腿上，或者双手放在椅子、沙发扶手上，掌心向下。

臀部坐在椅子 2/3 的地方，也就是必须坐满椅子的 2/3。

头正，嘴角微闭，下颌微收，双目平视，面容平和自然，也可以面带笑容。

（3）离座

离座时，如果座位旁边也有演讲嘉宾在座，应先用语言或者动作向对方示意，随后再离座。如果跟别人同时离座，必须注意先后次序。如果地位低于对方时，应稍后离座；如果地位高于对方时，可首先离座；如果双方身份相似时，可同时离座。请注意：无论如何，抢先离座都是失态的表现。

离座时，不要突然起身离座，以免惊吓到他人。起身的动作应轻缓，先身子前倾，再慢慢起身。

必须从左侧离开自己的座位。请注意，“左出”是一种礼节。

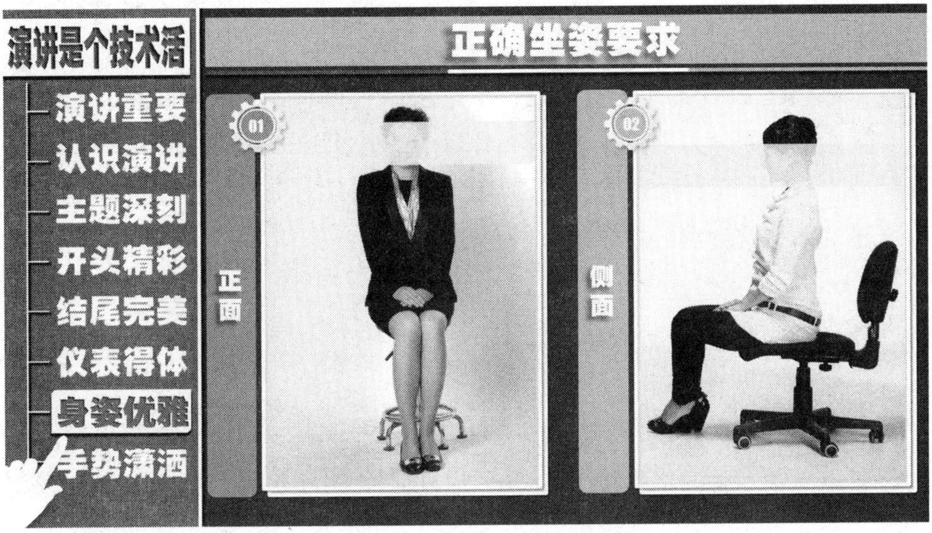

图 6-1

2. 双手的位置

入座之后，双手应该放在哪里？放在什么地方才显得自然又优雅呢？根据笔者的个人经验，常用的双手摆放方式有如下四种：

（1）分放式

即双手平放在双腿的上面，刚好左手放在左腿的正中间，右手放在右腿的正中间，手掌与大腿相平行。这是男士最常用的摆放方式，也是最保险的一种摆放方式，只是缺乏创意而已。

（2）叠放式

即双手重叠，放在两条大腿正中间的前部或者在合并的一条腿的前部；或者放在交叉之后的一条腿的中前部，一般是放在双腿交叉之后的上面的那条大腿之上，这种摆放，造型比较有特色，但是要注意的是，架在上面的那条腿，不能架得太高、不能抖、不能晃，而且脚尖也不能对着别人，否则，就是失礼的表现。

（3）扶手式

如果所坐的椅子有扶手的话，可以采用“扶手式”，即一只手放在扶手的上面，另一只手放在同侧大腿的上面；或者双手放在同侧的扶手上面，双手的掌心都向下。这种摆放方式比较自然，但是，有时显得不够庄重。

（4）桌子式

如果椅子的前面有桌子的话，可以采用“桌子式”，即双手左右张开放在桌子的上面，双手掌心向下；或者双手前臂相互交叉平放在桌子的上面，双手掌心向下。这种摆放方式显得很自然，也显得很有范，但如果前面没有桌子的话，这种摆放的方式就不存在了。

3. 双腿的位置

介绍了入座之后，常用的规范的四种双手摆放方式之后，如果继续问：入座之后，那双腿应该放在哪里呢？放在什么地方才显得规范又得体呢？根据笔者的个人经验，常用的双腿摆放方式有如下八种：

（1）标准式

即双小腿垂直于地面（也就是大腿与小腿之间的夹角差不多为 90 度），两脚尖朝正前方，双脚掌全部着地（也就是没有踮起后脚跟，也没有抬起前脚尖），踩在椅子前面的地上。此时，女士双膝并拢，两脚跟靠紧；男士双膝可略分开，但不能超过肩宽，否则就是失礼了。这种摆放方式比较自然，就是缺乏创意，显得有点呆板。

（2）前伸式

即在标准式的基础上，两小腿向前伸出一个脚印的距离，身子可以略向前倾，表示对他人的尊重（如果前面有人的话），但脚尖不能跷起。此时，女士的双膝还是并拢的，男士的双膝可以略张开一点点。这种摆放方式显得很自然，整个人也显得不会拘谨。

（3）后点式

即在标准式的基础上，两小腿后曲，往后退半个脚印的距离，两脚尖着地。此时，女士的双膝还是并拢的，男士的双膝可以略张开一点点。这种摆放方式，一般多为女士采用，男士采用会显得小气。

（4）交叉式

它还分为前伸交叉式和后点交叉式这两种。

前伸交叉式，就是在前伸式的基础上，右脚后缩，左脚交叉，两踝关节重叠，两脚尖着地。此时女士双膝并拢，男士双膝略分开。

后点交叉式，就是在后点式的基础上，右脚再后缩，左脚交叉，两踝关节重叠，两脚尖着地。同样要求，女士双膝并拢，男士双膝略分开。一般情况下，男士多采用前伸交叉式，女士多采用后点交叉式。

（5）曲直式

即右脚前伸半个脚印，左脚后退半个脚印，双腿靠近，两脚的前脚掌着地，并且一前一后，刚好在一条直线上。这种摆放方式很优雅，男士、女士均可采用。

（6）重叠式

即在标准式的基础上，一条腿抬起，腿窝落在另一条腿的膝关节上面。此时，上面的那条腿尽量往里收，而脚尖向下。这种摆放方式就是我们平时所说的“二郎腿”，长期采用此坐姿容易造成腰椎与胸椎压力分布不匀，可能引起不明原因的腰痛，甚至静脉曲张等疾病，所以建议尽量少采用。

（7）侧点式

即两小腿向左斜出，两膝并拢，右脚跟紧靠左脚内侧，右脚掌着地，左脚尖着地，而头和躯干倾向左侧。请注意：此时，大腿和小腿要成为 90 度的直角，小腿要充分伸直，以便显现出小腿的长度。这种摆放方式为女士专用，男士忌采用。另外，此方式非常优雅，能充分体现女士那修长的腿部，但是，此姿势并不太舒服，不适合持久采用。

（8）侧挂式

在侧点式的基础上，左小腿后屈，左脚掌内侧着地，右脚抬起，用脚面贴住左脚，双膝和双小腿并拢，上身右转。此时，右腿好像挂在左腿上一样。这种摆放方式同样为女士专用，男士忌采用。另外，此方式也非常优雅，能充分体现女士那修长的腿部，但是，这种姿势同样不舒服，不宜持久采用。

4. 基本坐姿

上文介绍了坐姿里双手的摆放方式有四种，双腿的摆放方式有八种，现在把双手、双脚的摆放方式综合在一起，得出常见的男士四种基本坐姿以及女士的六种基本坐姿。

男士四种基本坐姿为（见图 6–2）：

（1）标准式

即双手采用分放式，双腿采用标准式。

（2）前伸式

即双手采用分放式，双腿采用前伸式。

（3）交叉式

即双手采用分放式，双腿采用交叉式（一般是前伸交叉式）。

（4）重叠式

即双手采用叠放式，双腿采用重叠式。

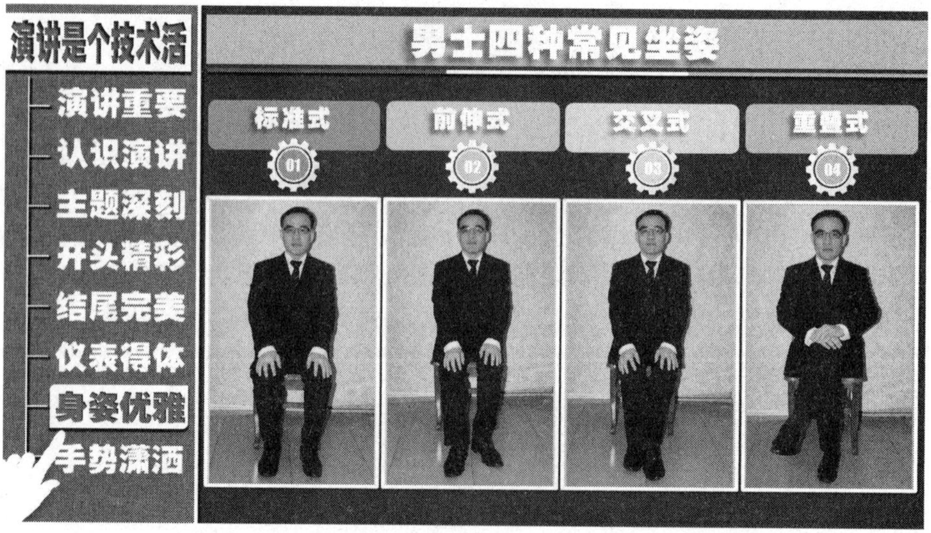

图 6–2

女士六种基本坐姿为（见图 6–3，示例其中四种）：

（1）标准式

即双手采用叠放式，双腿采用标准式。

（2）前伸式

即双手采用叠放式，双腿采用前伸式。

（3）曲直式

即双手采用叠放式，双腿采用曲直式。

（4）侧点式

即双手采用叠放式，双腿采用侧点式。

（5）侧挂式

即双手采用叠放式，双腿采用侧挂式。

（6）后点式

即双手采用叠放式，双腿采用后点式。

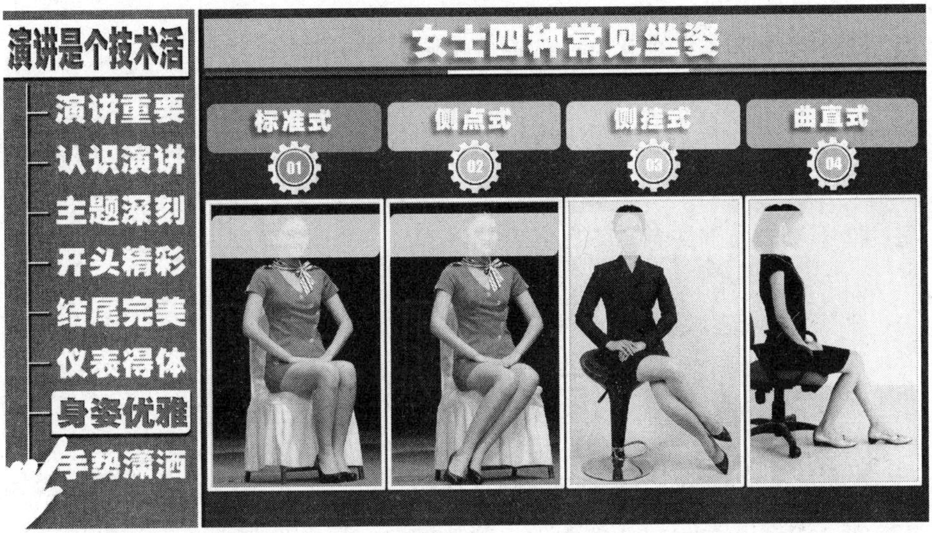

图 6-3

5. “坐”的注意事项

讲完正确的坐姿要求、男士和女士基本坐姿之后，最后再次强调一下“坐”的注意事项，也就是在从入座到离座的过程中，有些不雅的动作是必须避免的，以免贻笑大方。现将这些注意事项罗列如下：

■ 入座时，动作要轻盈，从容不迫，切忌如同抢座般猛坐。

■ 入座后，要保持上身挺直，不能含胸驼背、前倾后仰或者歪歪扭扭，而给人一种萎靡不振的印象。

■ 不能半躺半坐，给人一种放肆、无修养的感觉。

■ 不能双手叉腰，或者双手交叉放在胸前，也不能双手摊开放在桌上。

■ 双手不要夹在两腿中间，会给人一种没有自信的感觉。

■ 不能把双手放在臀部下面，这样会显得幼稚和极不自信。

■ 不能摆弄手指，或者将手里的东西不停地晃动，或者有拉衣服、整头发、抠鼻挖耳等动作。

■ 双腿不可分得太大，或者长长地伸出，这样很有损个人形象。

■ 不能双脚并拢而两小腿分开成“八”字形，也不能将双脚藏在座椅下面，这样显得很随便。

■ 不能高架“二郎腿”或“4”字形腿，会给人以张狂、缺乏涵养的感觉，这是人际交往中的大忌。

■ 不可腿脚不停地抖动，这样会显得很不耐烦。

■ 脚尖不要指向别人，这样很不礼貌。

■ 不要把脚架在椅子或沙发扶手上，或架在茶几上，这样显得很没有教养。

■ 不要因为不注意而弄出响声或将椅垫、椅罩等东西弄掉在地上。

三、站姿训练

正式的演讲，基本上都是站着进行的。比如，外国领导人的竞选演讲，包括霸气侧漏的奥巴马、温文尔雅的克林顿、幽默风趣的里根、极富煽情的罗斯福……还有联合国秘书长的发言，奥委会主席的致辞，中国外交部长的陈述等，都是采用站姿进行演讲的。

精彩的演讲，大多也是在站立的状态下进行的。比如，美国黑人民权运动领袖马丁·路德·金于1963年8月28日在林肯纪念堂前，所发表的那场演讲——《我有一个梦想》；再如，美国前总统林肯于1863年11月19日在宾夕法尼亚州葛底斯堡的国家公墓揭幕式中发表的那场演讲——《葛底斯堡演讲》等。这些演讲，也都是采用站姿进行的。

为什么进行演讲一般都要采用站姿呢？著名演讲家曲啸老师有一句话非常精彩，为这个问题给出了完美的答案。他说：“演讲者的体态、风貌、举止、表情都应给听众以协调平衡的至美的感受，要想从语言、气质、神态、感情、意志、气魄等方面充分地表现出演讲者的特点，只有在站立的情况下才有可能。”

事实也证明，站着演讲确实有很多好处：

首先，从演讲者的语音发声角度上来讲，站着演讲，可以保证所有共鸣腔（包括口腔、鼻腔、咽腔、胸腔、头腔等）的畅通，有利于最大限度地发声。如果坐着演讲，那所谓的“气沉丹田”，就做不到了。所以说，那些杀伤力很强的慷慨陈词、振臂一呼，只有在站立的状态下才能发挥出来。

其次，从演讲者的态度语言角度上来讲，站着演讲有利于一些优美动作、大幅度手势的发挥，比如，斜劈、横扫等力量性手势的运用。同时，也有利于整体形象，包括合身服饰、得体打扮的展现。但如果是坐着演讲，演讲者那修长身材、西装革履等良好职业形象就会大打折扣了。

再次，从演讲者的生理状态角度上来讲，站着演讲可以让演讲者永远处于亢奋的状态，一直斗志昂扬着。同时，也迫使这场演讲尽量精短一些，因为站着演讲，时间长了，演讲者腰部就受不了。但如果是坐着演讲，那就可能出现东拉西扯、啰啰唆唆、没完没了的情况了。

最后，从现场听众们的欣赏角度上来讲，站着演讲能让演讲者本人处于激情四射、精神抖擞的状态，体现了演讲者本人对这场演讲抱有极大的热情和期待、对听众有着高度负责的态度，如此肯定会赢得听众的喜爱。但如果是坐着演讲，听众会觉得，演讲者本人不是在摆架子，就是没有演讲经验，这场演讲可能不会精彩了。

既然站姿对演讲者来说是最佳选择，那么，下面就继续讲解关于正确站姿的要求、男士女士基本站姿和“站”的注意事项。

1. 正确的站姿要求（见图 6–4）

想要站出风采和气度，我们必须先从站姿的要求开始，站姿的要求包括站立时身体各部位的具体要求和站立时身体整体上的具体要求，以下作一一介绍。

（1）身体各部位的要求

头部：抬头，平视前方；头部处于垂直地面的位置，不偏向左边，也不偏向右边。

胸腹部：伸直背肌，挺胸，收腹。

肩部：两肩放松，双臂自然下垂。

腿部：两腿挺直，双膝收紧。

（2）整体上的要求

身姿要挺拔，要感觉头顶好像有一根绳子，从你的颈椎处向上拉。

气息下沉、精神饱满，身体重心主要支撑于脚掌、脚弓上。

整体上要给人一种挺拔劲秀、精力充沛、信心十足、积极向上的感觉，男士应该显得潇洒大方、舒展挺拔；女士应该显得端庄秀雅、亭亭玉立。

站立时，竖看要有直立感，即鼻子为中线，头顶、肚脐、脚跟成一直线；横看要有开阔感，即肢体及身段给人以舒展的感觉；侧看要有垂直感，即耳、肩、膝、脚跟成一直线，并给人一种挺、直、高的美感。

图 6–4

2. 双手的位置

站立好之后，双手应该放在哪里呢？放在什么地方才显得自然又优雅呢？根据笔者的经验，常用的双手摆放方式有如下七种：

（1）两侧式

即双手自然下垂，置于身体的两侧，双手的中指刚好对准裤子两侧的裤缝。这种站姿很自然，是男女演讲者最常用的站立方式。但是，这种站立姿势比较古板，不够潇洒，造型也不够好看，缺乏创意。

（2）前叉式

即双手相互交叉之后放在腹部。此时，一般是双手掌虎口交叉，右手握住左手的四个手指（包括食指、中指、无名指、小指），右手掌与左手背接触，也可以是右手握住左手的手腕部。总之，右手掌放在左手掌的上面，也就是右手掌压住左手掌的意思，而左手的掌心刚好盖住肚脐。为什么是右手掌压住左手掌呢？因为对一般人来说，右手比较灵活，放在上面，容易第一时间就施展出优美的单手手势。如果是左手掌压住右手掌，需要做手势的时候，就必须从下面抽出右手，那多不方便啊！这种站姿比较有范，一般来说，男演讲者十分喜欢采用。

（3）后叉式

即双手相互交叉之后放在身后，此时，一般是右手握住左手的手腕部，也可以是右手握住左手的四个手指（包括食指、中指、无名指、小指），右手掌与左手背接触，而右手的手背刚好贴在腰骶部的正中间。这种姿势很有权威感，有种给人以居高临下的感觉，但仅仅适合于领导采用，在演讲中，面对听众时，演讲者很少采用这种站姿。除非是演讲者想模仿某领导的讲话，方可使用。

（4）叠放式

叠放式跟前叉式差不多，它是双手掌一上一下重叠在一起紧贴于腹部之上，双手掌与腹部平行。此时，一般是右手掌放在左手掌的手背，双手并没有交叉，也没有相握，而左手的掌心刚好盖住肚脐。为什么是右手掌放在左手掌的上面呢，理由跟上文介绍的前叉式一样，也是为了方便右手第一时间就能够施展出优美的单手手势。这种姿势也非常有范，很适合男演讲者使用。

（5）端放式

即左右两手掌虎口交叉，右手握住左手的四个手指（包括食指、中指、无名指、小指），两掌的掌心相对，一上一下与地面平行、与腹部垂直，放在腹部的前面。此时，是右手放在左手的上面，好像是左手端着右手的样子。而两手的手掌跟腹部还有一定的距离。这种姿势的造型相当端庄、相当优雅，非常适合女演讲者使用。

（6）抓放式

它跟端放式差不多，也是左右两手掌虎口交叉，右手握住左手的四个手指（包括食指、中指、无名指、小指）。但是，不同之处在于，此时是右手掌的掌心与左手掌的手背接触。即右手抓住了左手，一上一下与地面平行、与腹部垂直，而放在腹部的前面。这种姿势的造型同样相当端庄、相当优雅，非常适合女演讲者使用。

（7）前后式

即一只手掌放在体前，另一只手掌背在体后。此时，一般是右手掌平放在体前的腹部，右手的手掌心刚好盖住肚脐。而左手掌放在身后的腰部，手背刚好贴住腰骶部的正中部位。在演讲中，这种手的摆放姿势较少使用，除非是演讲者想模仿酒店的服务人员，才会采用这种站姿。

3. 双脚的位置

上文介绍了站立好之后，常用的双手摆放方式，那么，站立好之后，双腿应该处于哪个位置呢？怎样站立才显得规范又得体呢？根据笔者的个人经验，常用的双腿站立方式有如下四种：

（1）平行步

即两脚伸直，自然分开，身体的重心刚好放在两脚的中间。此时，两脚接近平行的状态，双脚脚掌的夹角大约在 10 度。而双脚之间的距离一般与肩部同宽。这种姿势比较自然，造型中规中矩，缺乏创意。不过，它却是男、女演讲者经常采用的站姿。

（2）小 V 字步

即两脚伸直，双膝并拢，双脚跟靠近，两脚尖分开，刚好组成一个“V”字形。此时，两脚跟之间的距离为 0~3 厘米，两脚尖之间的距离大约为 10 厘米，两脚掌之间的夹角大约为 45 度。这种姿势比较优雅，造型严肃庄重、英气逼人，它也是男、女演讲者经常采用的站姿。

（3）小丁字步

丁字步是中国古典舞中最基本的脚位。即两脚伸直，并步站立，一只脚的脚尖正对着前方，另一脚的脚尖正对着侧方，正对侧方的那只脚的脚跟靠近于另一只脚的二分之一处，两脚不能分开，两脚掌刚好组成一个“丁”字。而此时，双脚掌相互垂直，一前一后；前脚（脚尖正对着侧方的那只脚）的脚跟刚好轻轻靠近后脚的脚弓。如果此时，左脚尖对侧方者，则称为“左丁字步”；右脚尖对侧方者，则称为“右丁字步”。这种姿势非常端庄和优雅，造型非常好看，很有范。它一般是知性女演讲者的最佳选择。

（4）稍息步

在平行步的基础上，一只脚自然站立，另一只脚（一般是右脚）向前迈出半步，两脚之间相距大约 12 厘米（即前脚的脚跟与后脚的脚尖之间的距离）。而此时，两脚脚掌的夹角大约在 10 度。这种姿势，一般适合于男、女演讲者在变换站姿时或者演讲内容需要表演时使用。

4. 四种基本站姿

上文介绍了站姿里面双手的摆放方式有七种，双腿的站立方式有四种，现在把双手的摆放方式、双脚的站立方式综合在一起，总结出如下常见的男士四种基本站姿和女士的四种基本站姿。

男士四种基本站姿为（见图 6–5）：

（1）自然式

即双手采用双侧式，双脚采用平行步。也就是双手自然下垂，置于身体两侧；而两脚自然分开，两脚之间的距离与肩同宽，大约为 20 厘米。由于这种姿势的造型不能给观众留下深刻印象，多数演讲者在舞台上站定之后，一般都不会采用这种站姿。除非是一些没有舞台经验的演讲者，才会使用它。

（2）前进式

即双手采用端放式，双脚采用小丁字步。也就是双手一上一下重叠，端放在腹部前，而右脚在前，左脚在后，前脚脚尖指向正前方或稍斜向外侧，两脚掌延长线的夹角大约为 90 度，两脚跟距离大约为 15 厘米。这种站姿最灵活，因为采用这种姿势时身体的重心没有固定，可以随着上身前倾与后移的变化而分别定在前脚跟与后脚上，也不会因时间长、身体无变化而不美观。另外，前进式站姿能使手势动作灵活多变，能表达出不同的感情，所以，它是演讲中最常用的站姿。

（3）立正式

即双手采用前叉式或者叠放式，双脚采用小 V 字步。也就是双手交叉或者重叠放在体前腹部，而双脚跟靠拢，两脚尖分开，成“V”字形。由于这种姿势比较稳重，所以，一些上了年纪的演讲嘉宾，都比较喜欢采用它。

（4）稍息式

即双手采用前叉式，两脚采用稍息式。也就是双手交叉放在体前，而一只脚自然站立，另一只脚向前迈出半步，两脚跟之间相距约 12 厘米，两脚之间夹角大约为 10 度。这种姿态，由于形象比较单一，会给人一种不严肃之感，所以一般不长时间单独使用，只有在演讲者需要更换姿势的时候才用到它。

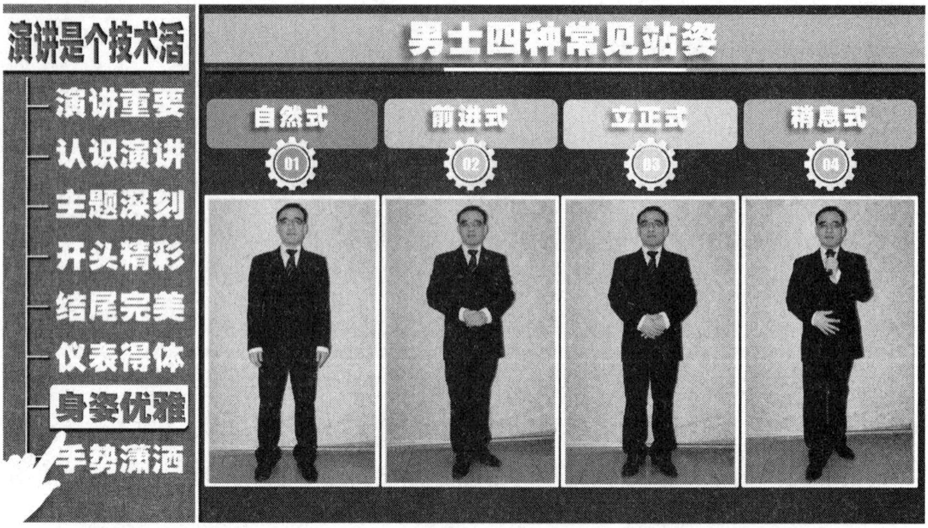

图 6-5

女士四种基本站姿为（见图 6-6）：

（1）自然式

即双手采用双侧式，双脚采用平行步。在舞台上站定之后，女演讲者也很少采用这种站姿。

（2）端放前进式

即双手采用端放式，双脚采用小丁字步。在舞台上站定之后，女演讲者经常采用这种站姿。

（3）抓放前进式

即双手采用抓放式，双脚采用小丁字步。在舞台上站定之后，一些年轻的女演讲者很喜欢采用这种站姿。

（4）立正式

即双手采用前叉式或者叠放式，双脚采用小 V 字步。

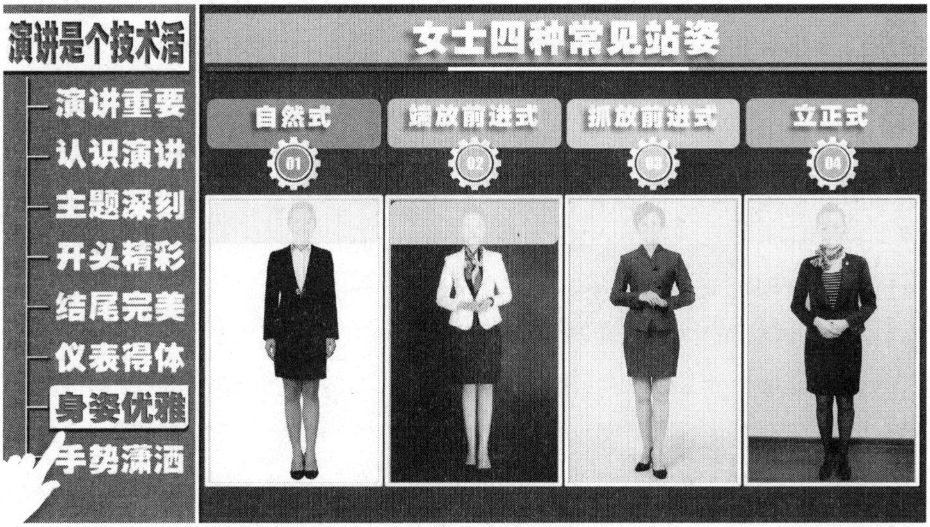

图 6–6

5. “站”的注意事项

讲完正确的站姿要求、男士女士基本站姿之后，最后再次强调一下“站”的注意事项，也就是在讲台上站好之后，有些不雅的动作是必须避免的，以免引起听众误解。现在将这些注意事项列举如下：

■ 切忌东倒西歪、无精打采，懒散地斜靠在墙边或者讲桌上。

■ 不要低着头、歪着脖子、两眼左右斜视，或者出现含胸、端肩、驼背等现象。

■ 不要将身体的重心明显地移到一侧，只用一条腿支撑着身体。

■ 身体不要下意识地做小动作。

■ 不要将手插在裤袋里面，也不要双手交叉抱在胸前，或者双手叉腰。

■ 双脚左右站开时，两脚之间的距离不能比双肩的距离还大。

■ 不要两腿交叉站立。

四、走姿训练

曾经有位演讲大家说过："坐着讲不如站着讲，站着讲不如走着讲，在舞台上走着讲不如走进人群当中去讲。"可见对于一个演讲者来说，走姿在演讲中是多么的重要了。

事实也是这样。走姿属于动态姿势，是站姿的延续，它的表现力比站姿更加强大、更有冲击力。我们平时夸奖某女士仪态万千、端庄优雅，称赞某男士成熟稳重、举止文雅等，这些几乎都是通过走姿而体现出来的。所以说，稳健、端庄的走姿，不但能给人一种沉着稳重的感觉，而且还可充分展现出自己的优雅气质与良好修养。

在演讲中，我们需要运用到走姿的场景有两种。一种是演讲礼仪的需要，比如，登台亮相或者谢幕退场，都需要运用到走姿。如果没有这些环节，你的演讲就不规范；另一种是演讲内容的需要，比如生动讲解和互动交流，同样需要运用到走姿。如果不这么做，你的演讲就不会精彩。

尽管说，登台亮相和谢幕退场的时间不长，但是，它非常重要，特别是出场的那一瞬间，观众会根据你的走姿、你的神态来判断你是否属于重量级人物。所以，对于走上讲台的这一段路，我们必须走好。

虽然说，在演讲中，我们不可能经常列举一些笑话、故事，或者老是跟听众互动而导致自己在舞台上走来走去，我们最多的工作还是宣讲我们自己的理念、向听众讲清楚我们自己的观点，并让听众听得明白。但是，有些互动交流还是需要的，有些生动讲解还是需要的。特别是当你走向某位听众去跟他交换观点的时候，就已经充分证明你是一个善于倾听的演讲者，你的举止会更加赢得听众的尊重。所以，那些走姿上的细节，我们也必须做好它。

既然走姿对演讲者来说是这么的重要，那么，下面我们就继续讲解标准的走姿要求、三类专业走姿和"走"的注意事项这些内容。

1. 标准的走姿要求（见图 6-7）

同样，想要走出潇洒的风度和气宇轩昂的气质，我们必须先从标准的走姿要求开始，标准的走姿要求包括行走时身体各部位的动作要求和行走时所迈步子的具体要求。

（1）身体的动作要求

■ 挺胸：还没开始迈步之前，首先要站直。也就是双手自然下垂，伸直双腿，收腹并挺胸。这一点非常重要，因为挺胸是潇洒走姿的第一保证，如果这一点没有做到位，那其他的动作做得再好也是白搭。

■ 迈腿：抬腿向前迈步时，重心先是落在后脚的脚弓上。之后，身体微微向前倾，当前脚落地时，身体的重心马上又转移到前脚掌上。总之，行走中身体的重心要随着移动的脚步而不断地在两脚之间进行变换，不能让重心一直停留在前脚掌上或者后脚掌上。并且，在前脚着地和后脚离地时，必须伸直膝部，特别是女性在穿着高跟鞋的时候，更加需要挺直膝关节，否则就会给人一种“登山步”的感觉。另外，整个行走的过程中，要步伐均匀、有节奏感，因为节奏流畅才能使人显得精神饱满、神采奕奕。

■ 稳身：行走时要目视前方，身子挺直，上身微微上提，保持膝关节和脚尖正对前进的方向。行走的过程中，要以大腿带动小腿，脚跟先着地，保持身子平稳。值得特别注意的是，在行走中，上身一直是跟地面垂直的。也就是说，在行走的过程中，不会因为抬起小腿而后仰、脚掌落地而前倾；也不会因为迈出左腿而左倾、伸出右腿而右斜。同时，上身两肩之间的连线跟前进的路线也一直是垂直的。也就是说，在行走的过程中，不会因为迈出左脚而出现身子扭向右边，也不会因为迈出右脚而出现身子扭向左边。另外，在行走中，身高一直处于差不多的同一个高度。也就是说，在迈步的过程中，不会出现不停地耸肩，或者不停地左右扭转屁股而出现身子起伏过大的现象。

■ 摆臂：行走中，两手臂自然摆动，要以大臂带动小臂，不能出现大幅度摆动小臂而几乎不摆动大臂的情况。两手臂要以相反的方向进行摆动，但两手臂摆动的轨迹不能是平行的，而是从身后外侧摆向身前的正中位置。同时，两手臂的摆动也不能像军队阅兵中士兵的姿势，因为士兵在前进时，小臂的弯曲度太大了。另外，双手臂也不能紧夹着身子走动，如果是那样，真的太不雅观了。还有，双手臂也不能朝后面正中位置摆动，如果那样，就像母鸭走路一样了。值得注意的是，整个行走过程中，手臂摆动到最大的幅度时，手掌与身子的距离在30~40厘米之间；而手臂摆到最前面和最后面之间的夹角在60~70度之间。当然，女士的摆动幅度会比男士小一些，因为相比起男士，女士的走姿要以含蓄为美。

（2）步子的具体要求

■ 步幅：步幅指的是行走时迈出一步的跨度。步幅的大小应根据身高、着装与场合的不同而有所调整。比如，海拔不是很高的演讲者，不能迈太大的步子，否则就会显得既机械又滑稽。再如，女性在穿裙装、旗袍或高跟鞋时，步幅应小一些，否则不是迈不开步子，就是出现走光的情形。与之相反，如果是穿着正装长裤走路，那步幅就可以大一些。

■ 步直：步直指的是行走时脚掌落地之后所有脚印内侧连线的笔直度。理想的步直应该是一条直线，也就是说，演讲者在行走时，所有脚跟的脚印的内侧连接起来刚好在一条直线上。当然，所有脚尖的连线就不一定在一条直线上了。因为脚尖一般偏向外边，整个脚掌跟中线的夹角为10度左右，脚尖距离中线的距离为5厘米左右。值得注意的是，步直对女演讲者的要求会比男演讲者高一些。它不但要求步直在一条直线上，还要求行走时，膝盖的内侧和脚踝的内侧似乎有摩擦感。

■ 步速：步速指的是行走时的速度，通常取决于行走者的精神状态。如果行走者此时的兴致高，动作就积极，迈步的速度也就稍快，反之就迟缓。正常情况下，步速应自然舒缓，方可显得成熟自信。一般而言，行走的速度标准为：男子每分钟步速为108~110步，女子每分钟步速为118~120步。但是，也有特殊的情况，那就是在登台亮相的那一瞬间，由于演讲者的心情是无比激动的，身体是比较兴奋的，所以，步速自然而然也就会稍快一些。

■ 步力：步力就是一个人走路时脚掌踩地的用力程度。步力一般取决于鞋子的材质和演讲者的心理状态、膝关节的状态。比如，如果是女性演讲者，穿着的是细高跟高跟鞋，那走路的声音肯定是清脆响亮的，让人觉得很有力度。比如，如果演讲者的心理素质比较好、走路是淡定从容的，那么，所迈步子也是坚实有力的。再如，如果演讲者的膝关节伸直到位，那所迈出的步子也一样是稳重有力的。所以说，一般而言，演讲者要想从容走路、步伐坚实有力，就必须做到着穿质量较好的皮鞋，尽量伸直膝关节，并且让自己的心情淡定。

图 6–7

2. 三类专业走姿

上文已经介绍了行走时标准走姿的基本要求，但这个基本要求是属于通用性的走姿的，而在演讲当中，还有一些专业性的走姿。这些专业性的走姿是在通用性走姿的基础上发展起来的，它分为三大类：一类为礼仪性走姿，一类为场景性走姿，一类为互动性走姿。

※ 礼仪性走姿

礼仪性走姿跟演讲的内容无关，它出自社交中礼节的需要，所以，这些走姿是不能省略的，并且还必须做得很规范才行。常用到的礼节性走姿包括如下四种：

（1）前行式

这是直线前行，也就是离开座位开始走上舞台之时所用到的走姿。首先是慢慢地起身，从椅子的左边迈出左脚，右脚紧跟其后，接着按照前文所介绍的标准的走姿要求，走向舞台。

（2）前行转身式

这是走上舞台之后，转身走向演讲台或者是舞台中心位置时，所用到的走姿。即在前行中需要转弯的时候，先以一只脚的脚掌为轴心，慢慢转身，角度为 90 度。接着，紧跟着迈出另一只脚。一般情况下，前行左转时，左脚尖先向左转，同时迈出右脚；前行右转时，右脚尖先向右转，同进迈出左脚。值得注意的是，在此过程中，必须是慢慢转身，如果转身速度快了，就不显得身姿优雅了，反而是让人觉得此演讲者很鲁莽。

（3）后退式

这是演讲结束，准备离开演讲桌或者舞台中心位置之时，所用到的走姿。也就是当演讲结束之后，与观众告别的时候，演讲者不能一扭头就走人，因为这样是很不礼貌的。正确的告别仪式是，演讲者应先向后退一步，向听众鞠躬或者以其他手势示意这场演讲已经结束，接着再转身离去。而在此过程中，后退时不要轻擦地面、不要高抬小腿，而且迈步的步幅也不能太大，同时值得注意的是，必须先转身再转头。

（4）后退转身式

这是离开舞台走到台下所用到的走姿。也就是当演讲者走向舞台边沿需要转身走下舞台的时候，先以一只脚的脚掌为轴心，慢慢转身，角度为 90 度。接着，紧跟着迈出另一只脚，再走下舞台。这个动作要求跟上文所介绍的“前行转身式”一样，在转身的过程中，也必须是慢慢转身。

※ 场景性走姿

演讲者在舞台上演讲的时候，不能老是站着不动说话，如果这样的话，画面感就不强了。所以说，演讲者在舞台上是需要走动的，并且需根据演讲的内容来选择不同的走动方式，而这些走动方式统称为场景性走姿。

当然，场景性走姿跟演讲内容就有关了，它是演讲者在演讲的过程中，为了让自己的演讲更加生动，更有吸引力，必须“放大招”，必须使用到一些很有用的走姿。而这些常用的走姿包括如下几种：

（1）闲庭信步

闲庭信步就是演讲者在舞台上，从舞台的左边慢慢地走向舞台的右边，或者是从舞台的右边慢慢地走到舞台的左边。相比起标准的走姿，步速慢很多，双臂摆动的幅度也要小一些。

这种走姿一般多运用于演讲者在讲故事时做故事铺垫的场景。我们都知道，好故事包括五大环节：开头、铺垫、发展、高潮、结局。于是，当演讲者进入故事铺垫的环节之时，就需要采取闲庭信步这种走姿，就需要采用慢条斯理的平直语调，目的是要慢慢地把听众带入自己所叙述的故事情境中去。

（2）来回健步

如果说闲庭信步是慢走，那么，来回健步就是快走了。来回健步是什么意思呢？就是演讲者在舞台上，在演讲桌旁边或者舞台的中心位置，多次来回走动，走动的距离不是很长，但是次数却很多，并且步速也比较快。

来回健步是演讲者为了制造悬念而运用到的。这种走姿既可以运用于演讲者讲故事时的发展阶段，目的是要调动听众的情绪，让听众突然觉得紧张起来，也可以运用于演讲者向台下不同观众提问的环节，比如，先走到左边向左边的听众提问，马上又走到右边向右边的听众提问。目的是抛出听众最关心的问题，直击听众的痛点，激发听众的兴趣。

（3）戛然停步

戛然停步就是演讲者在舞台上走动的时候，走着走着，突然一下子就停了下来，不再走了。

这种走姿一般运用于演讲者在演讲中的最紧要关头。比如，当故事讲到了最高潮的时候，演讲者突然停住了脚步，顿时提高嗓门，宣布故事的结局，目的就是想给听众一个意外，或者一个惊讶……再如，演讲者向听众提出某个问题之后，在听众满怀期待之时，突然停住了脚步，再郑重地说出答案，目的是引起听众对这个问题的重视。

※ 互动性走姿

演讲者在舞台上进行演讲的时候，不光是讲自个的，还需要不时向听众提问。于是这个时候，演讲者就需要跟听众互动了，需要走向听众，不可能站在原地一动不动。演讲者跟听众互动的走姿大致有如下三种：

（1）有意提问

有意提问就是演讲者在演讲的过程中，发现某位观众的神情很配合演讲者，比如，不停地点头，时不时地鼓掌……而此时，演讲者为了让自己的演讲更有说服力，需要借助第三者之口来印证自己的观点。于是，演讲者就向这位听众的方向走过去，并向这位粉丝级的听众提问。

在走向听众的过程中，演讲者可以走到舞台的边沿，向这位听众提问；也可以走下舞台，到听众的面前再提问。不管采用哪种方式，演讲者必须面带着微笑，步伐轻盈地走向听众。值得注意的是，演讲者此时的步速应是稍慢的，步幅是稍小的，双脚落地力度不大，而迈步是比较轻盈的。为什么这么要求呢？因为演讲者采用轻盈的迈步、稍慢的步速、稍小的步幅，一般不会惊吓到听众，听众也不会因演讲嘉宾的到来而感到很突然。

（2）特意回答

特意回答就是演讲者在演讲的过程中，台下突然有听众举手向演讲者提问，而在这个时候，演讲者为了体现自己很尊重这位听众的问题，于是特意走到这位听众的身边，或者走到舞台边离这位听众最近的地方，再回答这个问题。

这时演讲者走向听众的时候，演讲者也必须是脸带微笑的。不过，此时演讲者的步速是稍快的，步幅是稍大的，而迈步是有力的。为什么这么要求呢？因为此时演讲者采用有力的迈步、稍快的步速、稍大的步幅，既可以体现出演讲者对观众所提出问题的重视程度，也可以展现出演讲者对观众的真诚态度。

（3）顾及全场

照顾全场就是演讲者在演讲的过程中，可能会出现左边的听众兴致很高，很喜欢跟演讲嘉宾互动，而右边的听众却反应平平，对演讲嘉宾视而不见的情况。于是，在这个时候，演讲者为了顾及全场观众的感受，在频频走向左边的同时，也时不时向右边走去。尽管没人向演讲嘉宾提问，也没人愿意回答演讲嘉宾所提的问题。

当演讲者为了顾及全场听众的感受而走向右边的时候，演讲者此时的步速是稍快的，步幅也是稍大的，迈步也是有劲的。为什么如此要求呢？因为演讲者采用有力的迈步、稍快的步速、稍大的步幅，有助于引起右边听众的注意力，把他们带回到自己所塑造的演讲氛围中来。

3. “走”的注意事项

讲完标准的走姿要求、三类专业走姿之后，最后再强调一下“走”的注意事项，也就是演讲者在讲台上走动的时候，有些不雅的动作是必须避免的，以防破坏自己在听众心目中的形象。现在将这些注意事项列举如下：

■ 行走时，不能摇头、晃肩、扭腰、扭臀，这些姿势非常不自然。

■ 不能低头走路，这是心事重重、精神萎靡不振的表现。

■ 不能拖着脚走路，这样会显露出未老先衰、暮气沉沉。

■ 不能跳着走，会让人认为你心浮气躁。

■ 不能走出内“八”字或外“八”字，这样看起来像鸭子走路。

■ 不能只摆大臂，而不摆小臂，这是军人步伐，不适合于演讲场合。

■ 不能只摆小臂，而夹肩走路，这样会让自己显得很小气。

■ 双手不能左右摆，这样像跳舞。

■ 双手不能插入裤袋，这样显得不尊重别人。

■ 双手不能反背于背后，这样显得是在摆架子。

■ 走路时，不要大半个身子前倾，这样的动作既不美，又有损健康。

讲完身姿的三种常用姿势（包括坐姿、站姿、走姿）之后，我们就一位演讲者从步入会场、登台演讲到演讲结束离开会场这三个环节做个小结，也就是在这一过程中，演讲者怎么做，才能体现出自己是一位有涵养、有教养、有修养的风度翩翩的演说家。笔者的观点如下：

步入会场时，演讲者要态度谦虚、步子沉稳、面带微笑。不能左顾右盼、装腔作势，以免有轻佻、傲慢之嫌；也不能忸忸怩怩、畏缩不前，以免有失演讲嘉宾的身份。

在就座之前，应与陪同者稍做谦让，方可落座。当然，也不宜过多推让。

入座时，声音要轻，要坐正坐稳，不能左观右看，也不能只顾玩弄手机或者其他物品。

当主持人介绍到演讲者时，演讲者应自然起立，向听众鼓掌或点头表示感谢之意，不能坐在椅子上一动不动，也不能仅仅只欠一下身子。

正式登台演讲时，应该先向主持人点头致谢，然后从容沉稳地走上讲台，恭敬、诚恳地向听众敬礼，并且目光环视全场，表示与听众已打招呼，然后再开始演讲。

演讲结束时，演讲者应面带微笑，向听众致谢之后，方可下台。既不可因为发挥不好而表现出一言不发、郁郁寡欢的神态，也不可因为超常发挥而显露出扬扬得意、不可一世的样子。总之，演讲者自始至终都要给人一种谦虚谨慎、彬彬有礼的印象。

五、最有效的训练方法——登台亮相练习*

我们都知道，台风（此处指的是舞台风格）对于一个演讲者来说，真是太重要了。一位演讲者在台上的表现，是否有吸引力、是否挥洒自如、是否有足够的气场，这些都是需要借助演讲者的台风表现出来的。当然，由于台风涉及个人的习惯以及对肢体的控制能力，所以，对于协调性比较差的演讲学习者，想在短时间内就能达到动作规范、潇洒自如的效果，还是有一定难度。不过，如果按照如下的要求去训练，循序渐进，提高水平的愿望还是指日可待的。

登台亮相一共有四个环节（见图 6–8），现一一介绍如下：

图 6–8

* 微信扫描封三或本书最后一页二维码，获取名家演讲训练方法与材料。

1. 训练要求

（1）闪亮登场

当演讲者从椅子上起身后，要站直、挺胸、抬头、双眼平视前方。在这里，站直挺胸是走姿潇洒的第一保证，如果这一点都做不到，后面的动作都是白搭。

接着，开始大迈步向前。在这一过程中，身子不能左右摇晃，也不要前后扭腰；并且走路时要速度稍快，双臂前后摆动时，要做到大臂带动小臂（见图6-9）。

上台后，转弯时，速度要稍放慢。

当走到舞台中间稍偏右边一点处，转身面向观众。这时，要站直、抬头、挺胸、收腹，双肩放松、双腿挺直；双脚成为小“V”字形或者小“丁”字步，稍比双肩窄一些；双手交叉或者上下重叠放在腹部前面（见图6-10）。

图6-9

图 6–10

（2）面对观众

当在台上站好后，演讲者要先用眼睛左右环扫一下全场，看看现场大概有多少人。注意：环视全场时，头部摆动幅度不要过大，眼珠不要上下左右乱转。

眼睛环扫全场后，再把视线集中到前面几排重要的观众身上。注意：定睛看一看前排的观众时，时间不能太长。

图 6–11

最后，将视线回到中间观众身上。这时候，眼睛似看非看地望着观众，要做到“眼中无听众，心中有听众”，目的是让听众觉得讲话者依然在注视着他们。注意：整个过程，时间应在 3 秒钟之内（见图 6-11）。

（3）微笑发言

发言前，先微笑一下，微笑时，可配合头部细微动作，比如，头偏歪一点或者稍微点一下头。

开始发言，内容可以为：“各位老师、同学们，大家下午好！”

一说完，接着来一个 30 度的鞠躬。

（4）鞠躬下台

演讲完后向听众鞠躬，转身下台，走姿动作要求同登台一致。

2. 辅导手记

登台亮相的要求，尽管简单，只是上台说一句话而已。不过，我们必须明白，“三恐症”（恐高症、恐生症、恐众症）人人都有。也就是常规情况下，我们在职务比自己高、能力比自己强的人面前，或者在陌生人、在众人面前讲话时，心里肯定会感到紧张的。特别是对于初次上台或者是曾经上台失败过的人来说，这个挑战更是不小。

所以，教练说完上面的要求后，首先要给学员做示范，并要求学员看清楚每一个动作细节。示范一做完，教练赶紧趁热打铁，鼓励学员上台演练。在学员演练的过程中，教练要带头鼓掌，要多夸奖学员，比如说“不错！”“非常好！”“很好！”“越来越棒了！”等等。同时，教练还要再三强调学员之间的相互支持和相互鼓励尤其重要，因为学员之间的鼓励，效果比教练对学员的鼓励还好一些。

对于一些初次上台的演讲者，教练要给他们进行思想开导。告诉这些学员：口才不是天生的，它跟学习外语或者学习开车一样，也是后天培养的，平时生活当中，有些人特别能说会道，只是因为他平时说话比较多，得到锻炼的机会比较多而已。同时，还要告诉学员：这个世界上，没有什么天生的自信，只有不断培养的自信，脸皮是磨炼出来的，嘴巴是锻炼出来的，心理素质的培养和提高要靠多次上台来完成，量变才会引起质变。对于一个初学演讲的人来说，自信心的确立，最少需要50次的上台机会。

对于一些因为顾忌个人形象而造成心理紧张的同学，教练要告诉他们：紧张不值得、没必要，这只是练习而已，反正大家都在一起训练，又不是正式的演讲。

对于一些看到别人表现不错或者进步很快，反而更加不敢上台的学员，教练要告诉他们：学习演讲的时候，最好是跟自己比，如果每次都有进步，就说明达到训练的目的了；千万先别跟别人比，也许自己跟其他人的起点不一样。如果经常拿自己跟那些优秀的学员比较，可能就再也没有勇气训练下去了。

对于个别超级紧张、一站在舞台上就说不出话的学员，可先来一个心理紧张脱敏训练。教练让他站在舞台中间，与台下观众对视一分钟。接着，教练在台上与该学员对话，并把日常生活中的话题搬上舞台，来缓解他的心理紧张。最后，教练与这位学员并排站在一起，为他壮胆、缓解他心理压力的同时，鼓励他面向观众讲话。

（注：这是目前，笔者所找到最有效的缓解上台讲话紧张的唯一方法。当然，这个方法很浪费时间，也很考验台下观众的耐性。）

在给学员进行心理疏导的同时，教练最好结合成功的案例来讲解。比如，曾经有这么一位学员，刚开始的时候，一上台还没说几句话就开始往下跑，训练几次后，慢慢找到感觉，就越讲越来劲了。但没想到的是，几个月之后，由于自信心爆棚，他想霸占这个舞台，每次讲话都不肯下来，当教练提醒他注意时间的时候，他还振振有词："还没讲完呢！"所以说，心理恐惧都是来自不知道和未确定。对于大多数人来说，当众演讲是一个未知数，难免对结果会产生焦虑和恐惧；对初学者来说，当众演讲更是一种含金量很高的很难学会的技能。想要使这种可怕的事情变得简单，只有靠练习、练习、再练习。直到有一天，你会猛然发现：跟很多人一样，一旦有了成功的经验作为基础之后，当众演讲就不再是一种痛苦，而是一件很快乐的事情了。

另外，在帮助学员树立自信心的时候，教练还要帮助学员纠正一下姿势，包括上下台走路姿势、台上站立姿势、如何与观众眼光接触等。

上下台走路姿势。除非是练习过舞蹈、体操、武术等，不然，初上台者是走不出那种稳健、轻盈的步伐的。所以，对那些低头，甚至把双手插在裤子口袋里走路的人，想改变走路习惯，也不是一天两天的事情。不过，对于走路没有一些坏习惯的大多数人，在教练的指导下，现场来回大约走10次后，效果可立竿见影。因为只要站直，挺胸，步伐稍快，摆臂自然，那种压轴登场的气势就马上显现出来了。

但至于走路驼背的、左右晃动的、前后扭腰的、内外“八”字步的、夹住胳膊的、双臂摆动幅度过大的、双肩不一样高的等，因为这些缺点一般只是出现在少数人的身上，并且纠正它的难度也比较大，训练的时间也比较长，所以，这部分的内容就暂不讲解了。本堂课，仅仅要求学员走路时，能走出一种积极向上的气势就行了。

台上站立姿势。新学员觉得很难受的规范动作就是双脚保持小“V”字形、双腿挺直站立，同时还要把双手上下重叠在一起，放在腹部。确实，一个习惯的形成真的很不容易。不过，只要坚持上台20次以上，训练效果就会显示出来。

与观众眼光接触。有的新学员在台上时，眼光总是闪闪烁烁、飘浮不定，而他本人也没有意识到。其实，这种表现是由于心里紧张而造成的，想改变它并不难，只要坚持训练一段时间就可以了。训练方法很简单，就是在台上一直站着，当自己的心平静如水后，再开始慢慢观察台下每位观众的表情。

一招让你手势潇洒大方

985名校工商管理专业本科毕业的林珊珊，被一家中国500强企业招聘为储备干部，在公司总部担任培训专员这一职务，而跟林珊珊一起被招进来从事同样工作的应届毕业生一共有5位。

6个月的试用期过后，公司人力资源中心决定在他们5位新人中提拔一名员工为培训主管。由于他们做的事情是跟培训有关的，于是，选拔方法是以演讲竞聘为主，而演讲题目为《如果我是培训主管》。

在这场竞聘选拔活动中，林珊珊本来是很有优势的。比如，专业对口度高，况且试用期转正的述职报告里面，林珊珊的评分也是最高的。但是竞选结果出来之后，林珊珊却输了，输得很惨，输得让她有点“莫斯科不相信眼泪”。林珊珊输给谁了呢？她输给了她的同事王丽丽。

林珊珊非常纳闷：不说王丽丽的毕业院校没有自己的名牌、专业背景没有自己的对口，就光说演讲内容吧，王丽丽的演讲稿也没有自己写得全面啊！况且竞聘演讲的PPT的制作，王丽丽更是没有林珊珊专业。

林珊珊决定到公司人力资源部去一趟，她想向这次选拔活动的主持人问个究竟。而作为公司人才发展经理的主持人刚好也是林珊珊的老乡，他们在新员工欢迎晚会上早已经相互认识过了。

但没想到结果更是让林珊珊大跌眼镜。人才发展经理告诉李珊珊，他本人是很欣赏林珊珊的，作为评分人，他也给林珊珊打了高分。但剩下的6位评委，却一致认为王丽丽的竞聘演讲更能打动大家。比如说，王丽丽说到自己的未来工作安排，不但目标清晰、步骤具体，而且对自己非常有信心。

特别是在演讲的过程中，手势动作不仅很多，还非常有力量，特别是她挥舞双拳表决心的那一瞬间，评委们几乎被彻底征服了。而反观林珊珊的演讲，对自己未来的具体工作安排，尽管很详尽，但是，说话的语气不够肯定，况且在演讲的过程中，几乎没有运用到手势等肢体语言，所以，评委们对林珊珊的未来工作安排充满疑虑，于是，就把票投给了王丽丽。

听完人才发展经理的解释，林珊珊这才意识到：演讲是否具有说服力，还要靠手势这个绝杀技。

一、借助手势才能“Hold”住场面

手势是什么呢？手势也叫手势语，它指的是人们运用手臂（包括手指、手掌、拳头、肩臂等）的运动变化来显现事物、表现情感和体现意义的一种态势语言。

可以这么说，在所有的态势语言中，由于手势的使用频率最高、活动幅度较大、活动最方便、表达最自由、形态变化最多，因而它的表现力、吸引力和感染力也最强，最能表达出丰富多彩的思想感情。曾有演讲名家说过：“手是人的第二张脸。”；艺术大师罗丹也曾说过：“没有灵敏的手，最强烈的感情也是瘫痪的。”；就连德国表演大师吉布·佩森在谈到演出体会时也这么说：“我就靠我的动作、姿态向人们昭示我的内心世界，昭示我的所思所想，昭示我的喜怒哀乐。”由此可见，手确实是人体最重要的情感表达器官。

所以说，在演讲中，寓意深刻、恰当准确的手势动作，能产生极大的舞台魅力，激发听众的想象力，激发听众的热情，加深听众对演讲内容的理解，促使演讲获得成功。比如，自然而平缓的手势，可以帮助演讲者平静地说明问题；凌厉而有力的手势，可以帮助演讲者升华感情；优雅而含蓄的手势，可以帮助演讲者表明心迹……

既然手势的杀伤力这么强，那么，下面我们就手势的类型、手势的训练等方面来展开讲解。

二、手势的类型

为了更好地掌握常用手势的动作要领，我们先对手势进行分类，分类的依据是陈氏手势三维理论，这个理论也是笔者经过多年思考总结出来的。理论的主要内容（见图 7–1）为：演讲者使用了哪个部位，运行了哪种轨迹，停留在哪块区域，表达出什么意思。也就是一种手势动作，它能表达出三大类意思，即显现事物、表现情感、体现意义。但它必须依赖三大要素。首先是演讲者使用的具体部位，比如，手指、手掌、拳头、肘部、肩部。而这其中，每个部位所体现出来的手势的灵活度、手势的力度都是不一样的。其次是演讲者手势的运行轨迹，它包括上举、下压、平移、波动、斜劈这五种，并且每一种手势的活动范围、力度也是不一样的。最后是演讲者手势的停留区域。也就是演讲者的手势在运行完成之后，所定格的区域，它包括上区、中区、下区这三大区域，并且停留在哪个区域所体现的意义也有所不同。

上面所介绍的就是陈氏手势三维理论的简单概括，相关具体内容，下面进行一一详细讲解。

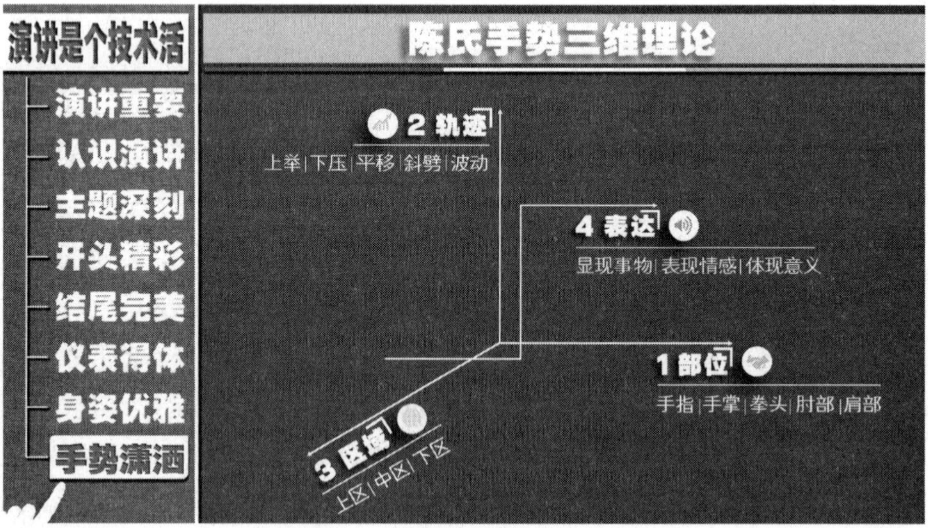

图 7–1

1. 从使用部位划分

演讲者一般是根据演讲内容的需要，来选择以手臂上哪个部位为主来做手势。而使用部位最多的应该是手指、手掌、拳头、肘部和肩部。于是，根据使用部位的不同，我们将它们命名为手指手势、手掌手势、拳头手势、肘部手势、肩部手势。

（1）手指手势

手指手势是指手势动作在运行的时候，以突出手指部位为主。它还分为单手指手势和双手指手势两大类。但是，在演讲中一般以单手指手势较多。

具体的手指手势有：拇指式；食指式；中指式（禁用）；小指式（慎用）；拇指、食指并用式；拇指、小指并用式；食指、中指并用式；食指、小指并用式（慎用）；拇指、食指、中指并用式；拇指、食指、小指并用式；中指、无名指、小指并用式；食指、中指、无名指、小指并用式；五指并用式；五指O形式；双食指式；双拇指式；双食指、拇指并用式；双食指、中指并用式；双五指并用式；双五指心形式；双五指O形式，等等。

（2）手掌手势

手掌手势是指手势动作在运行的时候，以突出手掌部位为主。它还分为单手掌手势和双手掌手势两大类。而在演讲中，单手掌手势的种类比较多，但使用双手掌手势的情况比较多。

具体的手掌手势有：手切式；手扫式；手斜式；手推式；手送式；手压式；手涨式；挥手式；颤手式；仰手式；俯手式；手挡式；手铲式；手夹式；手抓式；手包式；抚身式；拍头式；拍肩式；手剪式；掌分式；搓手式；手抱式；手量式等。

（3）拳头手势

拳头手势是指手势动作在运行的时候，以突出握拳动作为主。它还分为单拳手势和双拳手势两大类。但是，在演讲中一般以单拳手势较多。

具体的拳头手势有：举拳式；打拳式；捶胸式；对撞式；抱拳式等。

（4）肘部手势

肘部手势是指手势动作在运行的时候，以突出肘部部位为主。它还分为单肘部手势和双肘部手势两大类。不过，在演讲中一般很少用到肘部手势，并且肘部手势也不多。

具体的肘部手势有：下撞式；后撞式等。

（5）肩部手势

肩部手势是指手势动作在运行的时候，以突出肩部部位为主。它还分为单肩部手势和双肩部手势两大类。不过，在演讲中很少用肩部手势，并且肩部手势也不多。

具体的肩部手势有：旋臂式；抱臂式；摆臂式；耸肩式等。

2. 从运行轨迹划分

我们都知道，手势是在运行中体现出来的，所以，它就有运行的轨迹。现在，我们根据手势运行的轨迹，将手势分为如下五类：

（1）上举手势

上举手势就是运行轨迹从下面往上面走的手势。例如，食指式；五指O形式；食指、中指并用式；拇指、食指、中指并用式；双食指式；双食指、拇指并用式；仰手式；挥手式；手涨式；手抓式；手包式；拍头式；拍肩式；举拳式；捶胸式；抱拳式等。

（2）下压手势

下压手势就是运行轨迹从上面往下面走的手势。例如，俯手式；手切式；手压式；旋臂式；摆臂式等。

（3）平移手势

平移手势就是运行轨迹在水平面上走的手势，从左往右运行或者从右往左运行都可以。例如，手扫式；手推式；手送式；手铲式；手剪式；掌分式；搓手式等。

（4）斜劈手势

斜劈手势就是运行轨迹从右上方往左下方走或者从左上方往右下方走的手势。例如，手斜式等。

（5）波动手势

波动手势就是运行轨迹像波浪一样涌动的手势，从左向右移动、从右向左移动或者从上往下移动、从下往上移动。例如，颤手式、手涨式等。

3. 从停留区域划分

当手势开始运行之后，最终会停留在某个方位。所以，我们根据手势最终停留的区域，又将其分为三类手势。

（1）上区手势

演讲时，手势动作运行结束之后，停留在肩部及以上的地方，称之为上区手势。

一般来说，手势在这一区域活动，表示理想、希望、喜悦、祝贺、积极、振奋、赞扬、肯定等褒义意义，或者表达积极向上的、慷慨激昂的感情。

上区手势的动作特点是：手势向内、向上，手心也向上；动作幅度较大。

上区手势包括：拇指式；食指式；五指 O 形式；食指、中指并用式；仰手式；挥手式；手抓式；手包式；拍头式；拍肩式；举拳式；抱拳式等。

（2）中区手势

演讲时，手势动作运行结束之后，停留在肩部到腰部之间的地方，称之为中区手势。

一般来说，手势在这一区域活动，表示的是坦诚、平静、严肃、和气等中性意义，多用于叙述事物、说明事理和表达较为平静的情绪，基本上不带有浓厚的感情色彩。

中区手势的动作特点是：单手或双手自然地向前或两侧平伸，手心可以向上、向下，也可以和地面垂直；动作幅度适中。

中区手势包括：俯手式；颤手式；手扫式；手推式；手送式；抚身式；手剪式；掌分式；搓手式等。

（3）下区手势

演讲时，手势动作运行结束之后，停留在腰部及以下的地方，称之为下区手势。

一般来说，手势在这一区域活动，表示的是憎恶、鄙视、反对、批判、失望等贬义意义，传递出来的多是消极否定的信息。

下区手势的动作特点是：手心向下，手势向前或向两侧往下压；动作幅度较小。

下区手势包括：手切式；手压式；下撞式等。

4. 从表达意思划分

手势停留在某个区域之后，代表手势动作结束了，那它想表达的意思也就出来了。一般来说，手势要表达的意思分为三大类，依次为显现事物、表现情感、体现意义。而显现事物还包括指示手势和模拟手势；表现情感对应的是抒情手势；体现意义对应的是象征手势。

（1）指示手势

指示手势是用来指明具体对象的，目的是为了增强演讲者所表达事物的重要性或者真实感。这种手势的特点是“比较明了，不带感情色彩”，因此比较容易操作，效果也很不错。

指示手势包括：拇指式；食指式；仰手式；手扫式；抚身式；拍头式；拍肩式等。

指示手势还可分为实指和虚指两种。

实指是演讲者的手势能够指向的具体东西，包括演讲现场的人、物等，都在观众的视线范围之内。例如，刚开始演讲时，演讲者的开场白是这样的：“今天是周末，本来是个休息日，而有这么多的朋友（伸出右手，手掌向上，从左边往右边做水平运动）来捧场、来听我（右手掌抚胸）的演讲。说明在场的各位（张开双手，手掌朝上，做拥抱现场听众的动作）都是非常爱学习的，大家说，对不对？”而这其中，演讲者总共做了三个手势，两个指向观众，一个指向自己，这三个手势都是实指手势。再如，演讲结束时，演讲者发表的结束语：“如果把人生分为四天，那就是春天、夏天、秋天、冬天；如果把人生分为三天，那就是昨天、今天、明天；如果把人生分为两天，那就是白天、夜天；如果把人生分为一天，那就是每天。今天，我（双手掌抚胸）祝愿在座的各位（与肩部平行，伸出双手，手掌朝上），快乐每一天、把握好每一天（双手掌往上抬起）。”而这其中，演讲者同样做了三个手势，两个指向观众，一个指向自己，这三个手势也都是实指手势。

虚指是演讲者和观众在现场都不能看到的东西，包括时间、精神等，不能眼看，但可以意会。例如，在演讲中，演讲者说了这么一段话：“岁月就像一条河流，左岸（用右手掌斜劈左边）是不堪回首的心酸往事，右岸（用右手掌正劈向右边）是值得把握的青春年华，而中间（右手掌移到正中间，曲手背往正前方一推）飞快流淌的正是自己不思进取的安逸。”而这其中，演讲者一共做了三个手势，这三个手势都是虚指，因为岁月是看不到的。再如，当演讲者讲到“脚达不到的地方，眼睛达得到；眼睛（伸出右手掌，以食指、中指、无名指等三指的指尖按在右眼眶的上沿）达不到的地方，精神（右手掌往上高举）达得到”这句话时，演讲者一共使用了两个手势，一个为实指，因为触碰到了眼眶；另一个是虚指，因为精神是看不见、摸不着的。

（2）模拟手势

模拟手势是用来模拟事物形状的，由于演讲者所说到的事物一般都是没有在现场，所以，它的目的是为了能给观众以具体、明确的印象。这种手势的特点是“求神似，而不求形似”，因此有一定的夸张色彩。不过，模拟手势的效果还是蛮好的。

模拟手势包括：手剪式；掌分式；双五指心形式（即双手的拇指和食指围成了一个心形）；对撞式；旋臂式；摆臂式等。

跟指示手势一样，模拟手势也分为实模和虚模两种。

实模就是演讲者用手势来模拟现实世界存在的具体东西，包括人、物等。例如，在一次演讲比赛中，一位演讲者讲起自己由于身患重病没钱医治，一个个素不相识的爱心人士给他寄来了汇款单、物品……特别是当他讲到一位年仅五岁的小女孩，有一天到医院给他送来一个大鸭梨时，这位演讲者突然热泪盈眶、双手合抱，模拟出一个大大的鸭梨，似乎这个“鸭梨”代表了所有朋友的关怀，体现了人世间人性最光辉的一面。可能是这个动作比较夸张又庄重吧！于是，全场的观众都给他报以热烈的掌声。

虚模就是演讲者用手势来模拟现实世界中没有的东西，包括精神、境界等。例如，阿里巴巴集团创始人马云先生有一次在给几百名创业者做演讲的时候，他说：“决定你创业成功的是不仅仅是你对市场的敏感度和把握度，更重要的还是你个人的思维和境界。如果你的思维、你的境界这么大（马云微微弯腰，双手掌放在胸前，围成一个小圆圈），而你的野心又是那么大（马云挺起胸脯，向两边打开双臂），你怎么会创业成功呢？”或许是马云先生这两个动作太夸张了，对比太明显了吧，他的话一说出口，马上引来全场的掌声和笑声。

（3）抒情手势

抒情手势在演讲中的使用频率比较高，它是用来表达演讲者的情绪的，目的是使抽象的情感具体化、形象化，让观众易于领会演讲者的思想情感。

抒情手势包括：拇指式；食指式；拇指、食指并用式；食指、中指并用式；双食指式；双食指、拇指并用式；仰手式；俯手式；挥手式；颤手式；手切式；手扫式；手压式；手推式；手送式；手铲式；手抓式；手包式；抚身式；拍头式；拍肩式；手剪式；掌分式；搓手式；举拳式；打拳式；捶胸式；对撞式；抱拳式；下撞式；摆臂式等，几乎涵盖了所有的手势。

抒情手势的特点是“感情色彩非常明显”。比如，在表达很兴奋的时候，演讲者不断地拍手；在表达很恼怒的时候，演讲者用力地挥舞着拳头；在体现很急躁的时候，演讲者不停地搓手；在体现很果断的时候，演讲者举起手掌猛然往下砍……总之，这种手势的效果非常好，很多知名的演说家都喜欢使用它。有人说，美国前总统林肯的演讲之所以这么有吸引力，是因为他善于使用抒情手势。林肯的老朋友赫恩登是这样评价林肯的演讲的：“他瘦长的双手非常有力量，似乎所有的思想和情绪都聚集在那里。为了表现出欢乐的情绪，他把双手臂高高举起，手掌向上，两手臂夹角约 50 度，好像已经抓到了他所渴望的喜悦；当讲到痛心的地方，比如痛斥奴隶制度时，他紧握双拳，在空中用力挥动”。由此可见，抒情手势的确是演讲名家的撒手锏！

（4）象征手势

象征手势就是用具体的手势表达某些抽象意义。象征手势包括：双五指心形式；食指、中指并用式等。

象征手势的特点是“某一手势已经有特定的象征意义”。比如，在一次毕业典礼上，当演讲快要结束的时候，老校长说：“同学们，青春属于你们的，未来属于你们的，胜利一样也属于你们的。”说完这句话的同时，老校长伸出右手掌，手掌朝向同学，将食指和中指竖起分开，其他三指并拢，形成一个“V”字，并大力地把这个“V”字向同学们推去。为什么老校长最后使用了这么一个手势呢？有什么象征性的意义？因为这个手势在很多国家里都是表示“胜利”或者“成功”的意思，同时英文中“Victory”（胜利）这个单词的第一个字母就是“V”。所以，这个手势饱含了老校长对同学们真挚的感情和满怀的期待。当然，这个手势一出现，老校长的演讲也赢得了同学们经久不息的热烈掌声。

三、手势的训练

讲完手势的种类和常见手势的具体名字之后，接下来讲解这些手势运用于何种场景，我们应该如何进行训练才能掌握这些手势的动作要领了。

其实，演讲中手势语的词汇非常丰富，并且千变万化，有时会让人无所适从，也不知从何学起。于是，笔者决定从手势的使用部位入手，将常用的 5 类 56 种手势的动作要求、表示意义一一介绍，同时也把一些禁用的、少用的、歧义的手势穿插其中，目的是引起各位学习者的注意，以免用错手势。

1. 手指手势练习（共 21 种）

手指手势分为单手手指手势和双手手指手势两大类。而单手手指手势还继续分为单手单指手势和单手多指手势，双手手指手势同样还分为双手单指手势和双手多指手势。

（1）单手单指手势（4 种，其中 1 种被禁用，1 种请慎用）

① 拇指式。（见图 7–2）

■ 动作要求

向正前方伸出右手掌，肘关节不能伸直，大臂、小臂直接的夹角大约在 160 度；手掌与地面垂直，与肩部差不多平行。

接着，右手掌做半握拳状态，也就是除了拇指的其他四指自然弯曲，指尖紧贴大鱼际，掌心朝向左边；同时竖起拇指，向前硬挺拇指的指腹，让拇指的形状成为半弧形。

■ 表示意义

A. 表示“肯定”“认同”的意思。

B. 表示“强大”“第一”等意思。

■ 举例说明

A. 表示肯定："含泪播种的人一定能含笑收获（竖起右拇指）！大家说，对不对？"

B. 表示强大："人因梦想而伟大（竖起右拇指）！因学习而改变（右手掌向右横扫过去）！因行动而成功（双手掌向上高高举起）！大家说，对不对？"

■ 常用指数

这个手势的应用范围不是很广，但它的表现力非常强大，一般用于赞美某人、某事，肯定某人、某事，所以，在演讲中使用得也较多。

它的使用指数为：★★★★☆

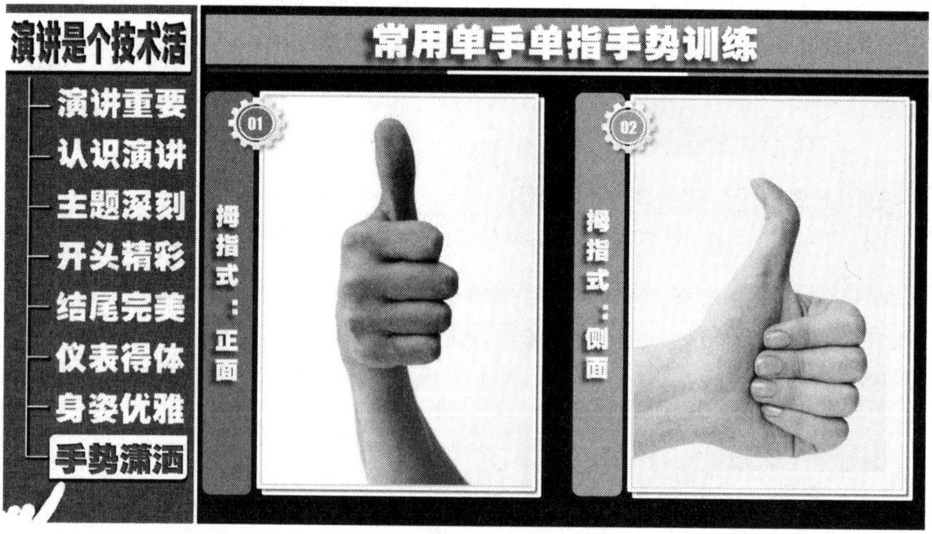

图 7-2

② 食指式。（见图 7-3、图 7-4）

■ 动作要求

伸出食指，其余四指弯曲合拢，拇指压在其他三指上面。如果伸出的是右食指，则掌心朝向左边。

食指可以指向很多地方，包括指向天空、指向某物、指向自己等，但不能指着观众。

■ 表示意义

这个手势所表达的意义比较多，常见有如下几种：

A．指明方向，一般是用食指指向前方。

B．指明事物，一般是用食指指向对象，包括人物、事物等。

C．表示“观点”，一般是用食指指向天空。

D．表示“肯定”，一般是食指朝上指，并且前臂还抖动一下。

E．表示“强调”，一般是胳膊往上抬，用食指指向天空。

F．表示“思考”，一般是用食指指向自己的太阳穴部位并划圈。

G．表示“安静”，一般是把食指放在嘴唇的正中间。

H．表示“直线”，一般是用食指在齐肩位置划线。

I．表示“弧形”，一般是用食指在空中划弧线。

J．表示数字“一”系列，一般是食指往上面指去，表示“一”“十”“百”“千”“万”……

K．表示数字“九”系列，一般是食指弯曲成钩状，表示“九”“九十”“九百”“九千”“九万”……

L．表示过来，也是食指弯曲成钩状，手掌水平伸向某人，掌心向上，手指同时不停地做勾拉的动作，表示“勾引”“你过来”等意思。

（注：这个手势在演讲中较少使用，属于忌用的手势。）

■ 举例说明

A．指明方向：“从来没有人告诉我，成功之后，刚走几步又是失败；也从来没有人对我说，失败之后，要走多远才是成功（右食指指向前方）！”

B．指明事物：“今天很残酷，明天更残酷，后天很美好，但绝大多数人都死在明天的晚上（右食指指向左上边），却见不到后天的太阳（右食指指向右上边）。”

C．表示观点：“我虽然不同意你的观点，但我誓死捍卫你说话的权利。而我的观点（向上举起右食指）是：不为失败找理由，要为成功找方法。”

D．表示肯定：“一分耕耘一分收获，每一次发奋努力的背后，必有（向上举起右食指）加倍的赏赐！”

E．表示强调：“我再次强调（右食指指向天空）一遍，这世界上没有失败，只有暂时没成功！”

F. 表示思考："你有没有想过（右食指指向自己的右太阳穴并划了一个圆圈），既然出现问题时，哭不能够解决问题，为什么不笑呢？"

G. 表示安静："嘘（用食指压住嘴唇）！千万别乱说话！有时候，饭可以乱吃，但话不能乱说！"

H. 表示直线："有时候啊！我们必须学会直线（右食指在齐肩位置划线）做事，曲线（右食指在空中划弧线）做人！"

I. 表示弧形："那是一个春天，有一位老人在中国的南海边画了一个圈（用食指在空中划弧线）。"

J. 表示数字"一"系列："今天，在这松花湖畔，我要说：我愿是松花湖中的一（右食指上举）滴水珠；我愿是演讲实践洪流中的一（右食指上举）个马前卒；我愿是中华演讲事业大潮中的一（右食指上举）个献身者——甚至是不幸的但绝对是壮烈的牺牲者（向前上方举起右手掌）！"

K. 表示数字"九"系列："饭后百步走，活到九十九（食指弯曲成钩状）！"

L. 表示过来："小李，快点过来呀（食指不停地做勾拉的动作）！我在这边！"

■ 常用指数

这一手势可以运用于很多场合，表达的意思很多，常在演讲中被大量使用，几乎每一场演讲都用到它。

所以，它的使用指数为：★★★★★

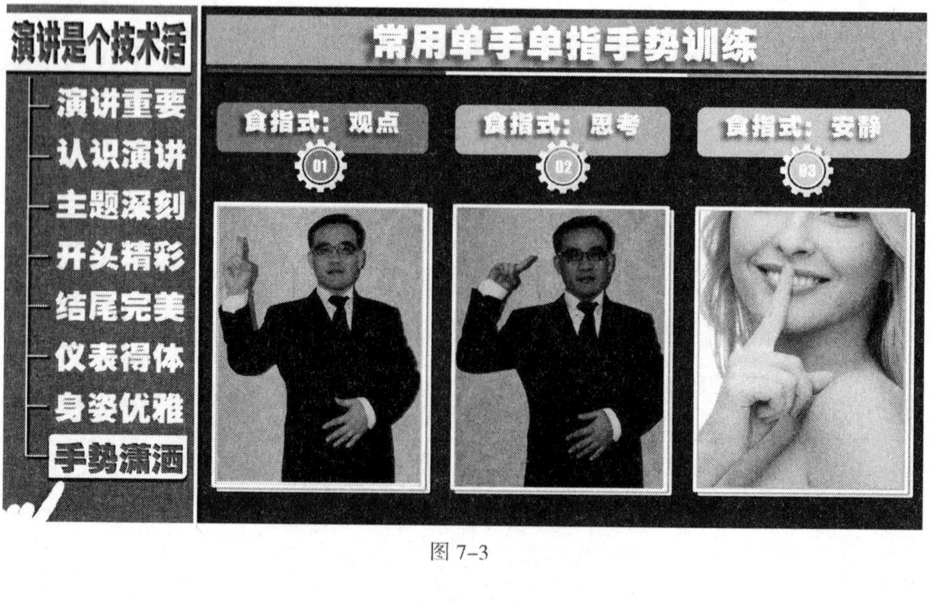

图 7-3

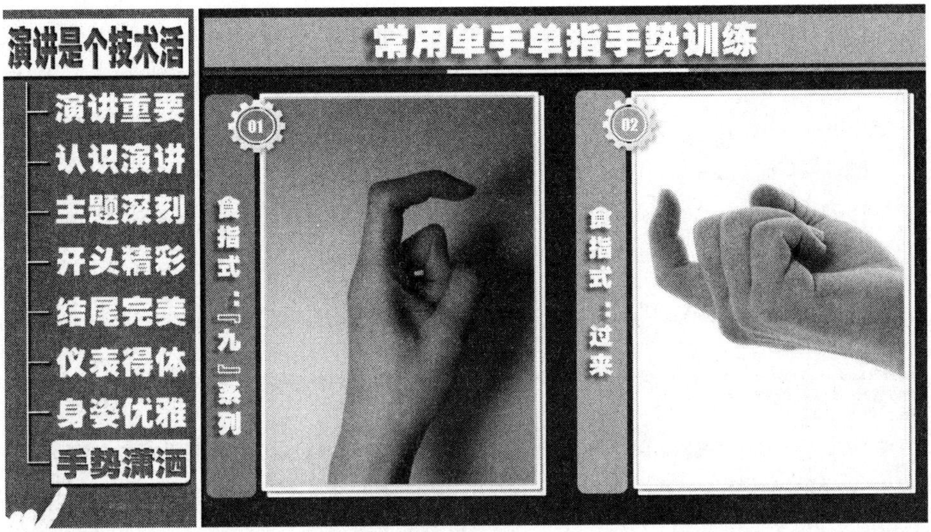

图 7-4

③ 中指式。（禁用）（见图 7-5）

■ 动作要求

竖起中指，其余四指弯曲合拢，拇指压在其他三指上，而掌心朝里面。

■ 表示意义

表示"鄙视别人""侮辱别人"等意思。这是一种很不礼貌的粗俗表现。

■ 举例说明

（略）

■ 常用指数

这种手势由于有侮辱别人的意思，在演讲中被禁用。

所以，它的使用指数为：☆☆☆☆☆

④ 小指式。（慎用）（见图 7-5）

■ 动作要求

竖起小指，其余四指弯曲合拢，拇指压在其他三指上，而掌心朝里面。

■ 表示意义

A. 表示"微小"或"微不足道"等意思。

B. 表示"蔑视对方"等意思。

■ 举例说明

A. 表示微小："在大自然面前，人的力量总显得那么渺小（竖起小指）、微弱，但人类征服大自然的冲动又从不会停止（举起右掌朝前砍去）。"

B. 表示蔑视："沧海横流，方显英雄本色。在竞争非常激烈的国际市场上，我们的产品是这个（竖起大拇指）！而他们的产品却是这个（竖起小指）！"

■ 常用指数

这种手势由于表达出负面的情绪，可能会引起不必要的麻烦，所以，它在演讲中较少使用。

它的使用指数为：★☆☆☆☆

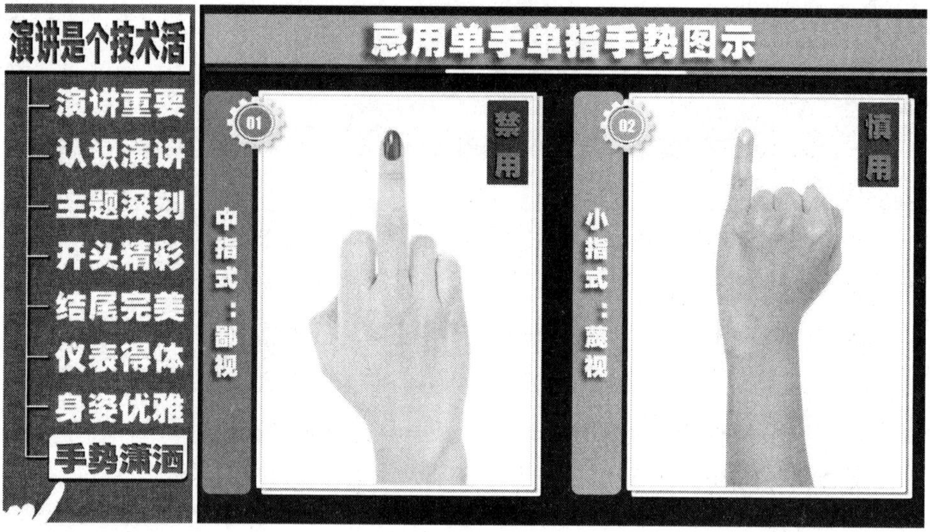

图 7–5

（2）单手多指手势（10 种，其中 1 种请慎用）

① 拇指、食指并用式。（见图 7–6）

■ 动作要求

伸直拇指和食指（两指之间有张开和靠近两种情况），其余三指弯曲，并且其余三指指尖指向掌心。

■ 表示意义

A. 表示数字"八"系列，如果两指之间的距离拉大，掌心朝外，并且两指尖向上，像一个倒"八"字，则表示数字"八""八十""八百""八千""八万"……

B. 表示"微小"，如果两指弯曲靠近，但还未接触，则表示"微小""精细"的意思。

C. 表示"肯定"，如果两指并拢，两指指腹已经完全贴紧，并且指尖方向斜向上方，则表示肯定、赞赏的意思。

D．表示“金钱”，如果两指指尖相互接触，并不停地搓动，通常暗示对金钱的希望，表示“数钱”“钱”等意思。

（注：上面的 B、C、D 这三种表示意义，如果是右手做手势，则掌心朝左边。）

■ 举例说明

A．表示数字“八”系列：“那奇了怪了！他们俩是八（食指、拇指张得大大的）竿子也打不到一块去的。”

B．表示微小：“大家一定牢牢记住，质量就是生命！别认为这只是一点点（拇指、食指弯曲靠近，留下一点点缝隙）的误差，就不引起重视。要知道，差之毫厘，谬以千里啊！”

C．表示肯定：“要成功，先发疯，头脑简单往前冲。到最终，成功肯定（拇指、食指的指腹完全贴紧）来得轻轻松松。”

D．表示金钱：“爱情是什么？别来跟我谈什么爱情！我只相信一句话：男人有了钱（拇指、食指的指尖相互接触，并且不停地搓动），跟谁都有缘。”

■ 常用指数

这一手势的应用范围比较窄，仅仅表示“肯定”“金钱”“微小”“数字八”等意思。但它在演讲中的表现力很出色，使用得还算较多。

所以，它的使用指数为：★★★☆☆

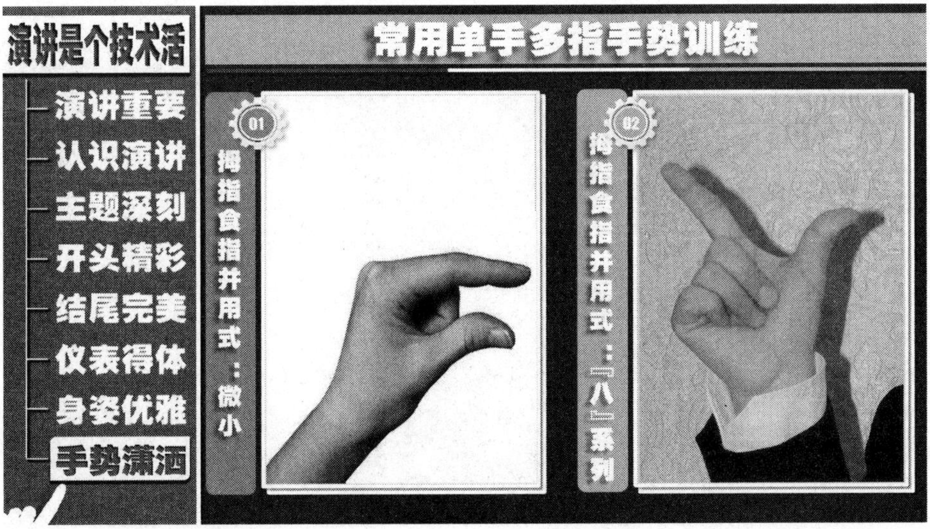

图 7–6

② 拇指、小指并用式。（见图 7–7）

■ 动作要求

拇指与小指同时伸直，其余三指并拢弯曲，但三指指尖没有与掌心接触，而掌心朝外。

■ 表示意义

A．表示数字“六”系列，如果手掌向上，则表示数字“六”“六十”“六百”“六千”“六万”……

B．表示“拨打电话”，如果是手掌侧向耳边，则表示拨打电话、接听电话等意思。

■ 举例说明

A．表示数字“六”系列：“你真的有六十（拇指与小指同时伸出）岁了吗？怎么我觉得你才四十出头呢！”

B．表示拨打电话：“人生就像打电话（拇指与小指同时伸直，其余三指并拢弯曲，放在耳边），不是你先挂，就是我先挂。”

■ 常用指数

这一手势的应用范围比较窄，仅仅用于表示数字“六”和接打电话，在演讲中较少使用。

所以，它的使用指数为：★★☆☆☆

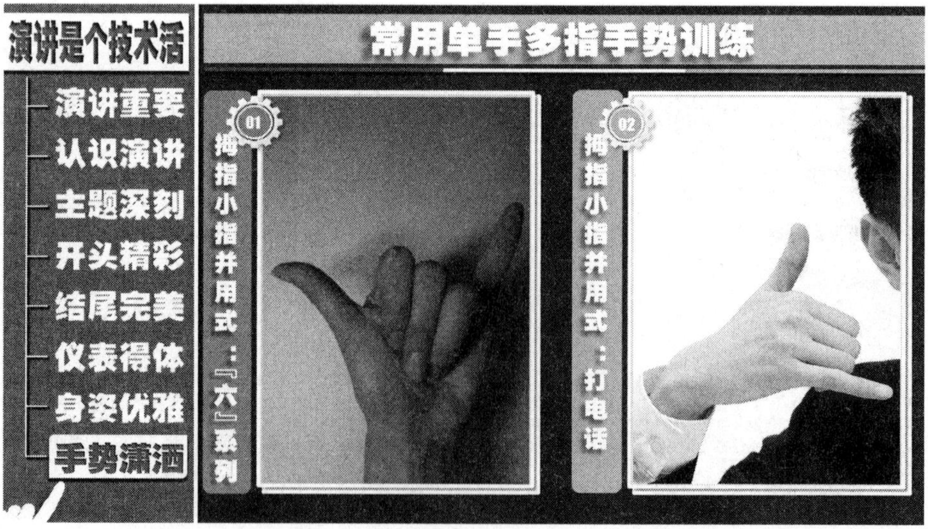

图 7–7

③ 食指、中指并用式。（见图 7–8）

■ 动作要求

A．两指张开，即食指、中指伸直并从适当距离分开，其余三指弯曲，拇指压在其他两指上，而掌心朝外。

B．两指交叉，即食指、中指相互交叉，中指在上面，而中指末端的外侧与食指末端的内侧相接触。其余三指弯曲，拇指压在其他两指上，而掌心朝外。

■ 表示意义

A．两指张开，表示“胜利”，由于英国前首相丘吉尔在一次著名的演讲中使用了它，因而其后被众多演讲者所采用。此手势流行于欧美与非洲国家。

B．两指张开，表示数字“二”系列，“二”“二十”“两百”“两千”“两万”……

C．两指交叉，表示“祝愿”和“祈祷幸运”等意思，英文叫作“crossing fingers”。

（注：这个手势比较少用，担心引起歧义。）

■ 举例说明

A．表示胜利：“有自信不一定会赢（食指、中指张开），但是，没有自信一定会输（右手掌向右横扫、掌心向下）。既然相信自己，就要全力以赴（举起右手掌、掌心向上）。”

B．表示数字“二”系列：“有了‘自信人生二百（食指、中指张开）年，会当水击三千里’的勇气，我们就能毫无畏惧面对一切困难和挑战，就能坚定不移开辟新天地、创造新奇迹（双掌朝上高举）。”

■ 常用指数

这一手势的应用范围尽管不是很广泛，仅仅表示“胜利”“二”等意思，但它体现的意义比较重大，所以，它在演讲中还是经常被使用的。

它的使用指数为：★★★☆☆

④ 食指、小指并用式。（慎用）（见图 7–8）

■ 动作要求

食指与小指同时伸直，其余三指并拢弯曲，拇指压在其他两指上，而掌心朝外。此手势也叫长角牛手势。

■ 表示意义

A. 继续摇滚，用于演唱会现场，意思是你的歌唱得好到没朋友了。

B. 致敬撒旦，就是向恶魔撒旦致敬的意思。

■ 举例说明

（略）

■ 常用指数

这一手势表示的意义众多，甚至有骂人家老婆是荡妇的意思，所以，在演讲时使用时需要谨慎。

它的使用指数为：☆☆☆☆☆

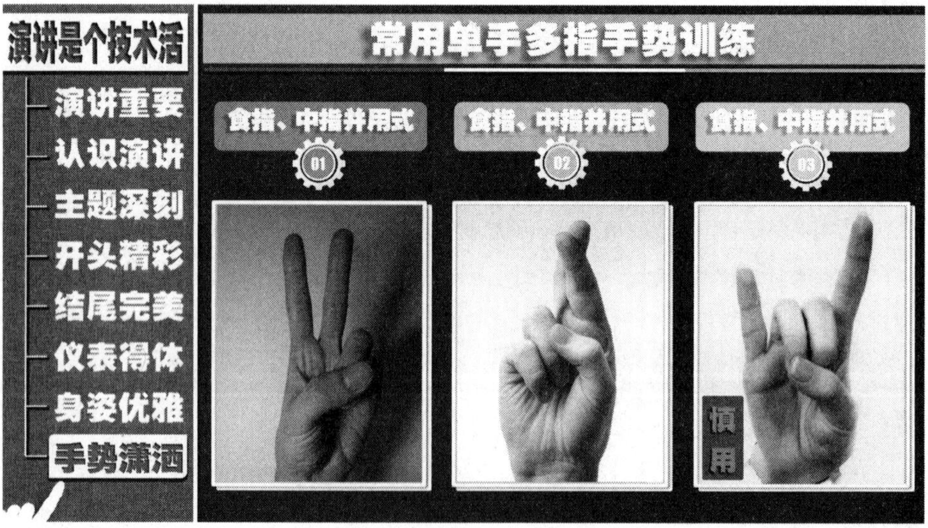

图 7–8

⑤ 拇指、食指、中指并用式。（见图 7–9）

■ 动作要求

拇指、食指、中指等三指相捏在一起，指腹相互接触，如果是右手，掌心朝左边。

■ 表示意义

A. 表示“这些”，如果是三指相捏向正前方，则表示“这”“这个”“这些”等意思。

B. 表示“强调”，如果再用力一点相捏，则表示强调、重视等意思。

C. 表示数字“七”系列，“七”“七十”“七百”“七千”“七万”……

■ 举例说明

A. 表示这些：“这些（三指相捏，指向前方）事必须提前知道，因为它将影响你以后的学习和生活。”

B. 表示强调：“我再强调一次（三指用力相捏），你有多大成就，看有谁指点；你能够走多远，看与谁同行。”

C. 表示数字“七”系列：“七（三指相捏）夕没有收到礼物，我觉得受到了成吨（展开双臂）的伤害！”

■ 常用指数

这一手势的应用范围还算广泛，因为我们经常会用到“这些”等字眼，所以，它在演讲中还是经常被使用的。

它的使用指数为：★★★☆☆

⑥ 拇指、食指、小指并用式。（见图 7–9）

■ 动作要求

拇指、食指、小指伸直，其他两指自然弯曲，掌心朝外。此手势也叫 6+1 手势，就是在数字 6 的基础上再加 1 个食指。

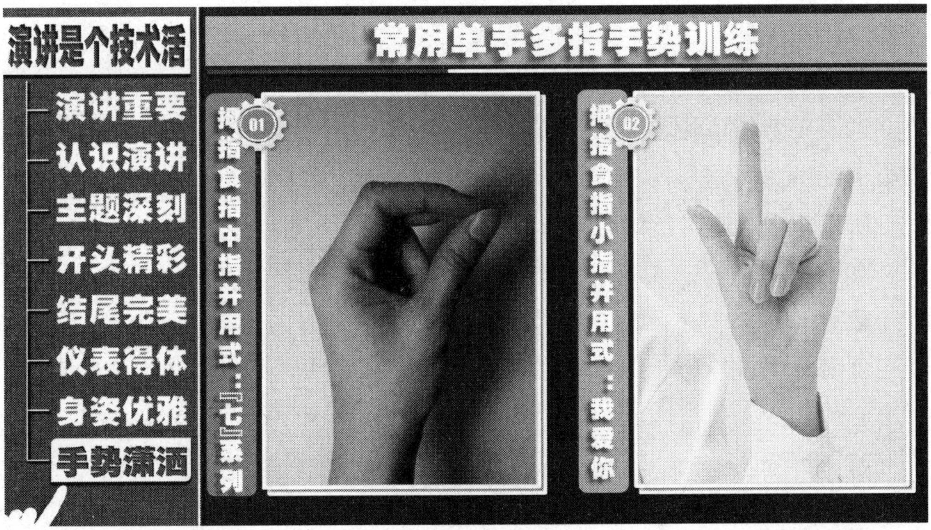

图 7–9

■ 表示意义

表示“我爱你”，这个手势，来自哑语。理由是：食指表示“I”；食指和拇指表示“L”（Love）；小指和食指表示“Y”（You）。简化之后，伸出大拇指、食指和小指就是 I Love You。

■ 举例说明

表示“我爱你”：“‘我爱你’（拇指、食指、小指伸直，其他两指自然弯曲）这三个字，说出来很容易，但想做到它却很难！”

■ 常用指数

这一手势的应用范围不算广泛，仅仅表达“我爱你”这个意思，但由于它表达的意义比较深刻，所以，它在演讲中还是经常被使用的。

它的使用指数为：★★★☆☆

⑦ 食指、中指、无名指并用式。（见图 7–10）

■ 动作要求

食指、中指、无名指三指伸直并分开，其余两指自然弯曲，拇指压在小指上，而掌心朝外。

■ 表示意义

表示数字“三”系列，“三”“三十”“三百”“三千”“三万”……

■ 举例说明

表示数字“三”系列：“一个人获取职业生涯成长的三（食指、中指、无名指三指伸直并分开）个要素：思想大一点！行动大一点！品格大一点！”

■ 常用指数

这一手势的应用范围比较窄，仅仅用于表示数字“三”系列，在演讲中很少使用。

所以，它的使用指数为：★☆☆☆☆

⑧ 食指、中指、无名指、小指并用式。（见图 7–10）

■ 动作要求

食指、中指、无名指、小指等四指伸直略分开，拇指弯曲，指尖朝向掌心，而掌心朝外。

■ 表示意义

表示数字“四”系列，“四”“四十”“四百”“四千”“四万”……

■ 举例说明

表示数字“四”系列：“学生在大学里，实际上是学四（食指、中指、无名指、小指等四指伸直略分开）种东西：一（右食指上举）是学怎样读书；二（拇指、食指张开）是学怎样做事；三（中指、无名指、小指等三指伸直并分开）是学怎样与人相处；最后是学怎样做人。”

■ 常用指数

这一手势的应用范围比较窄，仅仅用于表示数字“四”系列，在演讲中较少使用。

所以，它的使用指数为：★☆☆☆☆

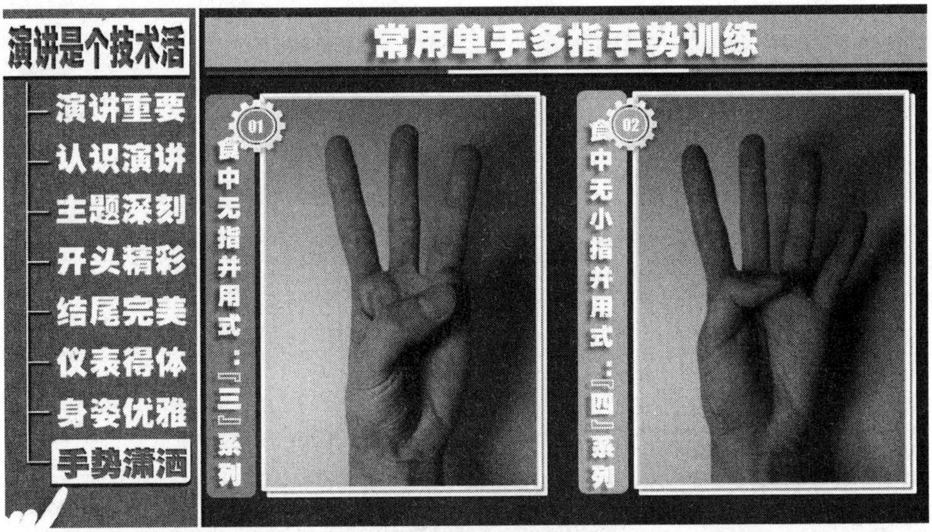

图 7-10

⑨ 五指并用式。（见图 7-11）

■ 动作要求

五个手指伸直略分开，而掌心朝外。

（注：在这里，手势的突出部位是五指，而不是整只手掌。）

■ 表示意义

表示数字“五”系列，“五”“五十”“五百”“五千”“五万”……

■ 举例说明

表示数字“五”系列：“人类的发声器官有五（五个手指伸直略分开）

大共鸣腔体，而这五大腔体从低音区、中音区到高音区依次为：胸腔、咽腔、口腔、鼻腔、颅腔。”

■ 常用指数

这一手势的应用范围比较窄，仅仅用于表示数字“五”系列，在演讲中很少使用。

所以，它的使用指数为：★☆☆☆☆

⑩ 五指 O 形式。（见图 7–11）

■ 动作要求

拇指和食指合成一个圆圈，掌心朝外，其余三指伸直，依次展开。

■ 表示意义

A. 表示“可以”“OK”“好”“行”等意思。

B. 表示数字“零”。

■ 举例说明

A. 表示可以：“好（拇指和食指合成一个圆圈）！完全没问题，就按照您所说的去办！”

B. 表示数字零：“对每一个人来说，没有什么比健康更重要，健康是 1（向上举起食指），事业、财富、婚姻、名利等都是后边的 0（拇指和食指合成一个圆圈），1 存在，0 越多越好；1 不存在了，0 再多都没有用！”

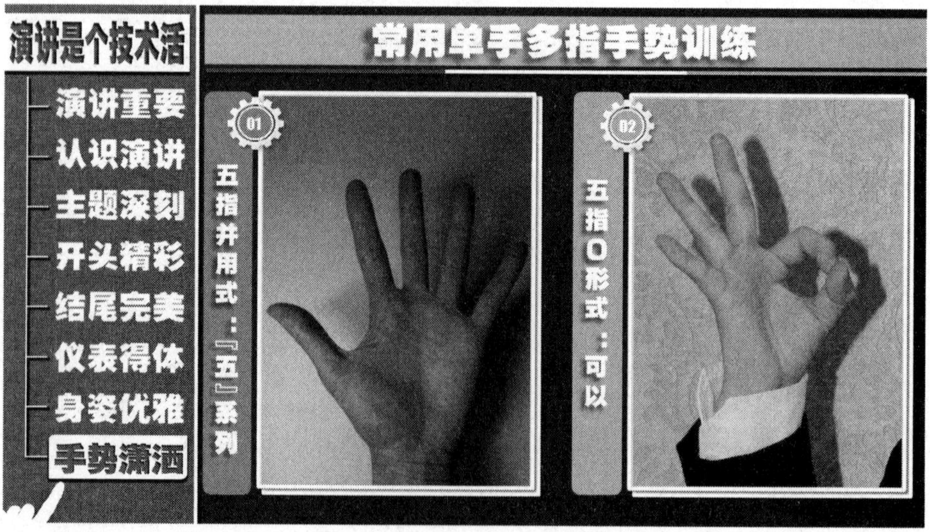

图 7–11

■ 常用指数

这一手势非常流行于欧美，但由于它的应用范围比较窄，仅仅表示“OK”“零”等意思。所以，它在演讲中使用得也不多。

它的使用指数为：★★☆☆☆

双手手指手势一共有如下 7 种：

这里所说的双手手势，是指靠两只手一起来完成某一个动作，而仅仅由其中的一只手来完成，就是其他的意思了。比如，一只手跷起大拇指是夸赞别人，两只手同时跷起大拇指，还是夸赞别人，只是程度上加重而已。所以，双手同时跷起大拇指，就不算是双手手指手势。

双手手指手势分为双手单指手势和双手多指手势两类。双手单指手势，即每只手仅仅使用一个手指的手势；双手多指手势，即每只手要使用两个以上手指的手势。一般来说，双手手势里面每只手的动作都是一样的。

（3）双手单指手势（2 种）

① 双拇指并用式。（见图 7–12）

■ 动作要求

双手八指交叉，也就是左手、右手的小指、无名指、中指、食指依次相间交叉，而剩下的双拇指则竖起来，指腹向前挺出去，让拇指的形状成为半弧形。

■ 表示意义

表示“拜年”“祝福”等意思。

■ 举例说明

表示拜年：“兔年到了，我祝愿（双手交叉、竖起双拇指）各位在新的一年里，有新的起点、新的突破，取得新的成绩，到达新的高度。”

■ 常用指数

这一手势的应用范围相对比较窄，仅仅用于表达祝福、拜年等意思，在演讲中使用并不多。

所以，它的使用指数为：★★☆☆☆

② 双食指并用式。（见图 7–12）

■ 动作要求

双手都采用食指式，也就是伸出食指，其余四指弯曲合拢，拇指压在其他三指上面。

接着，两个食指交叉在一起，成为一个“十”字。

■ 表示意义

A．表示数字“十”。

B．表示“交叉”等意思。

■ 举例说明

A. 表示数字“十”系列：“无数次站在人生的十（两食指交叉成一个十字）字路口，无数次面临着不同的抉择，向左走，向右走？没有经验，没有向导，没有提示，没有路标，一切都要凭借自己的智慧和勇气，做出选择和决定。正因为人生的舞台没有彩排，也没有重演，所以人生路上我们的每一个选择和决定，都必须深思熟虑，三思而行，对自己负责，对生命负责。”

B. 表示交叉：“当我俩眼光交叉（两食指交叉成一个十字）的那一瞬间，我突然觉得，好像在哪里看到过她。”

■ 常用指数

这一手势的应用范围比较窄，仅仅用于表示数字“十”和交叉等意思，在演讲中很少使用。

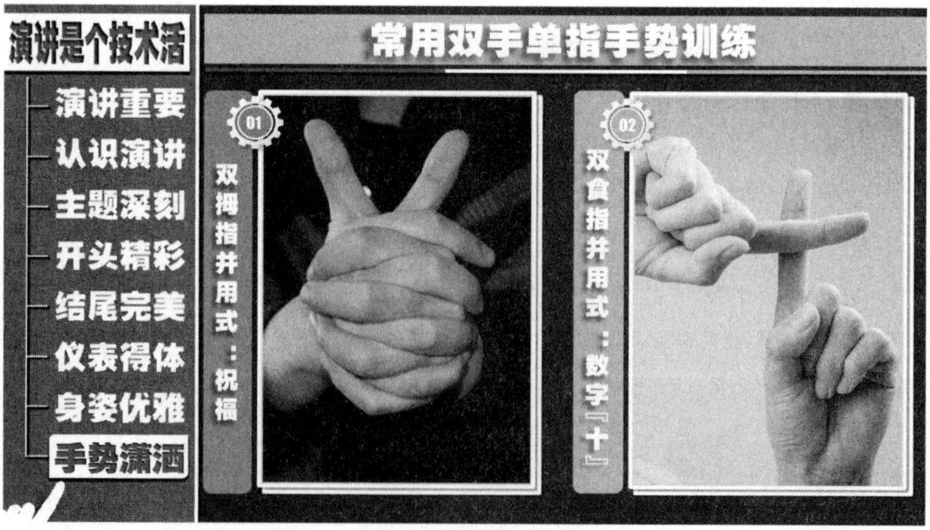

图 7–12

所以，它的使用指数为：★☆☆☆☆

（4）双手多指手势（5种）

① 双拇指、食指并用式。（见图7–13）

■ 动作要求

双手都采用拇指、食指并用式，即伸直拇指和食指，让拇指与食指的夹角为90度，其余三指弯曲；一只手的掌心朝外面，一只手的掌心朝里面；其中左手的食指与右手的拇指接触，而左手的拇指也同样与右手的食指相触，刚好构成一个长方形。之后，把这个长方形放在一只眼睛或者两只眼睛的前面。

■ 表示意义

表示“眼中有你”等意思。

■ 举例说明

表示眼中有你：“春水初生，春林初盛，春风十里，不如你（双手拇指、食指围成一个框，放在双眼的前面）。”

■ 常用指数

这一手势的应用范围相对比较窄，仅仅用于表达眼中有你等意思，在演讲中运用不多。

所以，它的使用指数为：★☆☆☆☆

② 双食指、中指并用式。（见图7–13）

■ 动作要求

双手都采用食指、中指并用式，即食指、中指伸直并适当距离地分开，其余三指弯曲，拇指压在其他两指上，而掌心朝外。

■ 表示意义

A．表示“打引号”，引用某人说的话。

B．表示“反讽”“嘲弄”等意思。

■ 举例说明

表示引用时，比如外交部部长王毅在记者会上回答有关南海问题的提问时说：“我们不会像有的国家那样跑到别人家里去搞‘违章建筑’（王部长双手都采用食指、中指并用式）。”

■ 常用指数

这一手势的应用范围相对比较窄，仅仅用于表示引用、反讽等意思，在演讲中很少使用。

所以，它的使用指数为：★☆☆☆☆

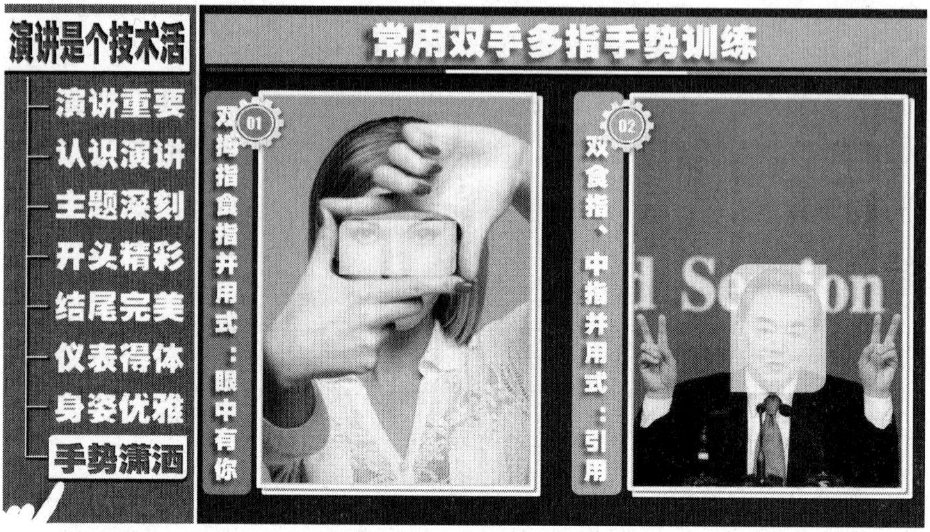

图 7–13

③ 双五指并用。（见图 7–14）

■ 动作要求

双手掌朝上，左右手手指的末端一一相对，但手掌没有合并，放在胸前；从形状上来看，就像教堂的塔尖一样。

■ 表示意义

表示“自信”“稳操胜券”等意思。

■ 举例说明

表示自信：“我坚信并且始终坚信（左右手手指的末端一一相对）：我们为之奋斗的事业，乃是历史的重任，乃是民众的渴望，乃是时代的呼唤！”

■ 常用指数

这一手势的应用范围相对比较窄，仅仅用于表示自信等意思，在演讲中使用得不多。

所以，它的使用指数为：★☆☆☆☆

④ 双五指心型形式。（见图 7–14）

■ 动作要求

双手虎口张开，其他四指合并之后，拇指与拇指的指尖接触，其他三指（食指、中指、无名指）的指尖接触，而小指不接触，刚好形成一个心形。拇指在上面，是正心形；拇指在下面，是倒心形。

■ 表示意义

表示“爱心”“心”“爱情”等意思。

■ 举例说明

表示爱心：“鱼说，你看不到我眼中的泪，因为我在水中；水说，我能感觉到你的泪，因为你在我心（双手围成心形）中。”

■ 常用指数

这一手势的应用范围虽然比较窄，仅仅用于表达“爱”“爱心”“心”等意思，但是，这方面的信息内容在演讲中出现得比较多。

所以，它的使用指数为：★★★☆☆

⑤ 双五指 O 形式。（见图 7–14）

■ 动作要求

双手都采用 O 形手势，即拇指和食指合成一个圆圈，掌心朝外，其余三指伸直，依次展开。之后，将这两个圆圈放在双眼之上。

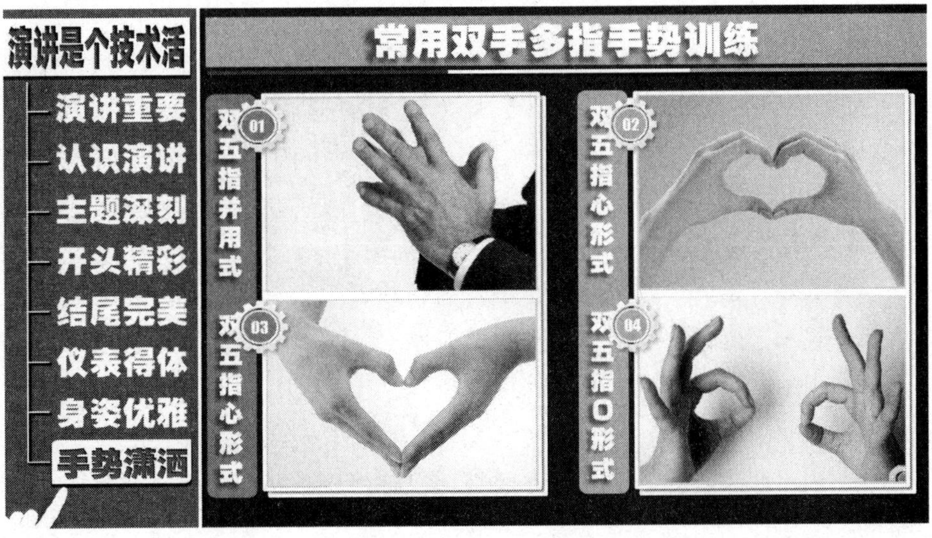

图 7–14

■ 表示意义

表示“远眺”“向远方望去”等意思。

■ 举例说明

表示远眺：马云说：“我现在拿着望远镜（双手都采用O形手式，放在双眼上），也找不到对手了。”

■ 常用指数

这一手势的应用范围相对比较窄，仅仅用于表示远眺、偷窥等意思，在演讲中使用不多。

所以，它的使用指数为：★☆☆☆☆

2. 手掌手势练习（共24种）

手掌手势也分为单手手掌手势和双手手掌手势两大类。单手手掌手势，即只靠一只手就能完成的某一手势动作；双手手掌手势，即必须两只手配合在一起，才能完成的某一手势动作。

而单手手掌手势还继续分为单手猛烈手势和单手和缓手势，双手手掌手势还继续分为双手猛烈手势和双手和缓手势。

（1）单手猛烈手势（9种）

① 手切式。（见图7–15）

■ 动作要求

手掌从下面抬起，大约抬到掌心与耳朵对齐的位置；手掌伸直并与地面垂直；五指并拢，像菜刀一样，用力往下砍去，并且砍下去之后的手掌要有一个回弹的动作，回弹的距离大概为5厘米。

■ 表示意义

A．表示“坚决”“果断”“干脆”等意思。

B．表示“排除”“摒弃”等意思。

C．表示“干掉”“杀掉”等意思。

■ 举例说明

A．表示坚决：“人生就像一场赌博，你可以不赌，但你必须要博（举起右手掌，用力朝前砍去）。”

B．表示排除：“排除（举起右手掌，用力朝前砍去）一切不可能，剩下的再不可能，也是真的！”

C．表示干掉：“吾之所往，何人敢挡！人挡杀（举起右手掌，用力朝前砍去）人，佛挡杀（举起右手掌，用力朝前砍去）佛！”

■ 常用指数

这一手势的应用范围虽然比较窄，仅仅用于表达“坚决”“排除”“干掉”等意思，但由于这个动作的表现力非常强，煽动性非常强，所以在演讲中它会经常被使用。

它的使用指数为：★★★☆☆

② 手扫式。（见图 7–15）

■ 动作要求

手掌伸直，掌心向下，手掌与地面平行，从一边往另一边用力扫去。

■ 表示意义

A．表示“横扫”“消灭”“克服”等意思。

B．表示“反驳”“反抗”等意思。

■ 举例说明

A．表示横扫：“告诉你，再跟我作对，信不信我分分钟灭（掌心朝下，向右扫去）了你！”

图 7–15

B. 表示反抗："生活就像被强奸，反抗痛苦，不反抗（掌心朝下，向右扫去）更加痛苦。"

■ 常用指数

这一手势的应用范围还算比较宽广，虽然仅仅表达"横扫""反驳"等意思，但由于这样的字眼会经常出现在演讲词中，并且这个动作的表现力非常强，煽动性非常强，所以在演讲中它会经常被使用。

它的使用指数为：★★★☆☆

③ 手斜式。（见图 7-16）

■ 动作要求

手掌伸直，如果是右手，掌心向左；向上举起手掌，斜着从右边劈向左边；或者从左边举起手掌，斜着从左边劈向右边。

■ 表示意义

表示"这么""那么"等意思。如果只是斜劈到一边，即表示"这么……"；如果既斜劈到一边又斜劈到另一边，即表示"这么……""那么……"。

■ 举例说明

表示这么："你期待自己的老婆很年轻（手掌斜劈向左边），才 18 岁；你又希望自己的孩子很大（手掌斜劈向右边），已经可以打酱油了；有这种可能吗（双手往下一摊）？"

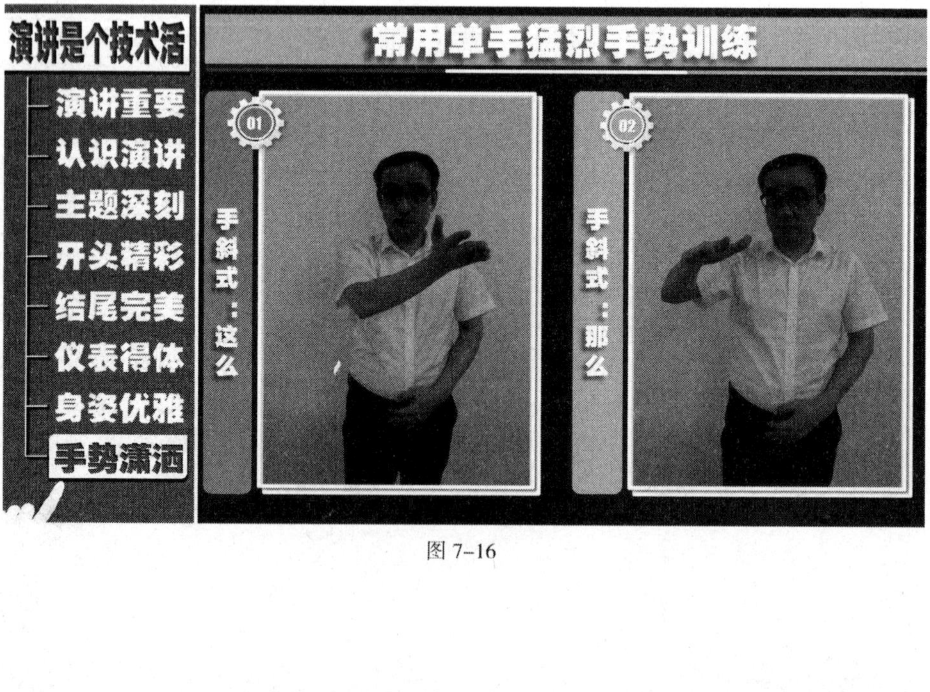

图 7-16

■ 常用指数

这一手势的应用范围并不怎么广，虽然它表达的意思“这么”“那么”在演讲中出现的频率很高，但它还有其他替代的动作，所以在演讲中它并不被经常使用。

它的使用指数为：★★☆☆☆

④ 手推式。（见图 7–17）

■ 动作要求

掌心向前，手掌与地面垂直，五指并拢向上，手掌向前方推去。

■ 表示意义

A．表示“向前”“推进”等意思。

B．表示“希望”等含义，显示出坚定与力量。

■ 举例说明

A．表示向前：“教育是一棵树摇动（手掌于胸前划弧）另一棵树；是一朵云推动（手掌向前方推去）另一朵云；是一个灵魂触动（五指合并，做向前啄食的动作）另一个灵魂。”

B．表示希望：“据说黎明到来的前一刻是最黑暗的。但天光总会破晓，新的希望（手掌向前方推去）总会来临。”

■ 常用指数

这一手势的应用范围不是很广泛，它表达的意思仅仅是“向前”“希望”等而已，所以在演讲中它并不被经常使用。

它的使用指数为：★★☆☆☆

⑤ 手送式。（见图 7–17）

■ 动作要求

手掌弯曲，掌心向里面，手掌与地面垂直，掌背向正前面弹去。

■ 表示意义

表示“送走”“你走吧”等意思。

■ 举例说明

表示送走：“手挥（做挥手动作）五弦易，目送（做向前弹掌的动作）归鸿难。也就是艺术家在创作过程中，‘写形’比较容易，但‘传神’就很难了。”

■ 常用指数

这一手势的应用范围不是很广泛，它表达的仅仅是“送走”等意思，所以在演讲中它并不被经常使用。

它的使用指数为：★★☆☆☆

图 7–17

⑥ 手压式。（见图 7–18）

■ 动作要求

手掌与地面平行，掌心向下，手掌用力向下压去。

■ 表示意义

表示“打压”“打击”等意思。

■ 举例说明

表示打压：“石压（掌心向下，手掌用力向下压）笋斜出；岩垂花倒开。能经得起挫折的人，最后都会出人头地。”

■ 常用指数

这一手势的应用范围不是很广泛，它表达的仅仅是“打压”“打击”等意思，所以在演讲中它并不被经常使用。

它的使用指数为：★★☆☆☆

⑦ 手涨式。（见图 7-18）

■ 动作要求

手掌伸直，掌心向下，手掌与地面平行，从下面往上面慢慢升起来。

■ 表示意义

表示“上涨”“提高”等意思。

■ 举例说明

表示上涨：“从近日城建看发展，大趋势下房价是否会水涨（掌心向下，手掌慢慢往上升起）船高吗？”

■ 常用指数

这一手势的应用范围虽然不是很广泛，它表达的意思仅仅是“上涨”和“提高”，但是，由于这几个字眼会常常出现在演讲稿中，所以在演讲中它也会被经常使用。

它的使用指数为：★★★☆☆

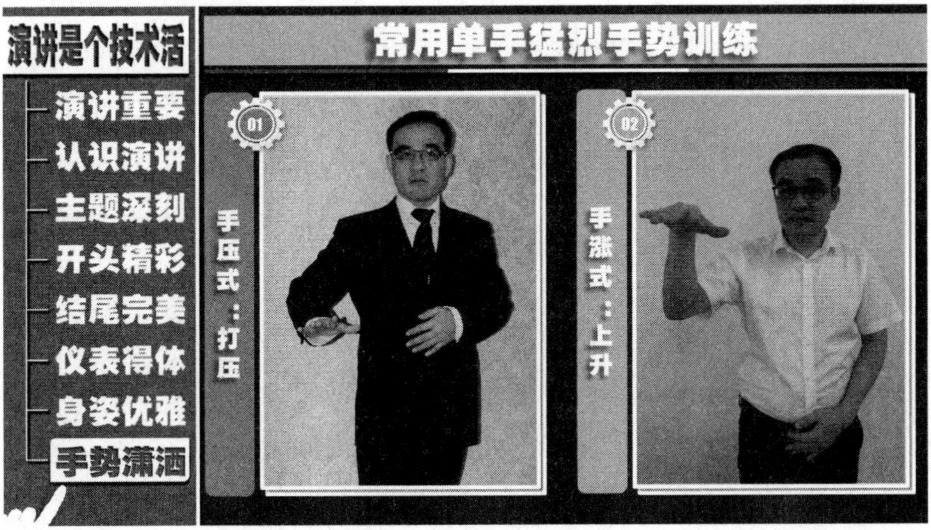

图 7-18

⑧ 挥手式。（见图 7-19）

■ 动作要求

手掌伸直，举过头顶，用力往里面挥动，手掌的掌心由外向内旋转。或者掌心正对前面，左右摆动。

■ 表示意义

A．表示“致意”“问候”等意思。

B．表示“告别”的意思。

C．表示“行动”的意思。

■ 举例说明

A．表示致意：“各位朋友，大家好（举起右手，掌心向前，向观众挥手）！因为非常想念大家，所以我又来了！”

B．表示告别：“各自珍重，我亲爱的朋友们（举起右手，掌心向前，向观众挥手），后会有期。”

C．表示行动：“我们不是生活在呼吸里，而是生活在思想中；我们不是生活在岁月里，而是生活在行动（举起右手，用力往里面挥动）中。”

■ 常用指数

这一手势的应用范围虽然不是很广泛，它表达的意思仅仅是“致意”“告别”和“行动”，但是，由于这些动作所表达的意义会常常出现在演讲中，所以在演讲中它会被经常使用。

它的使用指数为：★★★☆☆

⑨颤手式。（见图 7-19）

■ 动作要求

手掌伸直，掌心向下，手掌与地面平行，以波浪的形式从一边往另一边进行移动。

■ 表示意义

A．表示“等等”“很多”等意思。

B．表示“波浪”或者“水流”等意思。

■ 举例说明

A．表示等等：“金杯、银杯、铜杯等（手掌以波浪的形式，从一边往另一边移动），都不如群众的口碑。”

B．表示水流：“君不见黄河之水天上来，奔流（手掌以波浪的形式，从一边往另一边移动）到海不复回。”

■ 常用指数

这一手势的应用范围不是很广泛，它表达的意思仅仅是“等等”和“水流”，所以在演讲中它一般不会被经常使用。

它的使用指数为：★★☆☆☆

图 7–19

（2）单手和缓手势（10 种）

① 仰手式。（见图 7–20）

■ 动作要求

掌心向上，拇指自然张开，其他四指稍并拢。

■ 表示意义

这一手势信息量很大，所在区域不同，所表示的意义也不一样。

A. 手掌抬高，表示“希望”“赞美”“振奋”之意。

B. 手掌平放，表示“坦诚”“平静”的意思。

C. 单只手掌向侧面伸出，有时用以指示方向。

D. 手掌放低，表示“无可奈何”“否定”之意。

■ 举例说明

A. 表示希望：“尽管墓穴之门已经打开，但我对未来仍然抱着希望（掌心向上，向前方抬起）。”

B. 表示赞美：“欣赏别人是一种气度，一种发现，一种理解，一种智慧，一种境界，所以，你必须学会赞美别人（掌心向上，向前方抬起）。”

C. 表示平静："如果有来生，就做一棵树，站成永恒，没有悲欢的姿势。一半在土里安详（手掌平放，掌心向上），一半在风中飞扬（掌心向上，向前方抬起）。"

D. 指示方向："我依然固执地铺平失望的灰烬，用美丽的雪花写下：相信未来（掌心向上，手掌指向前方）。"

E. 表示否定："你应该比我更加清楚这个道理吧！'用人不疑，疑人不用'。而你现在是边用边疑，我啥事情都干不了（手掌朝下面放，掌心向上）！"

F. 表示无可奈何："我们的讨论无济于事，没有谁能拯救谁，我一样也无法拯救我自己（手掌朝下面放，掌心向上）！"

■ 常用指数

这一手势的应用范围非常广泛，它表达的意思比较多，有"希望""赞美""振奋""坦诚""平静""指示方向""无可奈何""否定"等，并且这些词语在演讲稿中经常出现，所以在演讲中它会被经常使用。

它的使用指数为：★★★★★

② 俯手式。（见图 7-20）

■ 动作要求

掌心向下，拇指自然张开，其他四指稍并拢。

■ 表示意义

这个手势所表达的意义比较多，常见的有如下几种：

A. 表示"提醒"等意思，也就是演讲者为了抑制听众的情绪，从而达到控场的目的。

B. 表示"反对""否定"等意思。

C. 表示"安慰""安抚"等意思。

D. 表示"答应""许可"等意思。

E. 表示"声明""发表"等意思。

■ 举例说明

A. 表示提醒："大家请注意（手掌平放，掌心向下），盛年不再来，一日难再晨。及时当勉励，岁月不等人。"

B．表示反对：“我反对（手掌平放，掌心向下）你的观点，但我誓死捍卫你说话的权利。”

C．表示安慰：“活着一天，就是福气，就该珍惜。别唉声叹气（手掌平放，掌心向下），当你哭泣自己没有鞋子穿的时候，你会发现还有人竟然连脚都没有。”

D．表示答应：“自己不能胜任的事情，切莫轻易答应（手掌平放，掌心向下）别人，一旦答应（手掌平放，掌心向下）了别人，就必须实践自己的诺言。”

E．表示声明：“我现在郑重声明（手掌平放，掌心向下），一切能够减轻别人烦恼的问题，我都不回避；一切能给大家带来快乐的情感，我愿意付出！”

■ 常用指数

这一手势的应用范围非常广泛，它表达的意思就有“提醒”“反对”“否定”“安慰”“安抚”“答应”“声明”“发表”等之多，并且这些词语在演讲稿中经常出现，所以在演讲中这个手势会被经常使用。

它的使用指数为：★★★★★

③ 手挡式。（见图 7–20）

■ 动作要求

掌心向前，拇指自然张开并朝下方，其他四指稍并拢；整个手掌大约处于面部的位置。

■ 表示意义

表示“行了”“够了”“别说了”等意思。

■ 举例说明

表示行了：“我承认你比我厉害，行了（掌心向前，手掌挡在面前）吧！”

■ 常用指数

这一手势的应用范围很窄，它表达的意思仅仅是“行了”“够了”“别说了”等，并且这些词语在演讲稿中不经常出现，所以在演讲中它不被经常使用。

它的使用指数为：★☆☆☆☆

图 7–20

④ 手铲式。（慎用）（见图 7–21）

■ 动作要求

五指并拢呈簸箕形，指尖向前，掌心向上。

■ 表示意义

表示“注意”“提醒”等意思，它有很强的针对性、指向性，并带有一定的挑衅性。

■ 举例说明

表示注意：“各位男人还是小心为妙，特别是要注意（五指并拢呈簸箕形，指尖向前）下面这三种女人——非常有异性缘的女人、自私的女人、嗜钱如命的女人。”

■ 常用指数

这一手势的应用范围很窄，它表达的意思仅仅是“注意”和“提醒”，并且这个手势动作还带有一定的挑衅性，所以在演讲中还是慎用为妙。

它的使用指数为：★☆☆☆☆

⑤ 手夹式。（见图 7–21）

■ 动作要求

掌心朝外，四指与拇指上下扇动，不停地做合拢动作。

■ 表示意义

表示“略去很多”“一言难尽”等意思。

■ 举例说明

表示一言难尽：“关于本人的减肥经历，说起来都是泪，真的是一言难尽（掌心朝外，四指与拇指上下扇动）啊！”

■ 常用指数

这一手势的应用范围很窄，它表达的意思仅仅是“略去很多”和“一言难尽”，并且这些词语在演讲稿中也不会经常出现，所以在演讲中它不被经常使用。

它的使用指数为：★☆☆☆☆

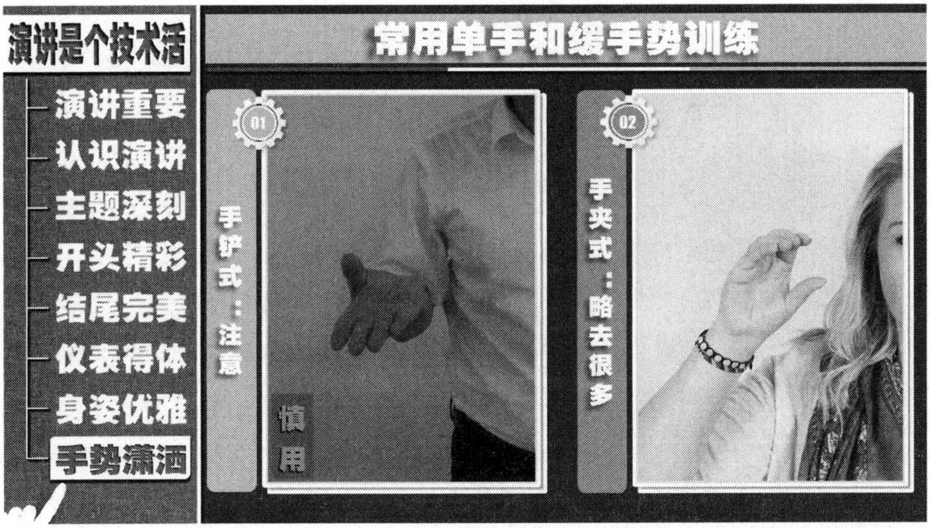

图 7–21

⑥ 手抓式。（见图 7–22）

■ 动作要求

五指稍弯、五指要分开，开口向上或者向下。

■ 表示意义

表示“抓住”的意思。这种手势主要用来吸引听众，控制现场气氛。

■ 举例说明

表示抓住：“加快推进政府职能转变工作，必须做到‘廓清疑点，突破难点，抓住（五指分开，开口向上）重点’。”

■ 常用指数

这一手势的表现力很强，遗憾的是它的应用范围比较窄，它表达的意思仅仅是“抓住”等，并且这些词语在演讲稿中出现的频率也不是很高，所以在演讲中它不被经常使用。

它的使用指数为：★☆☆☆☆

⑦ 手包式。（见图 7–22）

■ 动作要求

五指捏在一起，指尖向上，就像一个收紧了开口的钱包。

■ 表示意义

用于强调主题和重点，也有表示探讨之意。

A．表示“强调”，也就是强调主题、突出重点的意思。

B．表示“探讨”“交流”的意思。

■ 举例说明

A．表示强调：“有一句被说过无数遍（五指捏在一起，指尖向上）的话，最怕你一生碌碌无为，还安慰自己平凡可贵。”

B．表示探讨：“你一个苹果，我一个苹果，交换一下还是一个苹果；你一种思想，我一种思想，交换一下就是两种思想了！这就是互相交流（五指捏在一起，指尖向上）、相互学习的好处。”

■ 常用指数

这一手势的表现力比较强，但它的应用范围不够宽广，它表达的意思仅仅是“强调”“抓住重点”“探讨”“交流”等，所以在演讲中它不被经常使用。

它的使用指数为：★★☆☆☆

图 7–22

⑧ 抚身式。（见图 7–23）

■ 动作要求

五指自然并拢，抚摸在自己身体的某一部分。

■ 表示意义

A. 以手抚胸表示“深思”“谦逊”“反躬自问”等意思。

B. 以手抚头在表示“懊恼”“回忆”等意思。

■ 举例说明

A. 表示谦逊：“不瞒各位，我这个人（右手抚胸，轻微鞠躬），没有什么令人羡慕的学位、官衔、专著，但当我来到北国江城，踏进了中国演讲事业的奥林匹克宫殿时，我并没有感到自卑，而是感到了使命的神圣，责任的重大（双手掌向上高高举起）。”

B. 表示回忆：“依稀记得（右手抚头），那是在 1999 年 2 月 22 日那天的晚上，春节刚过后不久，一群年轻人相聚在一个私人住宅的大房间里吃饭。”

■ 常用指数

这一手势的表现力很强，但它的应用范围不够宽广，它表达的意思仅仅是“深思”“谦逊”“反躬自问”“回忆”“懊恼”等，不过，这些字眼会经常出现在演讲稿中，所以在演讲中它还是被经常使用的。

它的使用指数为：★★★☆☆

⑨ 拍头式。（见图 7–23）

■ 动作要求

用手掌拍自己的头部，一般用右手掌轻轻拍击自己的头部前额等部位。

■ 表示意义

表示“猛醒”“醒悟”“恍然大悟”等意思。

■ 举例说明

表示猛醒：“技能学习需要不断重复，多次重复之后肯定麻木，麻木时间长了自然醒悟，醒悟（用右手掌拍击自己头部的前额）过后才是真正进步！”

■ 常用指数

这一手势的表现力很强，但它的应用范围不够宽广，它表达的意思仅仅是“猛醒”“醒悟”“恍然大悟”等，所以在演讲中它不会被经常使用。

它的使用指数为：★☆☆☆☆

⑩ 拍肩式。（见图 7–23）

■ 动作要求

用手掌拍自己的肩膀，一般用右手掌轻轻拍击自己的左肩膀。

■ 表示意义

表示担责，也就是担负工作、责任和使命的意思。

■ 举例说明

表示担责：“我们为之奋斗的事业，乃是历史的重任（用右手掌拍击自己的左肩膀），乃是民众的渴望，乃是时代的呼唤！”

■ 常用指数

这一手势的表现力很强，但它的应用范围不够宽广，它表达的意思仅仅是“担责”“担负使命”等，所以在演讲中它不会被经常使用。

它的使用指数为：★☆☆☆☆

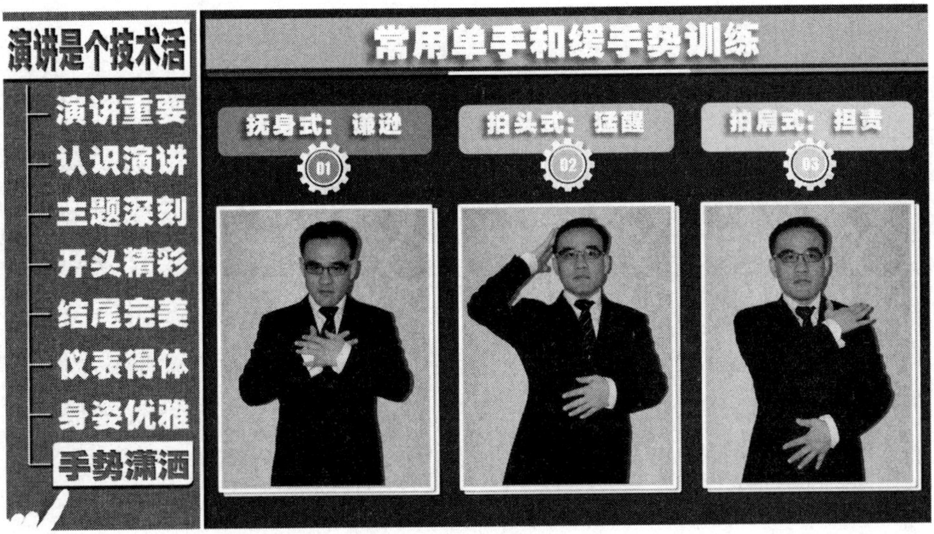

图 7–23

双手手掌手势一共有 5 种。

（3）双手猛烈手掌手势（3 种）

① 手剪式。（见图 7–24）

■ 动作要求

五指并拢，手掌挺直，掌心向下，左右两手同时向中间移动，而交叉在一起。

■ 表示意义

表示“强烈拒绝”等意思。

■ 举例说明

表示拒绝：“我拒绝（掌心向下，双手掌从两边往中间交叉）了那么多的暧昧，只为了你一个确定的未来。”

■ 常用指数

这一手势的表现力很强，但它的应用范围不够宽广，它表达的意思仅仅是“强烈拒绝”等，所以在演讲中它不会被经常使用。

它的使用指数为：★☆☆☆☆

②掌分式。（见图 7–24）

■ 动作要求

双手掌自然伸直，从中间往两边用力分开。

■ 表示意义

A. 掌心向上，双手掌往两边分开，则表示“开展”“行动起来”等意思。

B. 掌心向下，双手掌往两边分开，则表示“排除”“取缔”等意思。

C. 两掌相对，双手掌往两边分开，则表示“面积”“平面”等意思。

■ 举例说明

A. 表示开展：“开展（掌心向上，双手掌往两边分开）‘五讲四美三热爱’活动非常有必要，这个活动具有很强的思想性，是建设社会主义精神文明的一项重要工作。”

B. 表示排除：“排除（掌心向下，双手掌往两边分开）一切不可能的，剩下的即使再不可能，那也是真相。”

C. 表示面积：“这件事给张柏芝和李亚鹏留下了巨大的心理阴影，求阴影面积（两掌相对，双手掌往两边分开）是多少？”

■ 常用指数

这一手势的表现力很不错，它的应用范围不宽也不窄，它表达的意思有“开展”“行动起来”“排除”“取缔”“面积”“平面”等，所以在演讲中它也会被经常使用。

它的使用指数为：★★★☆☆

③搓手式。（见图 7–24）

■ 动作要求

双手掌伸直，与地面垂直，双手掌相对，不停地摩擦。

■ 表示意义

A. 一般表示“做好准备，期待取胜”的意思。

B. 如果速度稍慢，则表示“怀疑”的意思。

C. 如果是在冬天，则表示“取暖”的意思。

■ 举例说明

A. 表示做好准备：“宜未雨而绸缪，毋临渴而掘井。请永远记住，机遇只偏爱那些有事先做好准备（双手掌相对，不停地摩擦）的人。”

B. 表示怀疑："强者向人们提示的是确认人生的价值，弱者向人们提示的却是对人生的怀疑（双手掌相对，慢慢地摩擦）。"

C. 表示取暖："我希望你们要抱团取暖（双手掌相对，不停地摩擦），不只是在寒冷的冬天，要天天如此。一个人干不过一个团队，一个团队干不过一个系统，一个系统干不过一个趋势。团队 + 系统 + 趋势 = 成功。"

■ 常用指数

这一手势的表现力还算可以，但它的应用范围比较窄，它表达的意思仅仅是"做好准备，期待取胜""怀疑""取暖"等，所以在演讲中它不会被经常使用。

它的使用指数为：★☆☆☆☆

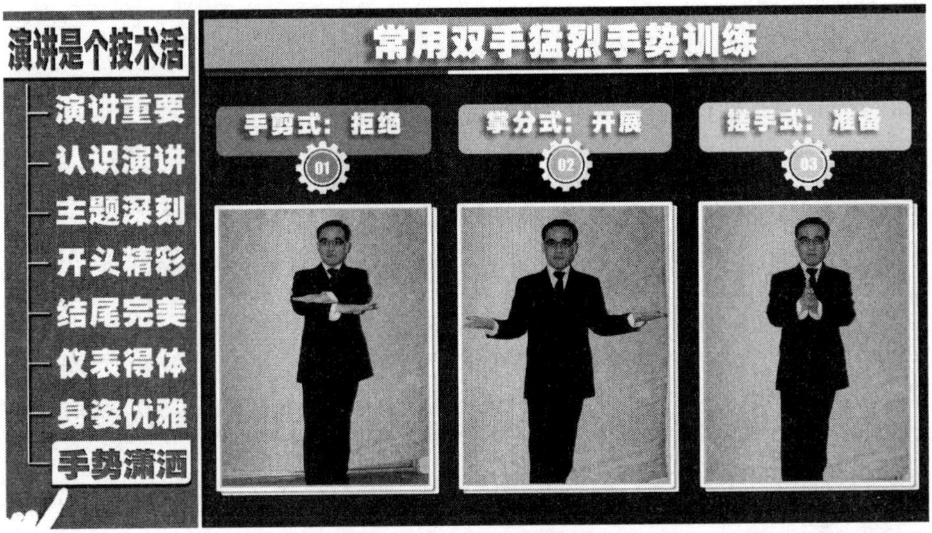

图 7–24

（4）双手和缓手掌手势（2 种）

① 手抱式。（见图 7–25）

■ 动作要求

掌心相对，双手掌从两边往中间做拥抱动作。

■ 表示意义

A. 表示"欢迎""迎接"等意思。

B．表示“拥抱”的意思。

C．表示“很大”的意思。

■ 举例说明

A. 表示欢迎：“满怀希望，迎接（双手掌从两边往中间做拥抱动作）明天，把我国建设成为富强、民主、文明、和谐、美丽的社会主义现代化强国。”

B．表示拥抱：“爱情容不下半点虚伪和自私，它是真诚与真诚的交往，是真挚与真挚的拥抱（双手掌从两边往中间做拥抱动作）。”

C．表示很大：“情怀不老，青春永恒，世界很大（双手掌从两边往中间做拥抱动作），我想去看看。”

■ 常用指数

这一手势的表现力还算不错，但它的应用范围比较窄，它表达的意思仅仅是“欢迎”“迎接”“拥抱”“很大”等，所以在演讲中它不会被经常使用。

它的使用指数为：★☆☆☆☆

② 手量式。（见图 7–25）

■ 动作要求

一只手掌在下面，一只手掌在上面，掌心相对，于侧面展示或者正面展示。

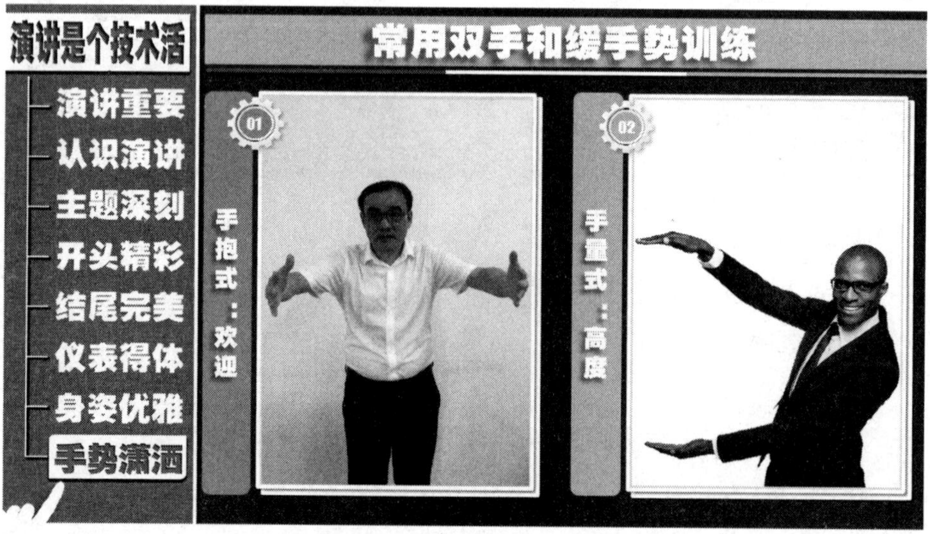

图 7–25

■ 表示意义

表示“很高”“很厚”等意思。

■ 举例说明

表示很高：“小张的女朋友，不但长得漂亮，而且海拔很高（一只手掌在下面，一只手掌在上面，于正面展示）啊！”

■ 常用指数

这一手势的表现力非常不错，遗憾的是它的应用范围比较窄，它表达的意思仅仅是“很高”“很厚”等，所以在演讲中它不会被经常使用。

它的使用指数为：★☆☆☆☆

3. 拳头手势练习（共5种）

拳头手势也分为单手拳头手势和双手拳头手势两类。单手拳头手势，即靠一只拳头就能完成的某一手势动作；双手拳头手势，即必须两只拳头配合在一起，才能完成的某一手势动作。

（1）单手拳头手势有如下3种：

① 举拳式。（见图7–26）

■ 动作要求

单手握拳，并且举起来。

■ 表示意义

A. 平举胸前，表示“示威”“报复”等意思。

B. 高举过肩，或挥动或直锤或斜击，表示“愤怒”“呐喊”等意思。

C. 高举头顶，表示“宣誓”等意思。

■ 举例说明

A. 表示报复：“杀父之仇，杀妻之恨，杀子之痛，此仇不报，誓不为人（紧握右拳，平举胸前）!”

B. 表示愤怒：“人的一切痛苦，本质上都是源于对自己的无能所产生的愤怒（挥动右拳，进行斜击）。”

C. 表示宣誓：“我宣誓（右拳高举于头顶）：我会用我高度的意识、良好的心态、实际的行动，将我对客户的感激之心、同事的感谢之意、企业的感恩之情，真正地落到实处，使客户满意、同事满意、企业放心。”

■ 常用指数

这一手势的表现力非常强，尽管它的应用范围比较窄，它表达的意思仅仅是“示威”“报复”“愤怒”“呐喊”“宣誓”等，但这个手势是所有单手手势之中表现力最强的手势，所以在演讲中，演讲者都会想方设法地去使用它。

它的使用指数为：★★★☆☆

② 打拳式。（见图 7–26）

■ 动作要求

单手握拳于胸前，向前打去。

■ 表示意义

A. 表示“表态”“下决心”等意思。

B. 表示“打击”“痛击”“打败”等意思。

■ 举例说明

A. 表示表态：“我这个人比较低调，你最好别逼我跟你拼命（右手握拳，向前打去）。”

B. 表示打击：“当危险逼近时，善于抓住时机迎头痛击（右手握拳，向前打去），要比犹豫躲闪更为有利。因为犹豫的结果恰恰是错过了克服它的机会。”

■ 常用指数

这一手势的表现力很强，但它的应用范围比较窄，它表达的意思仅仅是“表态”“下决心”“打击”“痛击”“打败”等，所以在演讲中，这个手势不会被经常使用。

它的使用指数为：★☆☆☆☆

③ 捶胸式。（见图 7–26）

■ 动作要求

用拳捶胸，并辅之以跺脚、顿足等动作。

■ 表示意义

A. 表示“悔恨”“愤恨”等意思。

B. 表示“伤悲”“哀戚”等意思。

■ 举例说明

A. 表示悔恨："我好恨，恨（用拳捶胸，并辅之以跺脚）我没早生一个世纪，使我能与你对视着站立在阴森幽暗的古堡、晨光微露的旷野。要么我拾起你扔下的白手套，要么你接住我甩过去的剑，要么你我各乘一匹战马，远远离开遮天的帅旗、离开如云的战阵，决胜负于城下。"

B. 表示伤悲："再牛的肖邦，也弹不出我的忧伤（用拳捶胸，并辅之以跺脚）。再美丽的月光，看起来还那么凄凉。"

■ 常用指数

这一手势的表现力很强，但它的应用范围比较窄，它表达的意思仅仅是"悔恨""愤恨""悲伤""哀戚"等，所以在演讲中，这个手势不会被经常使用。

它的使用指数为：★☆☆☆☆

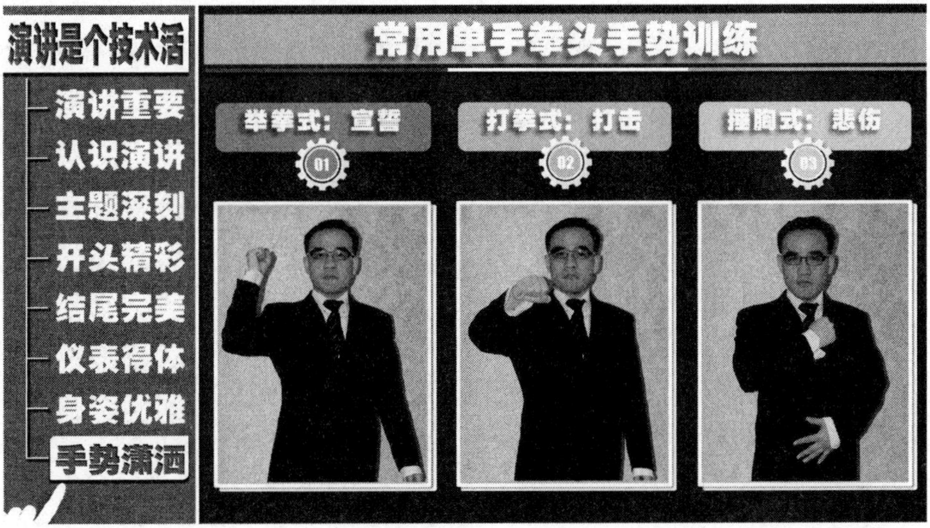

图 7-26

（2）双手拳头手势有如下 2 种：

① 对撞式。（见图 7-27）

■ 动作要求

双手握拳并在胸前做相对撞击的动作。

■ 表示意义

表示事物间的“矛盾”“冲突”“对抗”“对立”等意思。

■ 举例说明

表示对立：“万物负阴而抱阳，冲气以为和。所以任何事物都有对立（双手握拳，相对撞击）面。”

■ 常用指数

这一手势的表现力还算可以，但它的应用范围比较窄，它表达的意思仅仅是“矛盾”“冲突”“对抗”“对立”等，所以在演讲中，这个手势不会被经常使用。

它的使用指数为：★☆☆☆☆

② 抱拳式。（见图 7–27）

■ 动作要求

右手握实拳，左手抱住或遮住右拳（左手大拇指不要指向自己，而应曲起贴紧虎口处，以免有狂妄之嫌），置于胸前或偏上、离开胸部大约 20 厘米的地方；两肘稍微往上抬起；合抱之后的双拳自然于胸前微微晃动。

■ 表示意义

A．表示“虚心”“渴望求知”“前辈赐教”等意思。

B．表示“恭候师友”“欢迎”“告辞”等意思。

■ 举例说明

A．表示虚心：“在以后的日子里，我会接手杨经理的一部分工作，当中有一些工作可能需要您的帮助。请多多指教（双手抱拳，微微晃动）！”

B．表示恭候：“那非常好！我明天一定在寒舍欢迎（双手抱拳，微微晃动）各位的光临！”

■ 常用指数

这一手势的表现力一般般，它的应用范围也较窄，它表达的意思也仅是“虚心”“渴望求知”“前辈赐教”“恭候师友”“欢迎”“告辞”等，所以在演讲中，这个手势被运用的机会不是很多。

它的使用指数为：★☆☆☆☆

图 7-27

4. 肘部手势练习（共 2 种）

肘部手势同样可分为单手肘部手势和双手肘部手势两类。但肘部手势非常少，总共只有 2 个，1 个为单手肘部手势，1 个为双手肘部手势。

① 下撞式。（见图 7-28）

■ 动作要求

右手握拳，掌心朝内，抬起；肘关节大约为 45 度；肘部突然往下用力撞去。

■ 表示意义

表示“痛击”“往死里揍”等意思。

（注：如果肘关节成角为 90 度，并且肘部没有用力往下撞时，表示“加油”的意思。）

■ 举例说明

表示痛击：“下次再给我抓住，我一定揍（抬起肘部，做往下撞击动作）死他！”

■ 常用指数

这一手势的表现力非常强，但它的应用范围也非常窄，它表达的意思仅仅是“痛击”“往死里揍”等，所以在演讲中，这个手势被运用的机会不是很多。

它的使用指数为：★☆☆☆☆

②后撞式。（见图 7–28）

■ 动作要求

双手肘先后往身后做撞击动作，同时身体也配合着做左右旋转的动作。

■ 表示意义

表示“挣脱”“拜托”等意思。

■ 举例说明

表示挣脱：“从来没有负重过，怎能体会到挣脱（双手肘先后往身后做撞击动作）枷锁之后的自由与轻盈。”

■ 常用指数

这一手势的表现力非常强，但它的应用范围也很窄，它表达的意思仅仅是“挣脱”“拜托”等，所以在演讲中，这个手势被运用的机会不是很多。

它的使用指数为：★☆☆☆☆

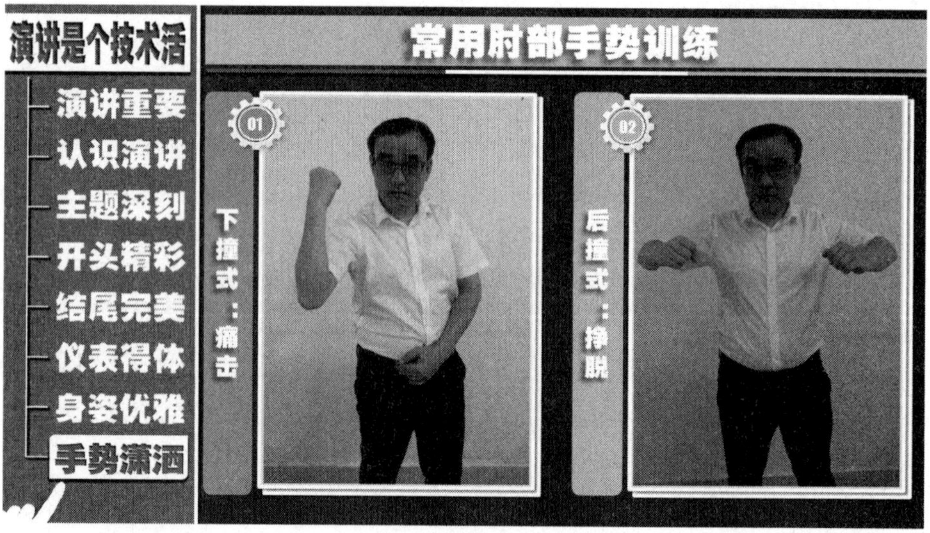

图 7–28

5. 肩部手势练习（共 4 种）

肩部手势同样可分为单手肩部手势和双手肩部手势两类。但肩臂手势比较少，总共只有 4 个，1 个为单手肩部手势，3 个为双手肩部手势。

① 旋臂式。（见图 7–29）

■ 动作要求

一只手臂指着地面画一个圆圈。

■ 表示意义

表示“画圈”“圆圈”“一圈”等意思。

■ 举例说明

表示画圈：“你的命运被你的态度所决定，如果作茧自缚、画地为牢（以手臂指着地面画一个圆圈），你将过得很不如意。”

■ 常用指数

这一手势的表现力一般，它的应用范围也很窄，它表达的意思无非是“画圈”“圆圈”“一圈”等，所以在演讲中，这个手势被运用的机会不多。

它的使用指数为：☆☆☆☆☆

② 抱臂式。（见图 7–29）

■ 动作要求

左右双小臂交叉并抱于胸前。

■ 表示意义

表示“防御”“排斥”等意思，它所反映的心理是做此手势的人对外界的排斥。

图 7–29

■ 举例说明

表示防御："这件事情（左右双小臂交叉并抱于胸前），我现在不想对它发表意见了。"

■ 常用指数

这一手势的表现力一般，它的应用范围也很窄，它表达的意思仅仅是"防御""排斥"等，所以在演讲中，这个手势被运用的机会很少。

它的使用指数为：☆☆☆☆☆

③ 摆臂式。（见图 7–30）

■ 动作要求

以肩关节为轴，一前一后摆动双臂。也就是如果右手臂在前面，则左手臂在后面。

■ 表示意义

表示"前冲""快跑"等意思。

■ 举例说明

表示前冲："我没有权利休息，生命的冲刺（身体前倾，做前后摆臂动作），没有终点，只有速度。"

■ 常用指数

这一手势的表现力比较强，但它的应用范围却较窄，它表达的意思仅仅是"前冲""快跑"等，所以在演讲中，这个手势被运用的机会也并不多。

它的使用指数为：★☆☆☆☆

④ 耸肩式。（见图 7–30）

■ 动作要求

双手臂自然下垂，双手掌掌心朝前；往上耸肩。

■ 表示意义

表示"无可奈何""没方法"等意思。这一手势，非常流行于欧美地区。

■ 举例说明

表示无可奈何："事情都到这地步了，我还能干吗（双手掌掌心朝前，往上耸肩）？"

■ 常用指数

这一手势的表现力非常不错，但它的应用范围比较窄，它表达的意思仅仅是“无可奈何”“没方法”等，所以在演讲中，这个手势被运用的机会并不多。

它的使用指数为：★☆☆☆☆

图 7-30

6. 手势的设计要求

介绍完手势的类型和常用手势的训练之后，接下来我们再继续探讨关于手势的设计，也就是在演讲中，我们给演讲内容添加手势时，应该遵循哪些原则。

（1）贵在准确，切忌随意

不可否认，演讲者在演讲中是需要做手势的。但这并不意味着，演讲者只要做手势就会有效果，因为能起到作用的前提是这些手势必须是准确的，否则，倒不如不做手势。

既然贵在准确是设计手势的首要要求，那我们应该怎么做，才能达到这个要求呢？

首先，明白每个手势的含义。现实生活中，一些手势所表示的某种词汇含义和感情色彩，都是人们约定俗成的。例如，伸出大拇指，是夸奖赞扬的意思；竖起小指，表示藐视……所以，我们必须明白并掌握这些常用手势的词汇含义和表意功能，才能恰如其分地把它们应用到演讲中去。

其次，辨清褒贬含义的区别。这块内容前文已经介绍过了，比如，表达积极意义的，如希望、肯定等，手势往往向上、向前、向内；表达消极意义的，如批判、否决等，手势往往向下、向后、向外。再如，鼓动号召性的，手势多在胸部以上的区域；一般强调性的，手势多安排在胸前区域；而鄙视、贬斥性的，手势多在胸部以下的左右侧。所以，我们必须知道，就算同一手势，但在不同区域里所体现出来的性质也是不一样的，也只有明白这些，演讲者才能做到让手势在演讲中更加准确地表达自己的思想。

再次，把握动作的情感分量。一般来说，单手手势的分量要比双手手势的分量小一些。所以，我们在配合演讲内容设计手势动作的时候，通常情况是前半部分内容的动作幅度小，但随着一个一个的小高潮，手势的动作幅度渐渐加大、动作力度渐渐增强，到最后，双手举起，掀起演讲的最后高潮。另外，还要注意：拳式动作的分量要比掌式动作的分量大一些，掌式动作的分量又要比指式动作的分量大一些。

（2）贵在自然，切忌做作

我们必须明白：手势不是附加在演讲内容上的一种装饰品，它是演讲者本人情感表达的一种辅助方式。所以，手势应该是在演讲中自然流露出来的，而不是随心所欲做作出来的。也只有这样，手势才会与演讲内容水乳交融、混为一体，而没有拼凑的痕迹。至于为了做手势而做的手势，肯定会给人一种生硬的感觉，这样的手势，肯定会影响到演讲的效果。

（3）贵在协调，切忌生硬

虽然说，演讲不是表演，但演讲的手势是否协调，还是会影响到演讲的效果。因此，作为演讲者，为了使自己的手势能给观众一种和谐、自然、得体的感觉，就要在平时多下点功夫经常练习一些常用的演讲手势。因为也只有这样，才能确保自己在演讲中所做出来的手势是优美的、协调的、得体的。

（4）贵在精简，切忌泛滥

演讲毕竟不是戏曲，每句话都需要配上一个动作。演讲中手势的使用是根据演讲内容的需要做的，内容需要做手势，就必须使用手势。例如，讲到跃跃欲试时，就可以来个摩拳擦掌；讲到悲伤欲绝时，就需要捶胸顿足……所以，手势必须依内容而出现，脱离了内容的手势只能是有害无益的。一般 7 分钟的演讲，能有 5~7 个手势就足够了。太少，呆板；太多，手舞足蹈。

（5）贵在变化，切忌死板

前文曾经介绍过，常用的手势都有 30 多种。所以，在演讲中，可以考虑多种手势交换使用，不能只是一个手势就贯穿了整场演讲。

（6）贵在文雅，切忌粗俗

其实，手势也是演讲者自身教养、涵养的一种体现。所以，演讲者应该少使用一些不雅的手势，至于一些力量型的手势，动作也不要过于粗暴和夸张。

（7）贵在通盘考虑，切忌松紧不一

从整场演讲来说，哪里需要手势？需要什么样的手势？动作的幅度要多大？都需要密切结合演讲内容来通盘考虑，不能随心所欲，以免给观众一种七零八落的感觉。一般来说，一场 7 分钟时间左右的演讲里，能有 5~7 个手势（由小到大）就够了。一般来说，在两种情况下，可以考虑设计手势动作。其一，需要加大演讲力度或者需要强调和突出的地方，尤其是在小高潮和结尾大高潮处，可以考虑手势动作的配合；其二，某些抽象语言较多的段落，为增加其形象性，可设计手势动作。另外，手势的设计，切忌前紧后松或者前松后紧。

四、最有效的训练方法——陈氏手势操*

为什么有些演讲家的动作那么潇洒，每一举手一投足都散发着无比的魅力？而有些演讲者在台上却动作呆板、僵硬，显得做作？其实我告诉你，那些潇洒、准确、自然的动作不是天生的，都是长期训练的结果。如果你愿意从如下三点开始训练，进步也会非常明显。

1. 协调性训练（见图 7–31）

动作呆板的人，是因为他的协调性一般都很差，这可以通过“交叉握拳”的训练方法来改善。

训练方法：首先，双手伸直，手掌相对，与地面垂直，具体位置大约平于腹部；接着，一只手先握拳，另一只手维持原状不变；紧接着，握拳

* 微信扫描封三或本书最后一页二维码，获取名家演讲训练方法与材料。

图 7–31

的一只手张开，而另一只手马上握拳。就这样，两只手同时进行，一边张开，一边握拳，不断交替。握拳次数，每次训练总共做 10 次。

2. 灵活性训练（见图 7–32）

动作僵硬的人，原因是他的灵活性较差，这可以通过“左右摆手”的训练方法来纠正。

图 7–32

训练方法：首先，伸出右手，手掌伸直朝下，与地面平行；接着往左边平行移动；接着，手掌朝上，再往右边平行移动；如此反复，左右手交换进行。总次数为 10 次。

3. 力量性训练（见图 7–33）

动作小气、柔软的人，说话肯定不会很有激情的。为了改变这一点，必须进行力量性的“举掌前砍”练习。

训练方法：伸出右手，手掌伸直，与地面垂直，慢慢上抬；在与眼睛平行的地方，手掌像菜刀一样，突然朝前面砍去；在前砍的过程中，手掌最好抖动一下。如此反复做，总次数为 10 次。

图 7–33

4. 辅导心得

个别学员在训练中，突然发觉自己的动作真的很不协调，或者很僵硬后，他很不自信地问：“像我这种水平，这样训练下去，会有效果吗？”还有一位学员由于求成心切，回家后，不停地举手前砍，结果第二天，他的手由于训练过度反而抬不起来了。其实，各种动作的训练，跟其他训练一样，不可能一蹴而就，都是循序渐进地进行才会有效果。

参考文献

（一）汉语言类教材与著作

[1] 张斌 . 现代汉语 . 北京：语文出版社，2000.

[2] 邵敬敏 . 现代汉语通论（第二版）. 上海：上海教育出版社，2007.

[3] 周一民 . 现代汉语（第 3 版）. 北京：北京师范大学出版社，2010.

[4] 黄伯荣，廖序东 . 现代汉语（增订五版）. 北京：高等教育出版社，2011.

（二）口才类教材与著作

[1]（美）卢卡斯著 . 俞振伟译 . 演讲的艺术（第 8 版）. 上海：复旦大学出版社，2007.

[2]（美）哈斯林著 . 马昕译 . 演讲力——从听众出发（插图第 7 版）. 北京：世界图书出版公司，2009.

[3]（美）库什纳著 . 廉莉莉译 . 公众演讲 . 北京：机械工业出版社，2003.

[4]（美）戴兹著 . 冯丁妮等译 . 成功演讲技巧——不是说什么，而是怎样说 . 海口：海南出版社，2008.

[5]（美）卡耐基著 . 刘双译 . 有效沟通的艺术 . 天津：天津社会科学院出版社，2009.

[6]（美）纳尔逊，皮尔逊，蒂茨沃思著 . 伍惠琼，张轶译 . 演讲圣经 . 北京：中国人民大学出版社，2010.

[7]（美）博克顿著 . 朱敏等译 . 演讲之禅——一位技术演讲家的自白 . 北京：机械工业出版社，2011.

[8]（美）科斯纳著．张勇译．口才．北京：朝华出版社，2012.

[9] 刘伯奎，王燕．口才与演讲．北京：中国人民大学出版社，2002.

[10] 孙立湘．凡人演讲辞．北京：机械工业出版社，2004.

[11] 张波．口才训练教程（第二版）．北京：机械工业出版社，2008.

[12] 李正堂，蒋心海．语言的魅力．北京：海潮出版社，2002.

[13] 黄久凌．当众讲话——让掌声响起．北京：印刷工业出版社，2009.

[14] 樊荣强．当众讲话是门技术活．合肥：安徽人民出版社，2012.

[15] 谢伦浩．演讲态势表达技巧．北京：石油工业出版社，2004.

[16]（美）多诺万著．冯颙等译．TED 演讲的秘密：18 分钟改变世界．北京：中国人民大学出版社，2014.

[17]（美）恩格尔伯格，达利著．潘乔等译．演讲！：口才好与坏 人生大不同．北京：中国人民大学出版社，2013.

[18]（美）迈尔斯，尼克斯著．马林梅译．高效演讲．长春：吉林出版集团有限责任公司，2013.

（三）心理学类教材与著作

[1] 彭聃龄．普通心理学（修订版）．北京：北京师范大学出版社，2004.

[2] 梁宁建．心理学导论．上海：上海教育出版社，2011.

[3]（美）津巴多，约翰逊，韦伯著．王佳艺译．津巴多普通心理学（第5版）．北京：中国人民大学出版社，2008.

[4]（美）格里格，津巴多著．王垒，王甦译．心理学与生活（第16版）．北京：人民邮电出版社，2009.

[5]（美）费尔德曼著．梁宁建等译．心理学与人类世界——无处不在的心理学．北京：机械工业出版社，2011.

[6]（美）迈尔斯著．黄希庭译．迈尔斯心理学（第七版）．北京：人民邮电出版社，2011.

[7]（美）莱希著．吴庆麟译．心理学导论（第9版）．上海：上海人

民出版社，2010.

［8］孟昭兰．情绪心理学．北京：北京大学出版社，2005.

［9］陈少华．情绪心理学．广州：暨南大学出版社，2008.

［10］（美）艾克曼著．杨旭译．情绪的解析．海口：南海出版公司，2008.

［11］（美）弗雷德里克森著．王珺译．积极情绪的力量．北京：中国人民大学出版社，2010.

［12］（美）谢弗尔著．方双虎译．压力管理心理学（第4版）．北京：中国人民大学出版社，2009.

推荐阅读

实战派培训师手把手教会你当众演讲！

书名：演讲是个技术活：15招搞定当众演讲

作者：陈权　著

书号：ISBN 978-7-5454-4446-9

定价：38元

出版日期：2016年4月

出版社：广东经济出版社

用演说让你的领导力大幅飙升！

书名：演说就是领导力：管理者脱稿讲话的要诀

作者：张斌　著

书号：ISBN 978-7-5454-5671-4

定价：42元

出版日期：2017年9月

出版社：广东经济出版社

一本书把高情商表达的细节解读到位！

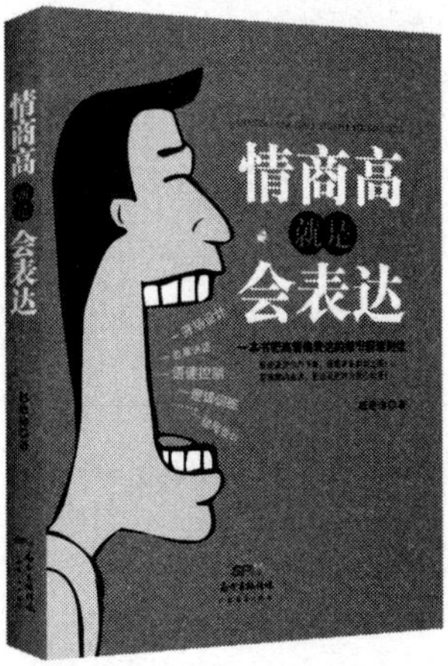

书名：情商高就是会表达

作者：赵建房　著

书号：ISBN 978-7-5454-6113-8

定价：42元

出版日期：2018年4月

出版社：广东经济出版社

推荐阅读

360 度打造电商销售金口才！

书名：电商销售妙语口才与心理策略

作者：高瑞霞　王磊　袁振　著

书号：ISBN 978-7-5454-5240-2

定价：42 元

出版日期：2017 年 3 月

出版社：广东经济出版社

资深培训师手把手教你源源不断出单的高招！

书名：引爆成交：二手房这样卖最出单

作者：闵新闻　著

书号：ISBN 978-7-5454-5199-3

定价：42 元

出版日期：2018 年 4 月

出版社：广东经济出版社

行业资深专家亲授如何开一场精彩的产品发布会！

书名：完美演绎产品发布会

作者：张中盛　著

书号：ISBN 978-7-5454-6285-2

定价：42 元

出版日期：2018 年 9 月

出版社：广东经济出版社

本书配套升级服务

微信扫一扫，获取升级服务

欢迎各位书友使用本书配套线上服务！我们为你准备了**书友交流圈、演讲训练方法与材料、演讲个性问答、演讲稿批改、欢乐抽奖**五大内容。你可以寻找同类，与大家互动交流，与作者亲密接触，学习适合你的课程，提升演讲能力。

【书友交流圈】加入本书书友交流圈，将获得与演讲大伽们、同样想提高演讲能力的读者们互动和共同学习的机会；

【演讲训练方法与材料】关于演讲的训练方法与材料，丰富实用，为你的演讲成功助力加油；

【演讲个性问答】将你关于演讲的个性化问题提出来，让本书作者来一对一地回答；

【演讲稿批改】把你的演讲稿发过来，作者亲自批改，为你的演讲成功保驾护航；

【欢乐抽奖】回馈读者朋友们对本作品及作者的喜爱，免费赠书、免费参加作者的面授课程等奖品等你来拿。

一等奖 免费参加作者的面授课程一期

二等奖 免费赠书《演讲是个技术活：15 招搞定当众演讲》《情商高就是会表达》各一册（包邮）

三等奖 免费赠书《演讲是个技术活：15 招搞定当众演讲》一册（包邮）